中共兰州市委宣传部重大委托项目

蘭州通史

GENERAL HISTORY OF LANZHOU CITY

先秦卷

总 主 编　田　澍

副总主编　何玉红

本卷主编　段小强　陈亚军

本卷撰稿人　王　东　王红娟

　　　　　朱悦梅　吴　伟

　　　　　吴　通　赵光国

人民出版社

《兰州通史》编纂委员会

总 主 编：田 澍　西北师范大学

副总主编：何玉红　西北师范大学

编　　委：（按姓氏笔画排序）

马玉凤　西北师范大学　　　　　　武　沐　兰州大学

刘再聪　西北师范大学　　　　　　尚季芳　西北师范大学

杨林坤　兰州大学　　　　　　　　胡小鹏　西北师范大学

吴晓军　中共甘肃省委党校（甘肃行政学院）　段小强　西北民族大学

陈亚军　西北民族大学　　　　　　崔　明　兰州大学

《兰州通史》学术委员会

顾　　问：

刘光华　兰州大学　　　　　　　　李清凌　西北师范大学

汪受宽　兰州大学　　　　　　　　李并成　西北师范大学

主　　任：邓　明　兰州市地方志办公室

委　　员：（按姓氏笔画排序）

王希隆　兰州大学　　　　　　　　张克非　兰州大学

尹伟先　西北民族大学　　　　　　陈乐道　甘肃省档案馆

朱建军　甘肃简牍博物馆　　　　　尚永琪　宁波大学

刘建丽　西北师范大学　　　　　　郎树德　甘肃省文物考古研究所

杜斗城　兰州大学　　　　　　　　郝树声　甘肃省社会科学院

杜常顺　青海师范大学　　　　　　黄正林　陕西师范大学

李大龙　中国社会科学院中国边疆研究所　　韩建业　中国人民大学

李永平　甘肃省博物馆　　　　　　楼　劲　中国社会科学院古代史研究所

李荣珍　中共甘肃省委党史研究室　　魏文斌　兰州大学

张　萍　首都师范大学　　　　　　魏明孔　中国社会科学院经济研究所

总 主 编 ///

田澍　1964 年生，甘肃通渭人。中国社会科学院研究生院历史学博士，西北师范大学历史文化学院教授、博士生导师，西北师范大学副校长，国家"万人计划"哲学社会科学领军人才，全国文化名家暨"四个一批"人才。兼任中国史学会理事、甘肃省历史学会会长。曾获教育部霍英东教育基金会高等院校青年教师奖、宝钢优秀教师奖。主要从事明清史、丝绸之路与西北边疆史地研究，在《文史》《中国史研究》《中国边疆史地研究》《政治学研究》等发表论文 150 余篇，出版《嘉靖革新研究》《正德十六年》等 10 余部专著，主持国家社科基金重点项目等 10 余项。获教育部高校人文社会科学优秀成果奖、甘肃省哲学社会科学优秀成果一等奖、郭沫若中国历史学奖等 20 余次。

副总主编 ///

何玉红　1977 年生，甘肃民勤人。四川大学历史学博士，西北师范大学历史文化学院教授、博士生导师、院长。入选甘肃省宣传文化系统"四个一批"人才、甘肃省"飞天学者"特聘教授青年学者。兼任甘肃省历史学会秘书长。曾获教育部霍英东教育基金会高等院校青年教师奖。主要从事宋史研究，在《中国社会科学》《中国史研究》《史学理论研究》《中华文史论丛》等发表学术论文 50 余篇，出版专著《南宋川陕边防行政运行体制研究》。主持国家社科基金项目等 10 余项。多次获甘肃省哲学社会科学优秀成果奖。

本卷主编 ///

　　段小强　1969年生，甘肃会宁人。西北民族大学历史文化学院教授、硕士研究生导师。兼任甘肃省历史学会理事、甘肃省马家窑文化研究会副会长。主要从事西北史前考古研究，在《敦煌研究》《东方考古》《敦煌学辑刊》《西北民族研究》等发表论文40余篇。出版《马家窑文化》《敦煌学·丝绸之路考古研究》等3部专著，主编普通高等教育"十一五"国家级规划教材《考古学通论》，参编《中国西行文献丛书》《陇右稿抄本文献丛书》等。主持国家社科基金项目、甘肃省社科规划项目等7项。两次获甘肃省哲学社会科学优秀成果奖。

本卷主编 ///

　　陈亚军　1984年生，甘肃敦煌人。四川大学考古学博士，西北民族大学历史文化学院讲师。主要从事西北史前考古、美术考古研究，先后参加20余项田野考古调查与发掘项目，在《江汉考古》《西北师大学报》《敦煌学辑刊》《南方民族考古》等发表论文20余篇，出版《南阳地区汉墓的考古学研究》《淅川泉眼沟汉代墓地》2部专著。主持国家社科基金青年项目1项。

总　序

田　澍　何玉红

　　兰州是中华民族的重要发祥地之一，在中国疆域稳固、民族交融、中西交流、向西开放中，具有特殊的地位和鲜明的地域个性。数千年来，勤劳、勇敢的兰州人民在此生生不息，创造了辉煌灿烂的历史文化。

　　兰州位于黄土高原、内蒙古高原与青藏高原的交会处。黄河及其支流横贯兰州全境，冲积沉淀形成峡谷与盆地相间的河谷。河谷两岸山峰对峙，对宽阔的河谷形成拱卫之势。河谷之外，土石山地与黄土丘陵、断陷盆地交错分布。独特的地理环境，深刻影响着兰州历史发展的走向以及文化面貌的特点。随着秦汉以来设郡置县、开通丝路，兰州成为丝路重镇，逐渐确立了作为区域政治、经济、文化中心的地位，同时在促进中西交流、加强民族交往交流交融方面发挥着日益重要的作用，形成了开放包容、交流互鉴、多元融合的文化特质。黄河文化、丝路文化、中西文化、多元民族文化、红色文化等在此交相辉映，享有"丝路重镇""黄河明珠"等美誉。

　　先秦时期的兰州文化绵延不断，历经石器时代、青铜时代、早期铁器时代等三个阶段，分别相当于中原地区的史前时期、夏商西周时期、春秋战国时期，清晰的文化脉络反映了人类由蒙昧逐渐走向文明的发展过程。旧石器时代晚期，就有人类在此狩猎采集、繁衍生息。新石器时代的兰州地区自然环境优越，适于农耕，彩陶闻名于世。到青铜时代，羌、戎等民

1

族在此驻牧，冶铜业也得到发展，成为较早迈入青铜时代的地区之一。春秋战国时期，这里成为多民族活动的舞台，多元文化交往交融，秦人的崛起，为兰州的开发奠定了基础。彩陶、海贝的西传和青铜、小麦、玉石等的东渐，开启了早期东西方文化的交流，兰州成为东来西往文化传布的重要通道和中转站。

秦始皇统一六国后，疆域拓展，势力达到兰州一带。汉武帝时，霍去病击败匈奴，随着河西四郡的设置，兰州成为西汉王朝经略河湟地区的重要基地。始元六年（前81年），汉昭帝设置金城郡，兰州出现第一个郡级机构。到西汉末金城郡领13县，其中浩亹、令居、枝阳、允街、金城、榆中6县在今兰州市境内。秦汉时期大量移民拓边，为兰州发展注入新的活力，当地社会经济与文化发展进入第一次兴盛时期。

魏晋南北朝时期，兰州数次成为割据政权的军事政治中心。魏晋王朝依靠金城郡，成功地控驭秦凉之地，为解决河西大族割据奠定了基础。十六国时期，兰州先后被十多个政权统治或争夺，金城郡既是河西诸政权向东发展的前沿阵地，也是关陇势力向西经略凉州的桥头堡。西秦乞伏氏先后建都勇士城、金城和苑川，兰州首次成为地方割据政权的都城。北朝时期，兰州成为北魏、西魏、北周诸政权控扼河陇的战略要地。

隋朝开皇元年（581），设兰州总管府，辖金城和广武（治所在今永登县东南）二郡，"兰州"之名始见于史册。大业三年（607），改州为郡，兰州改称金城郡。唐设兰州都督府。贞观初年，兰州划归陇右道；开元年间，兰州由陇右节度使管辖。在隋朝及唐代前期，兰州再次进入兴盛时期。

安史之乱后，唐朝国力衰减，吐蕃势力东进，兰州地区成为吐蕃驻牧地。宋夏时期，兰州蕃部成为各方争夺的对象。北宋神宗以后，宋廷收复河湟地区，在兰州一带与西夏政权隔河对峙。在此期间，宋廷攻取会州，筑兰州新城，修黄河浮桥和金城关。金灭北宋后，与西夏在黄河一带对峙。在北宋、西夏、金的相互较量中，兰州一直是诸方力量争夺的边防要塞。

蒙古政权于1234年灭金后，兰州归巩昌便宜都总帅府管辖，隶阔端王位下。元代行省制度确立后，以黄河为界，黄河以南的兰州、金州属陕西行省管辖，黄河以北地区归甘肃行省庄浪路管辖。元代大一统局面的形成，使兰州固有的交通中心地位得到恢复。

明朝初年，在兰州地区设置了兰县、金县和兰州卫、庄浪卫。兰县属陕西行省临洮府管辖，兰州卫属陕西都司管辖，庄浪卫则属于陕西行都司管辖。兰州在北方、西北防御体系中的战略地位日渐突显。肃王迁兰时，甘州中护卫、甘州右护卫、甘州群牧千户所随迁，不仅大大提升了兰州的军事防御能力，而且为兰州增添了大量的人口与劳动力，对明代兰州的发展产生了积极的影响。成化十四年（1478），兰县升为兰州，其战略地位辐射河西走廊、河湟和河洮岷地区，是明朝控制和支援河西走廊的战略支点。

进入清朝后，兰州迅速崛起，成为西北地区政治、军事、经济、文化中心之一，被视为"关西巨镇"。康熙二年（1663），清廷移陕西右布政使司于巩昌，拉开了陕、甘分省的序幕。康熙五年（1666），甘肃巡抚刘斗入驻兰州，兰州成为省会。康熙八年（1669），改巩昌布政使司为甘肃布政使司，并移驻兰州。雍正三年（1725），裁陕西行都司及所属卫所归甘肃布政使司管辖。乾隆三年（1738），临洮府迁至兰州，改为兰州府，新设置的皋兰县为省会。乾隆二十八年（1763），清廷在平定准噶尔叛乱后，设迪化府，归甘肃省管辖。翌年，陕甘总督落驻兰州。兰州集总督府、省会、府治、县治于一地，其政治地位骤然提升，战略地位日显重要。

晚清时期，洋务运动兴起。兰州在此浪潮下，开始兴办了一些军用民用工业，为近代工业基地建设奠定了良好的基础。同时，教育、商业、交通等方面也经历着由传统向近代的快速转变。

民国时期，兰州的发展进入历史巨变之中。孙中山在其《建国方略》中提出要以南京为海都，以兰州为陆都。在北洋政府和国民政府开发西北的过程中，兰州一度成为政府和社会舆论关注的焦点。全面抗战爆发后，大批工业内迁，本地新创工业蓬勃兴起，兰州的工业化步伐加快。国民政府在兰州设立第八战区，使兰州控御西北的作用得到更大的发挥。随着国际形势的变化，中苏两国共同开辟西北国际通道，苏联的援华物资源源不断运达兰州，再由兰州通过西兰公路运抵前线，而中国的易货偿债物资也汇集兰州，通过兰新公路运往苏联。斯时，国立西北师范学院迁兰，成为西北师范教育的摇篮；省立甘肃学院升为国立，国立西北技艺专科学校、西北医学专科学校相继成立，兰州的文教事业得到了前所未有的发展。总之，民国时期兰州地位日渐凸显，一度成为西北地区的政治中心、国防中心、交通中心、民族交融中心、商贸中心和文教中心，成为支持抗战、建设西北、振兴民族的重要基地。

1949 年 8 月 26 日，兰州解放。1950 年 1 月 8 日，兰州市人民政府正式成立，从此兰州进入了新的历史时期。从 1953 年至 1956 年，兰州市胜利完成农业、手工业、资本主义工商业的社会主义改造，由新民主主义社会进入社会主义初级阶段。"一五""二五""三线建设"期间，兰炼、兰化、兰石等一批大型工业企业的建成，使兰州拥有了较完整的工业体系，尤其是在石油化工、机械制造、有色金属、航空航天和核工业等领域独具特色，奠定了兰州作为新兴工业城市的基础。陇海线、兰新线、包兰线、兰青线等铁路干线在兰州交会，使兰州成为西北地区的交通枢纽。此外，兰州还兴修引大入秦工程等一系列大型水利工程，进行了大规模的农田基本建设。在改革开放的新时代，兰州人民奋勇前进，在政治、经济、文化、社会和生态保护诸多领域，取得了令人瞩目的新成绩。

在进入中国特色社会主义建设的新时代，我们深感系统梳理兰州历史发展的脉络，认真总结兰州历史发展的规律，对于今天建设幸福美好的新兰州，具有十分重要的意义。在具体编纂过程中，我们系统梳理与兰州有关的考古资料和正史、地方志、笔记、游记、回忆录、报刊、档案、口述访谈等史料，并精选图片，以文化传承、国家安全、民族交往交流交融、中西文化交流为主线，力图全面反映兰州政治、经济、文化、民族、宗教和社会等各方面的历史演变，并注意学术性和可读性的有机结合。同时，希望通过《兰州通史》的编纂，广泛开展读史用史活动和市情教育，帮助人们更好地了解兰州的历史和现状，激发全市人民热爱兰州、建设兰州的热情，在"一带一路"建设和中华民族伟大复兴的新征程中，迎来兰州新的发展和辉煌！

《兰州通史》上起远古，下至 20 世纪末，基于丰富可靠的史料，尽可能全面、系统地揭示兰州历史的发展脉络和区域特征。全书共分五卷，即《先秦卷》《秦元卷》《明清卷》《民国卷》和《中华人民共和国卷》。其中《先秦卷》时间从传说时代到春秋战国时期，深入挖掘考古文献资料是该卷的特点。《秦元卷》时间从秦汉到宋元时期，突出兰州在这一历史时期的民族融合和文化交流等。《明清卷》重点梳理兰州成为西北城市重镇的演变过程。《民国卷》着力展现兰州走向近代化的历史。《中华人民共和国卷》时间从 1949 年到 1992 年邓小平发表视察南方谈话为止，重点阐述兰州在社会主义革命、建设、改革开放及探索中国特色社会主义道路中取得的新成就。

　　《兰州通史》从立项到组织专家编纂，历时 4 年。在此期间，中共兰州市委和市政府予以大力支持。为保证编纂质量，我们先后组织国内外专家学者召开了"《兰州通史》编纂体例论证会""兰州历史文化学术研讨会""丝绸之路与西北城市史学术论坛""《兰州通史》编纂大纲审定会""《兰州通史》定稿会"等十余次学术研讨会和审稿会议。中国社会科学院楼劲研究员、魏明孔研究员、李大龙研究员，中国藏学研究中心张云研究员，中国人民大学韩建业教授，吉林省社会科学院尚永琪研究员，首都师范大学历史学院张萍教授，陕西师范大学历史文化学院黄正林教授，青海师范大学人文学院杜常顺教授，兰州大学刘光华教授、张文轩教授、汪受宽教授、王希隆教授、杜斗城教授、张克非教授、魏文斌教授，西北民族大学尹伟先教授、周松教授，西北师范大学李清凌教授、刘建丽教授、李并成研究员，天水师范学院雍际春教授，河西学院高荣教授、贾小军教授，陇东学院马啸教授，甘肃简牍博物馆张德芳研究员，甘肃省博物馆李永平研究员，甘肃省文物研究所郎树德研究员，甘肃省社会科学院郝树声研究员，中共甘肃省委党史研究室孙瑛处长、李荣珍主任，兰州市地方志办公室邓明副主任，甘肃省档案馆陈乐道研究员、姜洪源研究员，甘肃文化出版社管卫中编审等，先后对《兰州通史》编纂体例等提出宝贵的建议和意见。编纂期间，我们组织编纂人员赴兰州各区县进行实地调研和资料搜集，得到兰州各区县相关部门的大力支持，在此深表感谢！

学界对兰州历史的研究比较薄弱，故在撰写过程中可资利用的研究成果不多，加之我们的学识水平有限，作为首部系统论述兰州历史的通史，难免在资料搜集、内容取舍、逻辑论证、学术观点、图片选用等方面存在这样或那样的问题，我们真诚地希望社会各界批评指正！

前　言

段小强　陈亚军

　　兰州地区地处黄土高原、青藏高原、内蒙古高原的结合部，这里深处内陆，河谷为主，气候温和，土壤肥沃，自旧石器时代晚期以来，人类在此繁衍、生息，逐渐开发着黄河岸边的这片沃土。先秦时期的兰州地区融汇了多元文化，是"多元一体"中华文明的重要组成部分，清晰的文化脉络反映了人类由蒙昧逐渐走向文明的发展过程。

　　史籍典册中关于先秦时期兰州地区的文字记载少之又少，但当地流传着一些关于高山、大河的神话、传说，如马衔山是女娲补天时留下的残渣，兴隆山是仙女从云中洒下金龙池水所致，白虎山与英雄为乡民猎虎除害有关等。大禹"导河积石"、穆天子西巡的故事暗示了先秦时期兰州与中原地区的密切联系。这些远古神话、传说、故事，也是兰州地区远古文化源远流长的印证。科学考古学以丰富的物质遗存弥补了无文字记载历史的遗憾。近百年的考古调查与发掘，使兰州地区先秦时期的历史发展脉络逐渐清晰，大致可分为石器时代、青铜时代、早期铁器时代等三个阶段，分别相当于中原地区的史前时期、夏商西周时期、春秋战国时期。

　　史前时期的兰州地区跨越了旧石器时代晚期和新石器时代。旧石器时代晚期以打制石器、细石器为主要工具，采集、狩猎是当时人们维持生计的基本方式。新石器时代历经仰韶文化、马家窑文化。仰韶文化庙底沟类型以其强大的扩张力和感染力，开始将兰州地区纳入了早期中华文化圈。马家窑文化是兰州史前文化发展的高峰期，它在继承庙底沟类型因素的基础上，更进一步发展成为独具地方特色的新石器时代文化，可分为马家窑、半山、马厂等三个类型。黄河和支流两岸的高坪、阶地是马家窑文化先民主要的栖息地。房屋以半地穴式为主，屋顶开始使用木椽，铺以茅草，并在顶部抹一层草拌泥；农业是其主要的生业方式，粟、糜子为主要的粮食作物，饲养猪、狗、羊等家畜；工具以磨制石器为主；社会开始分化和分工，陶器制作、骨器加工、玉石器生产等逐渐专门化；彩陶数量庞大、器型多样、纹饰精美，是史前文化的精华，彩陶的传布也带动了远程贸易；蒋家坪铜刀是目前兰州地区发现最早的铜器，说明当时兰州社会即将迎来青铜文明的曙光。

夏商西周时期的兰州地区历经齐家文化、辛店文化、董家台类型、寺洼文化，古史记载的古羌、戎等民族曾在此活动。齐家文化不仅延续了马家窑文化的辉煌，并且在此基础上率先迈入青铜时代。齐家文化的聚落多靠近水源，注重交通；房屋多半地穴式，居住面和四壁涂抹美观又防潮的白灰；人们在经营农业的同时，兼营畜牧、狩猎；大量铜器、玉器的生产和流通，促使社会分工更加明确，开始专业化生产；社会存在明显的分化，青铜器、玉器等贵重物品多被用于贵族生活及随葬品；聚落中出现专门祭祀的建筑。尽管辛店、董家台、寺洼文化的分布范围不及齐家文化广泛，但其成熟的冶铜业较之齐家文化有长足的进步，开始出现一些大型的实用器，说明当时兰州地区冶铜业明显成熟和发达，谱写了中国青铜时代中辉煌的一页。

春秋战国时期的兰州地区为羌、戎、匈奴等民族活动的舞台，永登榆树沟发现的匈奴文化遗存展示了这一时期兰州地区与欧亚草原文化的交流与互动。为了适应气候和环境的变化，生业形态出现了地域性差异，主要表现是畜牧业地位的上升、锄耕农业的衰落、半农半牧成为主要生计方式。铁器的出现，加速了兰州地区文明的发展和进步，紧邻兰州的甘南临潭县磨沟墓地出土了寺洼文化时期的铁器，足以说明这里的先民在商代晚期至西周早期就已经掌握了冶铁技术。秦人对兰州地区的经营，以及榆中县的设置，开始将兰州地区纳入中原王朝统治的同时，也为历史时期的更进一步开发奠定了基础。

兰州地区所处的特殊地理位置，成为早期东西方文化交流、碰撞的舞台。起源于渭河上游的彩陶，从大地湾文化开始便向周邻不断传播，至庙底沟时期形成一个极具世界影响力的彩陶文化圈，随之以兰州地区作为中转站，逐渐向川西高原、河西走廊、新疆地区，乃至中亚地区等更遥远的地区传布，形成史前"彩陶之路"。麦类、绵羊、玉料、家马、海贝等藉彩陶和青铜开辟的通道流通，开启了早期东西方的文化交流，为"丝绸之路"的开通奠定了基础。

兰州地区先秦文化与中原地区有着千丝万缕的联系，羲黄文化的东渐和中原文化的西传都是历史事实。从庙底沟文化开始，兰州同中原文化交流融会的步伐加快，马家窑文化时期成为一个独具特征的文化区，青铜时代空前繁荣，并成为中华文明的重要组成部分。兰州地区在不断为中华文明输送新鲜血液的同时，也推动着中华文明的演进，中华文明以其开放、包容的胸怀不断博采众长，形成"多元一体"的格局。

目　录

第 一 章

兰州地区的地理环境

兰州地区，是我国陆域版图的几何中心，位于北纬 35°34′—37°07′、东经 102°35′—104°34′之间，地处黄土高原、内蒙古高原与青藏高原交错会接之处，地势西南高、东北低，总面积 1.31 万平方千米，现辖城关、七里河、安宁、西固、红古 5 区和永登、皋兰、榆中 3 县。黄河及其支流横贯全境，切山穿岭，冲积沉淀，形成了峡谷与盆地相间的串珠状河谷；河谷之外，土石山地与黄土丘陵、断陷盆地交错分布。兰州地区独特的地理位置和环境，深刻影响了兰州历史文化的发展，确定了兰州在中华文明进程中的重要历史地位，成为多元文化的交汇地，享有"丝路重镇""黄河明珠""西部夏宫""水车之都""瓜果名城"等美誉。

第一节　地形地貌①

兰州地区地处我国地形第一阶梯（青藏高原）向第二阶梯（黄土高原）的过渡地带，地形主要由河流谷地、黄土梁区、黄土丘陵、基岩山地等四大地貌单元组成，多为海拔 1500—2000 米的黄土覆盖的丘陵和盆地，其次为海拔较高的石质山地。黄河由西南流向东北，横穿全境，形成山地、高

---

① 本节内容参考资料和数据主要引自兰州市地方志编纂委员会、兰州市自然地理志编纂委员会编纂《兰州市志·自然地理志》（兰州大学出版社 1998 年版），不再详注，特此说明。

原、平川、河谷、沙漠、戈壁等复杂多样的地貌形态，既相互独立，又彼此交错，奠定了多样化的人文地理基础①。

一、河流谷地

兰州地区最主要的河流谷地是黄河谷地。黄河切穿祁连山东延余脉时形成了峡谷，而顺着山岭方向流动时形成了宽谷和盆地，还有湟水、大通河、庄浪河、苑川河等支流流经形成的大大小小的谷地和盆地。这些河谷川地占兰州地区面积的15%，气候温和，土壤肥沃，水源充足，自古以来就是理想的农业发展区和人类栖息地，兰州地区先秦时期的文化遗存主要集中在这些区域。②

（一）黄河谷地

黄河干流在西固区达川镇流入兰州境内，经西固、安宁、七里河和城关区，继而又经皋兰县东南部和榆中县北部，至乌金峡出境，呈"S"形流向，总流程150.7千米，落差151米。因黄河切穿山岭的基岩，形成峡谷，而顺着山岭走向流动时，则冲积形成宽阔盆地，因此黄河在兰州境内，呈现出峡谷与盆地相间、一束一放的串珠状河谷（表1—1）。

表1-1　黄河兰州段峡谷、盆地一览表③

地形	长度（千米）	水面高程（米）	落差（米）	纵比降（‰）
达川盆地	3.3	1575—1570	5	1.52
八盘峡	3.9	1570—1560	10	2.56

---

① 甘肃省地图集编纂委员会：《甘肃省地图集》，西安地图出版社2007年版，第47—48页。

② 兰州市地方志编纂委员会、兰州市自然地理志编纂委员会编纂：《兰州市志·自然地理志》，兰州大学出版社1998年版，第117页。

③ 兰州市地方志编纂委员会、兰州市自然地理志编纂委员会编纂：《兰州市志·自然地理志》，兰州大学出版社1998年版，第118页。

续表

地形	长度（千米）	水面高程（米）	落差（米）	纵比降（‰）
河口—新城盆地	13.8	1560—1543	17	1.23
柴家峡	5.2	1543—1538	5	0.96
西固—安宁—七里河盆地	27.5	1538—1513	25	0.91
白马浪	0.7	1513—1512	1	1.43
城关盆地	14.5	1512—1503	9	0.62
桑园峡	21.8	1503—1483	20	0.92
什川盆地	7.7	1483—1476	7	0.91
大峡	21.2	1476—1450	26	1.23
青城盆地	22.2	1450—1433	17	0.77
乌金峡	8.9	1433—1424	9	1.01
合计	150.7	1575—1424	151	1.00

（引自《兰州市志·自然地理志》，第118页，表2）

1. 兰州段的峡谷

黄河兰州段的峡谷有6处，山崖陡峭，水流湍急，险碛甚多，蕴藏丰富的水力资源。

八盘峡，由达川镇吊庄村东盐沟口至新城镇青石关，因张家台和青石台对峙于黄河两岸，山势陡峻，河谷细长，水流湍急，从而形成。河面宽150—200米，谷宽300米左右，两岸高差120—350米。两岸主要由早白垩世河口群紫红色砂砾岩层组成，上覆厚层马兰黄土。八盘峡段黄河可见有六级阶地。

柴家峡，自梁家湾西起，至兰州水厂止。河面宽约200米，河谷宽400—500米，两岸高差100—200米。两岸由早白垩世河口群红色砂砾岩层

及上覆晚更新世马兰黄土组成，可见有五级阶地。

白马浪，起自雷坛河口，止于中山桥。河床宽 200—300 米，河谷最窄处约 700 米，两岸高差 100—200 米。北岸长城纪皋兰群变质岩裸露，上覆薄层黄土层。这处峡谷因黄河下切隆起的九州台—皋兰山而形成，水石湍急，雪涌涛飞，故而得名。

桑园峡，河面宽 110 米，河谷宽 200—400 米，两岸高差 250—300 米。两岸为加里东期花岗岩和长城纪皋兰群变质岩系构成，山岭上有薄层黄土覆盖。峡谷两岸均可见有四级阶地。峡谷深邃，多急流浅滩。

大峡，从什川盆地的东河口起，至青城西峡口止。河面宽 90 米左右，峡谷宽约 200 米，两岸高差 200—400 米，主要为加里东期什川花岗岩体构成。两岸可见有四级阶地，蜿蜒曲折，多急流险滩。

乌金峡，从白银市水川镇刘家湾盐沟口起，止于靖远县四龙镇峡门村，为榆中县与白银市的界河。河面宽 120—150 米，峡谷宽 150—200 米，两岸高差 150—500 米。两岸由加里东期乌金峡斜长花岗岩构成，有不太发育的四级阶地。

2. 兰州段的盆地

黄河兰州段形成的盆地有 6 处（其中兰州河谷由 3 个小盆地构成），土地平整，水源充足。

（1）达川盆地。位于盐锅峡与八盘峡之间，是湟水汇入黄河处的一段宽谷，由焦家川和达川组成。湟水入黄河口以南称焦家川，属永靖县；达川位于湟水北岸，地势开阔，宽 500—800 米，发育有五级阶地。

（2）兰州河谷盆地。西起青石关，东至桑园峡，北界为金城关断裂带，南界为兴隆山北缘断裂带，为一狭长形断陷谷地。断陷谷地内由于柴家台、龙尾山两个现代隆起的分隔而分为三个菱形小盆地，又因黄河从中穿流而过，所以兰州河谷盆地是一个串珠状菱形河谷盆地。

河口—新城盆地。又称新城川，位于青石关与柴家峡之间，宽 3—4 千米，东西长约 10 千米，盆地内阶地明显。一级阶地高出河床 5—10 米，形成河心滩及黄河两岸的边滩；二级阶地最发育，高出河床 20—30 米，南岸较北岸发育，坐落有河口、岗镇、青石村、下川村、马泉村等村镇；南岸二级阶地后缘有三级阶地呈条带状展布；四级阶地高出河床 120—150 米，形成南岸的祁家坪、扎马台等平台；五级阶地高出河床 150—200 米，形成南岸的骡脊台、虎狼台、青石台等台地。

西固—安宁—七里河盆地。西起兰州水厂，东至龙尾山雷坛河口，东西长 19 千米，南北宽 7—9 千米，盆地内阶地发育。一级阶地高出河床 3—5 米，主要展布于黄河南岸沿河地带及河心滩，如崔家大滩、黄庙滩、河湾滩、丁家滩、营门滩、马滩以及西固的钟家河、颖川堡和七里河的小西湖一带；二级阶地黄河南北两岸均较发育，高出河床 10—40 米，今西固城、七里河、安宁堡—十里店一带均为较为完整的二级阶地；三级阶地狭窄，在二级阶地后缘呈条带状展布，如七里河区兰工坪一带；四级阶地在黄河南岸较发育，因沟谷切割而形成一系列坪台地，如小坪子、范家坪、牟家坪、彭家坪、东大坪、五星坪、华林坪等；五级阶地高出河床 120—170 米，在西固的柳沟大坪和烈士陵园一带表现较明显。

城关盆地。西起白马浪，东至桑园峡，东西长 12 千米，南北宽不足 7 千米，盆地内阶地发育。一级阶地高出河床 3—5 米，形成了以雁滩为主的河心滩及黄河两岸低地；二级阶地高出河床 10—20 米，地势最宽，即今城关区所在地；三级阶地在二级阶地后缘呈条带状分布，如西北民族大学西北新村校区一带；四级阶地高出河床 40—80 米，保留的有伏龙坪前街、砂金坪、白道坪、上坪等；五级阶地高出河床 110—150 米，如伏龙坪后街、桃树坪等。

兰州黄河河谷盆地内，河心滩及两岸的边滩较为发育，在西固区有青春滩、新合滩、夹滩、蛤蟆滩，在七里河区有崔家大滩、马滩、骚狐滩，在安宁区有张家滩（七一滩）、河湾滩、黄家滩、夹河滩、马家滩、刘家滩、营门滩、孔家滩、和平滩等，在城关区有中心滩、雁滩等。近几十年来，除个别河心滩外，大部分在与河争地中和河岸连接在一起，成为兰州

市区的一部分，其中最有名者为雁滩。

雁滩是黄河中的河心滩，曾经是河汊纵横、芦苇丛生、树木成荫，是南来北往的鸿雁栖息的场所，因而得名。雁滩曾被黄河的四条支流——南河（又名教场河）、小河、沙窝河、中河（又称夹河）纵横交叉穿过，分割成18个滩，各滩均有名称，故称"十八家东滩"。由于河道不断改徙，各滩名称也不断变更。到20世纪50年代，计有大雁滩、小雁滩、滩尖子、后河滩、段家滩上滩、段家滩下滩、苏家滩、张家滩、羊滩、均家滩、南面滩、刘家滩、骆驼滩、高滩、中河滩子、宋家滩、李家滩子、北面滩等。①1949年之前，每到夏秋汛期，雁滩连年遭受洪灾。1949年以后，雁滩先后筑起环滩堤坝，拦截了黄河的四条支流，填平洼地，改造沼泽，使各滩连成一片，并在原河床上疏通了中河、南河两条渠道，可有效防止洪水危害。

（3）什川盆地。黄河出桑园峡后，由于魏家大山等的抬升及断裂控制，在什川至东河口段形成的一个"S"形盆地。什川盆地面积较小，南北长6千米，东西宽4千米。周围高山环抱，盆地内黄河两岸明显可见四级阶地，其中一、二级阶地发育良好，地面平坦宽阔，土层深厚，土质肥沃，为主要农耕区和林木区。

（4）水川—青城盆地。黄河出大峡后，由于断裂等作用形成水川—青城盆地，呈东北—西南向，长16千米，南北最宽处6千米。这段黄河为白银市与榆中县的分界线，黄河以北为水川镇，属白银市，为盆地的主要部分；黄河以南为榆中县青城镇，仅为盆地的一小部分。盆地内部地势平坦，土壤肥沃，农业发展，人口密集。黄河阶地发育，一级阶地高出河床5米左右；二级阶地在盆地内最发育，高出河床15—30米，最宽处超过1千米，坐落有青城等村镇；三级阶地在盆地内保存不完整；四级阶地也很发育，高出河床100—150米，但被沟谷切割成独立的平台，如黄河南岸的周家坪、

---

① 苏发俊：《黄河古道在城关地区的变迁及十八家东滩的形成》，载中国人民政治协商会议兰州市城关区委员会文史资料委员会编《城关文史资料选辑》第11辑，2008年内部印行，第31页。

白家坪、南坪、魏家大坪、魏家小坪等。

（二）湟水谷地

湟水是黄河兰州段最大的一级支流。湟水流经青海省民和县，在红古区海石湾汇合大通河后，流经海石湾、红古、花庄、平安四镇，至西固区达川镇岔路村汇入黄河。湟水全长349千米，在兰州境内流程为57千米，纵比降3.3‰。

湟水深切，在两岸多留下10—30余米的陡崖，河床一般宽约百米，中下游河心滩较多。湟水谷地一般宽在2.5千米左右，最宽处达6.3千米，在海石湾一带，经一系列近南北向沟谷的切割，使地表破碎，形成平台地。

在新构造运动下，湟水谷地发育出五级阶地。一级阶地高出河床10—15米。二级阶地最发育，一般高出河床25米左右。三级阶地，一般在二级阶地后缘呈条带状分布。四级阶地高出河床150米左右，因南北向沟谷切割而形成平台，如河湾台、平安台、红古台（又名还土台）、王家台、宗家台等，20世纪70年代开始逐渐被开垦为农场。

湟水谷地沿途又可分为若干宽谷和窄谷，主要有海石湾宽谷、旋子—王家口窄谷、红古城宽谷、红古城—新庄窄谷、王家村—柳家村宽谷、河嘴窄谷、花庄宽谷、盐庄子窄谷、平安台宽谷、窝连村窄谷及张家寺—岔路村宽谷等。湟水谷地宽阔平缓，气候适宜，水源充足，自然环境优越，成为历史上西北地区较早开展农业生产的河谷之一。

（三）大通河谷地

大通河古称浩亹河，是湟水最大的支流，也是兰州地区除黄河外水量最大的河流（图1-1）。大通河发源于青海省祁连县沙杲林那穆吉木岭，东南流至永登县铁城沟进入兰州境内，经连城镇、河桥镇，流入红古区窑街镇，后穿过享堂峡，至海石湾汇入湟水。大通河在兰州境内流程长65千米，河谷可分为三段。

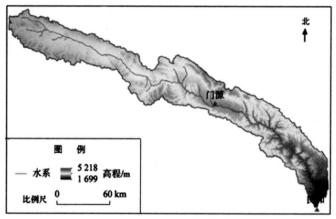

图 1-1 大通河流域地形图

（采自《自然资源学报》2018 年第 9 期，第 1589 页）

1. 连城以上峡谷段

从铁城沟口至连城铁合金厂，长约 26 千米，峡谷宽 200—300 米，两岸山岭相对高程达 300—500 米。峡谷内一、二级阶地明显可见，三级阶地高出河床约 40 米，保存较多。

2. 连城—窑街段

由连城开始河谷变宽，经河桥至享堂峡入口，形成了长 31.2 千米、宽 1.5—3.5 千米的河谷盆地——八宝川盆地。盆地内发育有四级阶地。一级阶地高出河床 8—10 米；二级阶地高出河床约 20 米，宽约 750 米，是大通河阶地中最发育的，东西两岸均保存完好，为人类活动主要用地；三级阶地高出河床 50—80 米，宽度不大，局部保存较好；四级阶地高出河床 100—200 米，多被流水切割成为梁峁，当地称为"坪"，如河桥大坪、马家坪、乐山坪、杨家坪、卧虎坪等。

八宝川是由大通河逐年改道淤积而成的河谷川地，开阔平坦，土地肥沃，气候温和，早在新石器时代就有人类栖居。八宝川东南部为窑街煤矿，最初开采于明初洪武年间，并建窑烧陶，迄今已有五百余年历史。此外，八宝川境内还有金、铝、铅、铜、铁、磷等矿产和森林、水利资源。

3. 享堂峡

从窑街至海石湾，长 7.5 千米，峡谷宽 100—150 米，两岸基岩裸露，相对高差 300—500 米。峡谷内一、二级阶地明显，但不完整。峡谷两侧山崖陡峻，河水激流腾跃，水花怒溅，形成了清代平番十二景之一的"浩亹雪浪"①。

(四) 庄浪河谷地

庄浪河是黄河左岸的一级支流，古称逆水，"庄浪河"藏语意为"野牛河"。从武威市天祝县界牌村附近流入兰州境内，自西北向东南贯穿永登县中部，至西固区河口镇注入黄河。庄浪河在兰州境内流程长 96 千米，河床宽约 400 米，河谷多数地段宽 1—3 千米，自古以来是通往河西等地的重要通道。兰州境内的庄浪河谷可分为四段。

1. 富强堡峡谷段

从界牌至清水河段，长 14.5 千米，河谷一般宽 350—750 米，最宽处武胜驿在 1—1.5 千米。峡谷内阶地均不发育，峡谷两侧基岩裸露，谷坡陡峭。

2. 永登宽河谷段

这段河谷是新生代形成的断陷盆地。从清水河至徐家磨，长 49 千米，河谷较宽，一般在 1.5—2 千米，最宽处中堡一带达 3.5 千米。河谷内阶地发育，一级阶地高出河床 2—3 米，最宽可达 500 米左右；二级阶地高出河床 10—25 米，最宽可达 750 米左右，一、二级阶地为永登县农业生产的重要区域，大多数村镇位于二级阶地上；三级阶地高出河床 35—45 米，多在一些平台之上；四级阶地高出河床 70—100 米，最宽可达 1—1.7 千米，被近东西向发育的沟谷切割成许多梁峁。

---

① 平番县，清雍正二年（1724）改庄浪卫为平番县，民国十七年（1928）又改作永登县。

3. 野狐城—苦水河谷段

从红城镇徐家磨至苦水镇周家庄，长 25 千米，河谷宽在 1—1.5 千米，河谷两侧基岩裸露。河谷内发育四级阶地，其中二级阶地最发育，高出河床 8—20 米，在苦水镇一带最宽可达 1500 米，是工农业生产重要区域，主要村镇、道路均修建在二级阶地上。

永登县是全国驰名的玫瑰之乡，自清代道光年间开始种植，迄今已有近 200 年的历史。如今玫瑰花和玫瑰精油的产量居全国第一，苦水镇是主要产地。

4. 周家庄—河口峡谷段

从周家庄至河口，峡谷长 6.5 千米，河谷宽 300—800 米，两岸基岩裸露。峡谷两岸可见四级阶地，其中二级阶地较发育，最宽约 500 米。峡谷两侧相对高差 100—180 米。

（五）苑川河谷地

苑川河是黄河右岸的一级支流，发源于临洮县站滩乡马衔山—胡麻岭北麓，于榆中县龙泉乡刘家嘴进入兰州境内，在来紫堡乡东坪村注入黄河。苑川河全长 86 千米，在榆中境内流程长 75 千米，横贯榆中中部，将榆中分为中间低、南北高的马鞍形。

苑川河总体由东南流向西北，有大小 24 条支沟，北岸黄土山梁区的支沟均为季节性的山洪沟，南岸为源于兴隆山—马衔山区的长流水河沟。苑川河河谷大部分地段是沿苑川河—金城关断裂带发育而成，可分为上、中、中下游三段。

上游段，从源头至榆中县高崖镇关门口村为山区性河流，树枝状水系，沟谷狭窄，冲沟发育，流域内出露地层主要为中新生代红层及黄土层。苑川河上游段在榆中境内流程长 14 千米。

中游段，从高崖镇关门口村至三角城乡接驾嘴村，长 29.5 千米，川道平坦宽阔，宽 1—1.6 千米，两侧为黄土山梁。山坡平缓之处开垦为梯田，陡峻之处被流水冲刷成一系列平行的冲沟。

中下游段，又可分为宽谷段与峡谷段。宽谷段，由三角城乡接驾嘴村至来紫堡乡李家庄，长 28.5 千米，川道平坦宽阔，一般在 1.2 千米，在金家崖一带可达 2 千米。宽谷段是沿苑川河—金城关断裂带发育，河谷内形成了四级阶地。一级阶地高出河床 3 米，现均为良田；二级阶地高出河床不足 10 米，北岸保存较好，宽度在 300—500 米间；三级阶地高出河床 30 米左右，南岸保存好，人口多聚居在二、三级阶地上；四级阶地保存不好。响水子峡谷段，从来紫堡乡李家庄至西坪村响水河口，长 4 千米，峡谷宽 50—100 米，河道蜿蜒曲折，最后汇入黄河。

二、山地台地

兰州地区的山地是祁连山脉向东南延伸的余脉，由南北两侧伸入本区，犹如黄土海洋中的岩岛，大都分布在北部、西部和南部边界地带，海拔一般都在 2000 米以上，相对高度在 200 米左右。

（一）祁连余脉南支

祁连山脉的东段分为南北两支，南支绵延起伏，形成了兰州西部石质山地、兰州南部石质山地。

1. 西部石质山地

位于永登县大通河以西，包括连城水磨沟以西的山岭，统称哈拉库山。这处山地是祁连山脉东段的南支，即青海境内的大通山，向东南延伸形成。山地海拔大部分在 2800 米以上，最高海拔高度为 3615.8 米（张家俄博），最低点为大通河与湟水交汇处，约 1750 米。由于新构造运动使山体强烈上升和后期流水的切割，形成了山大沟深、峡谷陡峻的石质山地。

2. 南部石质山地

位于西固区、七里河区和榆中县南部，是哈拉库山过享堂峡后隐伏于黄土层之下，至西固区的八盘峡过黄河而隆起形成的，向东包括关山、七道梁、兴隆山、马衔山等山地。

关山—七道梁，呈西北—东南向展布于西固区与七里河区之南，是兰州与永靖县、临洮县之界山。西北起于新城青石嘴，东南以雷坛河的中上游段阿干河与马衔山、兴隆山分界，由一系列山岭构成，长达50余千米，宽约15—20千米，海拔2000—2800米，最高点为2851米（八楞山），最低为1582米（八盘峡）。

兴隆山，位于榆中县南部，山体呈西北—东南向延展，长45千米，宽6—12千米，最高峰海拔3251.2米（在羊寨北），最低处海拔1900米（在阿干镇岘口子一带）。兴隆山是陇中黄土高原上有名的"岩岛"之一，被东北向的兴隆大峡河分为东、西两段。东山名兴隆，西山称栖云。山区年降水量500—600毫米，山地植被垂直带谱明显，山清水秀，林木葱郁，风景优美，被誉为"陇上绿色明珠"，1988年被国务院批准为国家级自然保护区。

马衔山，位于兴隆山以南，是榆中县与临洮县的界山。山体呈西北—东南向延伸，长达45千米以上，宽20千米，海拔大都在3000米以上，主峰高达3670.3米，是陇中地区的最高山峰，也是陇中黄土高原上的一座岩岛。马衔山顶部比较平坦，山体北坡陡峻，南坡平缓。山区气候寒冷，高山之上年平均气温在-2.3℃，一年中有7个月气温低于0℃，年降水量达500毫米，阴坡终年积雪，成为兰州十景之一——"寒山积雪"。

（二）祁连余脉北支

祁连山脉的北支，即冷龙岭，向东又分为三支：一支向东北延伸，再向东南延伸便是皋兰县的魏家大山；中部的一支，即雷公山、乌鞘岭；东南的一支经马牙雪山又可分为南北两支。祁连山脉北支的延伸，在兰州西北部、北部、中部分别形成了石质山地。

1. 西北部石质山地

指永登县西北部大通河与庄浪河之间的石质山地，是武威市天祝县境内的马牙雪山向东南延伸中的南支。山地最高峰海拔3650米（天马岭），也是永登县边界的最高峰；最低为中堡附近的庄浪河谷，海拔为2136米。

2. 北部石质山地

位于永登县北部与天祝、景泰两县的边界一带，是马牙雪山北支进入永登县境后，再向东南延伸，越过庄浪河后形成的，在向东延伸中又被一系列沟谷所切割。山地最高海拔3024.5米（烟筒沟脑），最低海拔约2200米（永登县东北部）。

3. 中部弧形石质山地

位于皋兰县的北部和东部，是马牙雪山北支东延的北部石质山地伸入白银、皋兰后，由于受弧形断裂的控制而形成向东北弯曲的弧形山地。山地西北部是皋兰县地势最高的地区，海拔1900—2400米，最高点为二道沟沟脑，海拔2454米。山地的东北部一带，由于风化剥蚀作用强烈，海拔降低至2000米左右，山坡坡度平缓。

（三）中、南部土石山地

位于黄河以北黄土梁峁丘陵地南部，以皋兰县文山村、水阜村和永登县树屏、野狐城一线为北界，东达黄河桑园峡，西至庄浪河，南以黄河谷地分界。

中、南部土石山地呈西北—东南向展布，又被一系列近南北向沟谷所切割而呈南北延展之势。海拔一般为1700—2000米，最高点海拔为2067.2米（九州台），最低点海拔1486.6米（泥湾村）。土石山地相对高度一般为海拔120—150米，若上覆黄土层较厚时，山坡坡度明显变缓，山顶呈馒头状，两山体之间一般都有相对较宽的谷地分开。

（四）俞家湾穹窿山地

位于皋兰—永登黄土梁峁丘陵地之南，在皋兰县九台镇俞家湾至高山村之间。南北长10余千米，海拔1900—2200米，最高点海拔2289.3米。穹窿山地主体由早白垩世河口群、老第三纪等红色砂砾岩及中更新世离石黄土构成。在喜马拉雅运动中形成俞家湾穹窿，又经后期流水等外力切割，形成了波状起伏、支离破碎的穹窿山地。

三、黄土梁峁

兰州地区地处陇西黄土高原的西部，境内大部分地区是黄土覆盖的海拔在 1500—2500 米之间的黄土丘陵区，但由于各地原始地形和新构造运动的控制及后期流水的侵蚀，其特征在各地有所不同，可分为大通河西岸黄土山梁区、庄浪河西部黄土山梁区、黄河以北黄土梁峁丘陵区、榆中北山黄土山梁区、兴隆山—七道梁北麓黄土梁川区等。

（一）大通河西岸黄土山梁区

位于大通河以西，为西部哈拉库山向东南延伸之余脉，古老变质岩、花岗闪长岩基底深埋，而由中、新生代红色碎屑岩构成，其上覆晚更新世马兰黄土，又被近东西向发育的沟谷切割而形成了一系列近东西向平行排列的黄土山梁。区内最高点海拔 2604 米（合乐山），最低点海拔约为 1750 米（在享堂峡谷中）。黄土山梁区发育的沟谷较短小，大部分为干沟。

（二）庄浪河西部黄土山梁区

位于大通河与庄浪河之间，湟水与黄河以北的永登县东南部，是西北部石质山地奖俊埠岭向东南延伸的余脉，有红岭—大岭、盘道岭、墩岭湾—包家尖岭、高岭—金宝岭四条黄土山梁地。

庄浪河西部黄土梁基底为早白垩世河口群、第三纪的红色砂砾岩及泥岩，上覆老黄土及马兰黄土所构成。山梁浑圆，相对高度为 150—300 米，山坡平缓。局部地方及沟谷内红色砂砾岩层直接裸露地表。另外，上述黄土梁又被次一级南北向或东西向发育的沟谷切割，使其地形更为破碎。这些沟谷均为季节性沟谷，沟谷中冲沟发育。

（三）黄河以北黄土梁峁丘陵区

本区包括永登县庄浪河以东，皋兰县魏家大山以西，北以永登县清水—二道沟—甘露池—皋兰县石峡子—朱家窑一线为界，南以皋兰县文山—水

阜—永登县的树屏—野狐城一线为界。区内是由一系列相间排列的黄土梁
峁与宽谷组成。以秦王川断陷盆地为界，又分为永登县庄浪河东部黄土梁
峁丘陵区和皋兰县中部黄土梁峁丘陵区。

1. 庄浪河东部黄土梁峁丘陵区

位于庄浪河以东，秦王川以西，是被黄土覆盖的马牙雪山北支向东延
伸的余脉，海拔为1900—2200米，最高处为高山脑，海拔2289.3米，最低
处在庄浪河谷，海拔只有1740米。庄浪河东部黄土梁峁丘陵区，除南部过
渡为土石山地有基岩裸露外，其他地区黄土层深厚，地形起伏较小。除近
南北向的小咸水河、李麻沙沟外，还有一系列东南和西南向的次一级沟谷，
将黄土梁又切割成山体浑圆、山坡坡度较缓、沟谷平坦宽阔的黄土梁峁丘
陵区。

安宁堡沙沟中有着奇特的地貌——"天斧沙宫"。这条沙沟位于安宁堡
北面仁寿山东侧，也称龙凤峡，亦名大沙沟，始于皋兰县中心乡钱家窑北，
于安宁堡黄庙滩入黄河。由安宁堡沙沟口向上1.5千米，即进入"天斧沙
宫"的宽谷区。这段沟谷由第三系橘红色砂岩、泥岩、砂砾岩组成，岩层
厚度大，产状水平，垂直节理发育，各层软硬不同，因此在流水、雨水、
风蚀、风化等外力作用下，形成了许多形似城堡、宫殿、宝塔、石蘑菇等
奇特的丹霞地貌。

2. 皋兰县中部黄土梁峁丘陵区

黄土梁峁丘陵区是皋兰县的主体，范围包括北部石质山地与南部土石
山地之间，秦王川断陷盆地以东，魏家大山以西的广大区域，海拔为
1600—2000米间。本区黄土堆积厚度大，一般在50—60米，北部地形以黄
土丘陵为主，南部以黄土梁为主，且梁峁被"川"及河谷所分割。

皋兰县当地将黄土梁峁丘陵区中大的沟谷地称为"川"，皋兰境内的主
要川谷有黑石川、龚巴川、水阜川等。川的长度大都在40—60千米，宽度
400—800米。川地开阔平坦，黄土层深厚，便于农耕，是人们生产、生活
的最佳区域。

（四）榆中北山黄土山梁区

位于黄河什川段以东，青城段以南，苑川河以北，榆中县北部的广大区域，俗称榆中北山地区。海拔大都在 1700—2400 米之间，最高处是贡井乡吕家岘的鸡冠山，海拔 2494.9 米。以此为中心，向西至梁坪，向东至中连川，构成了一条西北—东南向的黄土山梁，此山梁还可向东北延伸有垱坪梁；向北有哈岘、上花岔、园子等地的山梁。山梁之上比较平坦，两侧山坡坡度平缓，现多被开垦为农田。由于大量开垦，植被破坏，水土流失严重，局部地区冲沟发育，迅速溯源侵蚀。沟谷中基岩裸露，谷坡陡峻，多形成"V"形谷。

北山地区按山梁和沟谷的所在位置不同，可分为北部黄土山梁沟谷区、东北垱坪—若笠—曹岘黄土山梁区、东部黄土山梁区、东南中连川—武家窑—韦营黄土山梁区、南部黄土山梁沟谷区、西部黄土山梁沟谷区等 6 个亚山梁区。

（五）兴隆山—七道梁北麓黄土梁川区

位于黄河谷地与苑川河谷地之南，南界在兴隆山—七道梁（关山）的北麓，向东延入定西市境内，向西延入永靖县。黄土梁川区总的特征是南高北低，梁峁起伏，沟谷纵横，梁、川交错分布。黄土梁川区高度变化在 1.7 千—2.2 千米，长度变化在 5—17 千米间，宽度一般都在 1—3 千米之间。黄土梁川区内沟谷发育，有大小沟谷 20 余条，这些密集的近南北向沟谷及其支沟，一方面限制了黄土山梁的宽度，另一方面也使黄土梁川区地形更加破碎。

四、断陷盆地

在兰州地区的黄土丘陵中，由于断陷作用而形成了一些断陷盆地，比较大的有秦王川断陷盆地和榆中断陷盆地。原有的山梁以及流水作用形成的沟谷等，对盆地的内部形貌又进行划分、塑造，形成这些盆地各自的局部特征。

（一）秦王川断陷盆地

位于永登县与皋兰县之间，形状为倒三角形，是在中、新生代断陷的基础上，在全新世又进一步断陷而成。南北长约40千米，东西最宽处约16千米，总面积470平方千米，海拔在1850—2300米之间，地势北高南低。盆地内又有马鬃山、五道岘、中川等近南北向的低短山梁将盆地分割为近南北向的条带。

秦王川断陷盆地是兰州地区地势平坦、面积最大的盆地，但这里降水稀少，蒸发量大，冬春多风，气候干旱，农业生产仅有少量的砂田。随着"引大入秦"水利工程的竣工，秦王川的干旱面貌已经得到改变。

（二）榆中断陷盆地

位于兴隆山以北，苑川河以南，东起小康营，西至柳沟河，是兴隆山北麓断层与苑川河—金城关断裂带之间的下陷地带，呈东西延伸的长方形，盆地内由更新世、全新世的砂砾、卵石、沙土和马兰黄土组成。

榆中断陷盆地也是兴隆山山前倾斜平原，地面由南向北倾斜，海拔在1500—2200米之间，地表坡度较大。后来，由于流水作用形成的沟谷将盆地切割，同时在沟谷之中形成了一、二级阶地。榆中断陷盆地又被南北向的黄土梁分为东、中、西三个盆地。

东部盆地，也称榆中—三角城川，面积约230平方千米。盆地内地形平坦，向北倾斜，盆地内由于流水侵蚀，形成了干河、大河、大小夹沟等沟谷。

中部盆地，又称连搭—定远川，面积约70平方千米。盆地中部地形平坦，北部被陆家沙沟、窦家沙沟、后河沟等沟谷切割成许多梁、坪。

西部盆地，也称和平川，面积约50平方千米。盆地内发育有柳沟河、泉子沟、太平沟等三条沟，沟谷下切最深可达50米。

第二节　自然资源

自然资源是人类赖以生存和发展的物质基础，是社会财富的重要源泉。兰州地区经历了 10 亿年前元古代至 200 万年前新生代漫长的地质发展史，造就了独具特色的地质、地层、地貌和复杂的自然条件，发育成了多品种、较为丰富的自然资源。在一万多平方千米的土地上，黄河及其支流湟水、庄浪河、大通河、苑川河等流经全境；土壤类型多样，光热和水能资源开发潜力大，生物品种繁多；矿藏资源达 37 种，矿产地共 274 处。

一、土地资源

兰州市地处陇西黄土高原西北部，西高东低，地势相对高度大，中间形成盆地。由于地理位置和海拔高度的变化，地形、地质条件的不同，气候、生物、水文自然条件的差异，土壤母质较为复杂，决定土壤类型的多样型和地带性的分布。根据地形、地貌特征，兰州地区的土壤资源可分为 10 个类型。

（一）高山草甸土

分布在榆中县南部马衔山，海拔 3400 米以上。地形比较开阔的浑圆山原面上，是高原多雨寒冷气候条件下形成的自然土壤。植被以高山蒿草为主，伴有多种草类的矮草草甸，或与半灌木丛混生。此类土壤因受气候条件限制，只适用于夏秋两季放牧，春冬季积雪不化，难以利用。

（二）亚高山草甸土

分布在榆中县马衔山、永登县连城林区上线以上，海拔 2700—3400 米，是高山草甸土下部的自然土壤。植被主要以丛生小灌木为主，有小叶枸子及蒿草、长芒草等种类繁多的草本植物。植被繁茂，土壤肥沃，是发展畜牧业生产的良好资源。

（三）灰褐土

分布在兰州市西部及西南部的永登县奖俊埠岭林场、连城林场，七里河区阿干镇的铁冶村和榆中县的银山乡交界处，以及七里河区双嘴山阳山周围和兴隆山林场一带，土层基本分布在海拔2400—2700米的次生林植被下，养分含量高。植被主要为云杉、山杨、桦树等为主的针阔叶混交林及半灌木植物。

（四）栗钙土

分布在永登县金嘴、坪城、大有、民乐、中堡等乡镇，海拔2100—2400米之间的湿润草原向森林草原过渡的植被类型区域。成土母质以黄土为主，是在母质风化的残积物质上形成的土壤。主要植被以禾本科旱生多年生草类为主，灌木和半灌木也占一定的比重。

（五）灰钙土

分布范围在海拔1800—2100米之间，是兰州地区分布面积最广的土壤。该土壤是在干旱、半干旱气候条件下和荒漠半干旱草原植被下黄土母质上形成的。主要植被以多年旱生的丛生禾草、旱生灌木、小灌木组成。耕地适种春小麦等多种作物。

（六）黄绵土

分布在海拔1600—1800米范围的低山丘陵、梁峁缓坡和坪台阶地，是本区发育在黄土母质上经人们长期耕种培育的农业土壤，群众称其为大白土。土层深厚，熟化程度差，耐蚀力小，养分含量低。施肥和防止水土流失是改良此类土壤的主要措施。

（七）灌淤土

分布于庄浪河、大通河、湟水、苑川河及黄河的河谷阶地上，是在冲积物、洪积物为母质经人为长期灌溉耕作条件下形成的农业土壤。土层较深厚，熟化程度较高，土壤肥沃，有机质及主要养分含量都较高。是兰州地区旱涝保收的高产农业土壤。

（八）红黏土

分布在安宁区的沙井驿、焦家庄，向北延伸到永登县的树屏镇。从西固区的河口一带，沿庄浪河到永登县的苦水、红城、清水、中堡的沟谷地方也有零星分布。红黏土是在上覆黄土受侵蚀流失后而露于低丘基部坡脚、沟谷底部的甘肃红层或冲积、洪积母质，经人为耕灌种植形成的农业土壤。

（九）黑垆土

分布在榆中县中部及东南部、海拔1700—2400米范围内的马衔山、兴隆山北麓及前山梁峁和冲积扇一带。是在半干旱草原向湿润森林地带过渡的植被环境条件下的黄土母质上形成的比较肥沃的土壤。植被以禾本科、菊科、伞形科为主。耕地种植小麦、马铃薯、糜谷和豆类等。自然土壤多处于高海拔部位，降水量较多，利于植被生长，利于发展牧业。

（十）盐碱土

分布于河流沿岸浇排水不畅部位和水渠下侧以及大面积灌溉区下部地带。这类土壤严重危害农作物生长，不经有效改良措施，不宜作农业生产用。

二、水资源

兰州地区水资源以降水、地表水（河川径流）及地下水三种形式存在。降水资源，每年平均降水总量为45.18亿立方米，每年7—9月降雨集中，来势凶猛，历时短暂，含沙量大，且年径流量的年内分配也极不均匀。地表水资源总量为331.984亿立方米，其中自产水总量为2.014亿立方米；入境水总量为329.97亿立方米，来源于通过境内的黄河及其支流湟水、庄浪河、苑川河及湟水支流大通河（图1-2）。境内河流径流特征是年内分配不均匀，年际变化大。地下水资源总量约为9.6亿立方米。

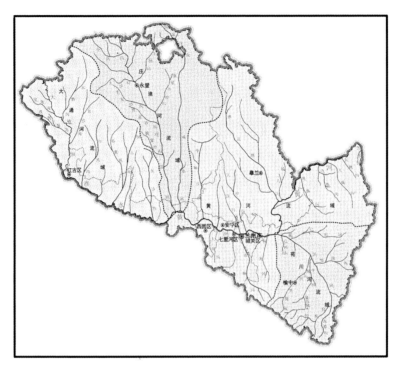

图1-2　兰州地区地表水资源分布示意图

（采自《兰州市地图集》，西安地图出版社2010年版，第27页）

（一）黄河水

黄河干流自西固区达川镇岔路村南汇湟水，入兰州市境，穿过西固、七里河、城关三区，继而流经皋兰县南部和榆中县北部，至榆中县青城镇大岘沟出境。流程152千米，兰州市中山桥以上集水面积22255平方千米。据兰州水文站实测，多年平均年径流量为339.81亿立方米。多年平均含沙量3.36公斤/立方米。河床断面最宽1000多米，最窄120米。多年平均径流量为1070立方米/秒，枯水期500立方米/秒，汛期5510立方米/秒。

黄河不仅水量丰富，而且经刘家峡水库调节后径流量变化不大，年内分配也比较均匀，即使枯水期也能够满足兰州市各行各业的用水需要。另外，黄河水能资源较为丰富，主要是各峡的发电，上游已建成龙羊峡、刘家峡、盐锅峡、八盘峡等大、中型水电站。

（二）黄河支流水

兰州市属黄河流域上游，通过境内的黄河支流河主要有一级支流湟水、庄浪河、苑川河和二级支流大通河等。除苑川河流量较小，其他四条入境河流的年径流量均较丰富。

1. 湟水

发源于青海省大通山麓，过享堂峡后进入兰州市境内，汇入大通河水后流经海石湾。系一条省地界河，西南靠青海省的民和县和临夏州的永靖县，东北邻兰州市红古区，至岔路村汇入黄河，全长约120千米。多年平均年径流量约为16.8亿立方米。沿河川区土地肥沃，灌溉方便。

2. 大通河

古称浩亹水，发源于青海省疏勒河南山东段、祁连县内的沙杲林那穆吉木岭。东流名唐莫日曲，经夺龙滩，入大通县后始称大通河。全长560千米，流域面积15126平方千米，多年平均径流量为28.4亿立方米，多年平均流量为88.9立方米/秒。

大通河从铁城沟流入兰州市永登县的西部，汇吐鲁沟、皮带沟、水磨沟，过连城又汇大沙沟，继而向南流过河桥、窑街。这一段河谷宽阔，两岸阶地发育。河水流至河桥再往南入红古区，过享堂峡到海石村汇入湟水。境内流程45千米，系黄河二级支流。沿程有连城铝厂、连城电厂、西北铁合金厂和窑街煤矿等大型工矿企业。川区土地肥沃，灌溉条件优越。

3. 庄浪河

汉代称逆水，上游名金强河，源于天祝藏族自治县得泉山南麓，东南流，自界牌村流入永登县境，自北向南纵贯全县，经县城至西固区河口村附近汇入黄河。

庄浪河水径流量主要来自天祝藏族自治县境内的马牙雪山、雷公山、乌鞘岭、毛毛山等众多支流。庄浪河全长184.8千米，其中在永登县境内长94.5千米。多年平均径流量为2.011亿立方米，多年平均流量6.37立方米/秒。永登县境内庄浪河含沙量大于大通河，武胜驿水文站以上植被较好，水土流失较轻，平均含沙量为1.86公斤/立方米。沿河两岸土地广阔，是发展农牧业的优良天然环境。

4. 苑川河

上游水波河，源于临洮县东北站滩乡胡麻岭北麓的泉头村，从龙泉乡刘家嘴村流入榆中县境，流经榆中盆地南侧至响水子河口处汇入黄河，全长93千米，全流域面积1862平方千米，多年平均径流量0.403亿立方米。河流两岸土地广阔，但苑川河年径流量小，自高崖水库以下经常无水，只起暴雨泄洪作用。

（三）沟水

兰州地区除黄河、湟水、大通河、庄浪河、苑川河等主要河流外，境内尚有流域面积在50—1800平方千米的季节性沟道23条[①]（表1-2）。

表1-2　兰州地区季节性沟道水文特征

项目 沟道	集水面积 （平方千米）	流域长度 （千米）	落差 （米）	多年平均 流量（万立方米）	汇入河流
咸水沟	673.4	68.6	623	338.1	黄河
西柳沟	91.9	22.0	1152	134.4	黄河
李麻沙沟	995.5	103.9	1198	354.8	黄河
水磨沟	256.0	44.6	2009	987.5	黄河
大沙沟（城关区）	105.8	32.8	515	21.2	黄河

---

① 兰州市地方志编纂委员会、兰州市自然资源志编纂委员会编纂：《兰州市志·自然资源志》，兰州大学出版社1999年版，第51页。

续表

项目 沟道	集水面积 （平方千米）	流域长度 （千米）	落差 （米）	多年平均 流量（万立方米）	汇入河流
磨房峡	1605.4	80.5	881	481.6	黄河
麋鹿河	179.8	40.8	983	109.1	黄河
牛克沟	187.2	32.0	770	187.2	湟水
倒水沟	499.6	56.4	972	418.3	湟水
大砂沟（红古区）	372.8	49.2	951	223.7	湟水
水磨沟	370.6	39.0	1700	3787.5	大通河
大沙沟（永登县）	242.1	38.4	1280	588.8	大通河
小川沟	178.9	32.8	1288	17525.6	大通河
石灰沟	273.3	45.4	1700	682.3	庄浪河
大沙沟（永登县）	107.4	18.2	900	222.7	庄浪河
康家井沟	359.8	66.6	1047	502.7	庄浪河
费家沙沟	105.7	29.2	720	66.3	庄浪河
水波沟	85.0	24.6	682	207.7	苑川河
苟家河滩	116.1	23.0	1248	462.6	苑川河
黑池沟	330.5	22.4	718	422.1	苑川河
干河	158.8	36.6	1676	667.9	苑川河
南大河	128.1	32.0	1901	726.8	苑川河
巴石沟	158.8	29.6	811	119.1	苑川河

（引自《兰州市志·自然资源志》，第51页）

（四）地下水

兰州地区地下水有黄土潜水基岩裂隙水，河谷（盆地）潜水，中生界（白垩系）、新生界（第三系）承压水。[1]

---

① 甘肃省基础地理信息中心编制：《兰州市地图集》，西安地图出版社2010年版，第27页。

兰州地域广阔，自然条件复杂，地区间的差异性非常大。地下水形成条件及分布与埋藏规律复杂多变。从量的角度来看，兰州市是一个地下水资源不充足的黄土丘陵地带，地下淡水资源也比较缺乏。由于区域内降水稀少，故地下水补给来源缺乏，在区域内广泛分布着弱透水性岩层，富水性差。因受气候条件制约，全市地下水的水质也具有明显的分带性，气候湿润、降水量在 400—500 毫米的马衔山及奖俊埠岭、连城一带，地下水矿化度在 1 克/升以下；大通河以东、黄河以北广大干旱地区，降水量在250 毫米左右，水质矿化度变高，其中榆中县北山鲁家沟附近水质矿化度达 12 克/升，永登县黄涝池水质矿化度更是高达 30 克/升以上。这种变化规律反映出地下水资源从形成到排泄一系列变化过程，也反映了地下水矿化度与降水量高低有关的一致性。

1. 基岩裂隙水

分布于广大黄土丘陵和多雨山区，贮存于各类基岩风化裂隙及半风化的构造裂隙带。有条件时，以下降泉的形式溢出地面。西北部和东南部湿润及中、低山区裂隙潜水较为丰富，多见泉水；海拔较低的低山丘陵，由于降水相对减少，其裂隙潜水微弱，泉水少见。

2. 河谷（盆地）潜水

分布于兰州市一些较大河谷和山前盆地中，含水层为冲积、洪积沙砾卵石层，含水丰富，是城市供水和灌溉农田的重要水源，有河谷潜水、沟谷潜水、山前盆地潜水等三类。

河谷潜水一般埋藏于漫滩及一、二级阶地。黄河河谷潜水分布不甚均匀，地下水主要补给来源于黄河，故其潜水主要分布于黄河河谷冲积平原，潜水埋藏深度不超过 20 米，含水层为黄土状砂土和疏松的河床沙砾石层。大通河含水层厚度在 1 米左右，庄浪河含水层厚度 1—39 米不等。

沟谷潜水分布较为普遍。在山区的基岩裂隙水一般向河谷汇集，成为沟谷冲积、洪积沙砾潜水的来源。

山前盆地潜水主要分布在秦王川盆地和榆中盆地。秦王川盆地面积约

470 平方千米，第四系潜水主要贮存于盆地东西两侧古河道的砾岩及砂碎石中，水位埋深一般小于 50 米，含水层厚度一般不超过 10 米。榆中盆地，含水层在上、中、下更新统及全新统均有分布，但最主要的含水层在上更新统和全新统砾卵石层夹细土中。

3. 中、新生界孔隙裂隙承压水

储存于中、新生界碎屑岩中，其中以白垩系和第三系自流水比较发育，有一定开采价值。兰州市白垩系和第三系大部在永登—河口凹陷地带，因其白垩系砂岩和沙砾岩胶结较好，富水性十分微弱，其厚度分别为 4011 米、2189 米。

三、动物资源

兰州地区的动物资源，除马、牛、羊、猪等常见的畜牧品种之外，野生鸟兽及鱼类资源丰富，种类繁多。属于国家一级保护的珍贵动物有雪豹、金钱豹、鹿 3 种，属于国家二级保护的珍贵动物有猞猁、麝、水獭、马鹿、黄羊、青羊、豺、石貂、蓝马鸡、雪鸡、血雉、环颈雉、白鹭13 种。

（一）兽类

有 30 余种，主要有雪豹、麝、水獭、旱獭、猞猁、马鹿、鹿、石貂、青羊、黄羊、黄鼬、青鼠、黄鼠、鼢鼠、鼯鼠、豺、狼、狐狸、刺猬、兔狲、熊、猪獾、金钱豹、艾虎、荒漠猫、兔、松鼠、蝙蝠等。

（二）鸟类

有 50 余种，猛禽、游禽、涉禽、陆禽、攀禽、鸣禽均有。种类主要有蓝马鸡、雪鸡、血雉、环颈雉、秃鹫、鸢、猫头鹰、沙燕、绿啄木鸟、喜鹊、山雀、麻雀、云雀、红尾溪鸟、柳莺、小寒鸦、红嘴乌鸦、野鸽、家燕、白鹭、大杜鹃等。

（三）鱼类

兰州地区鱼类资源共有 4 目 7 科 30 种，其中黄河水系兰州段有 8 目 5 科 23 种。鲤形目最多，共 20 种；其次为鲈形目和鲇形目。除引进种外，本地优势鱼有 8 种，分别是鲤、圆筒吻鮈、大鼻吻鮈、北方铜鱼、瓦氏雅罗鱼、赤眼鳟、厚唇重唇鱼和鲇鱼。

四、植物资源

植物资源是在社会经济技术条件下人类可以利用与可能利用的植物。兰州地区植物资源丰富多样，文中重点介绍森林、草地资源的分布情况。

（一）森林

永登县蒋家坪、兰州青岗岔、曹家咀的新石器时代文化遗址中，均发现有木炭，青岗岔遗址中还发现有炭化木头。城关区白道沟坪遗址的窑场区共清理出陶窑 12 座，发现用树木烧制陶器的痕迹①。由此可见，在黄河两边山上当时有森林分布。兰州地区由于受地理条件及光、热、水、土等因素的综合影响，境内天然植被稀疏，森林资源较少，森林主要分布于东南部和西北部温湿梁峁的阴坡和石质山地。这些森林是在原始森林受反复破坏后，经次生演替而形成的天然次生林。

东南部的石质山地如兴隆山、马衔山等，由于海拔较高，气候较为湿润，有森林分布。此区域阔叶林由山杨、白桦、辽东栎等树种组成，针叶林则主要由青冈、云杉等树种组成。分布于海拔 2200—2750 米阴坡的山杨林，是青冈、云杉林被破坏后形成的次生植被类型；分布于海拔 2400 米以下阳坡的山杨林，则为辽东栎林被破坏后的产物。在海拔 2750—3450 米及以上高度，分别为高山灌丛、高山草甸的分布地带。由于这一地区农

---

① 甘肃省文物管理委员会：《兰州新石器时代的文化遗存》，《考古学报》1957 年第 1 期，第 4—6 页。

业发展历史悠久，大部分地段已开垦为农田，自然植被仅残留在黄土荒坡和石质山地的局部地带，森林草原带和山地森林一般表现得不很明显，大部分森林遭到严重破坏，有的沦为次生灌丛或草甸，有的甚至成为荒山秃岭。

地处祁连山东南部的连城、奖俊埠林区，是由一系列平行排行、饱经褶曲和断裂作用的复杂山岭和谷地组成。因受大陆性气候的影响，使之具有典型的大陆性季风气候特征；同时，又受高山地形的影响，使山地气候表现出明显的垂直变化。在山地的阴坡、半阴坡，由于环境比较湿润，分布寒温性针叶林；在山地的阳坡，由于比较干燥，植被类型以草原为主，二者成复合分布。森林植被的垂直分布为：海拔1900—2500米，有油松、山杨、白桦、忍冬、丁香、水枸子、山榆、卫茅、胡颓子、绣线菊等树种；海拔2500—2800米，主要由云杉、祁连圆柏、红桦、小檗、花楸、沙棘、蔷薇、榛子组成；海拔2800—3100米，由云杉、高山柳、紫桦、蜀陇杜鹃等组成；海拔3100—3300米，由黄花木本委陵菜、绿绒、寥等组成；海拔3300米以上则为草原。本区呈现垂直带的分布规律为针阔混交林带，分布于海拔1900—3100米。由于海拔升高，气候比较凉湿，形成阔叶林向亚高山暗针叶林过渡的地带。阔叶树种主要有山杨、白桦、红桦等，而针叶树种则以云杉为主。在海拔2800米以上，常有云杉混生并随着海拔的升高而增多其混生数量。

总体来说，兰州地区林木资源以旱生、半旱生型树种为主，共有25科42属72种，其中松柏、杨柳、桦、榆、苦木、柽柳、蔷薇、云香、木樨、鼠李等21科36属40种，多以涵养水源、固沙护坡、防止水土流失和绿化美化环境、调节生态平衡为主。

（二）草地

兰州地区的草地资源主要分布在一些地形和气候条件较差，不适宜发展种植业的边缘山地和陡坡山地。天然草地总面积1154.89万亩，占全市土地总面积的 56.76%。

1. 荒漠化草原草场类

主要分布在黄河、湟水以北，庄浪河以东的大部分地区，包括皋兰县、安宁区的全部，城关区的青白石，西固区的东川、达川、新城三镇，红古区的平安、河嘴、红古、窑街等乡镇及永登县的秦川、西槽、树屏等乡镇的大部分地区。草场面积 493.66 万亩，占全市天然草场总面积的 42.7%。

2. 干草原草场类

主要分布在黄河以南、庄浪河流域的大部分中、低山坡地带，包括榆中县的东北、南部山前坡地及中部丘陵地区，永登县的中部地区，西固、七里河两区的大部分地区，城关区的皋兰山，红古区的河嘴村的部分地区。草场面积 445.08 万亩，占全市天然草场总面积的 38.5%。

3. 疏林类草场

主要分布在兰州市西南山区的中、低山地带，包括榆中县、七里河区、西固区的南部山区，永登县西部山区的中低山区。草场面积 99.61 万亩，占全市天然草场总面积的 8.6%。

4. 灌丛类草甸草场

主要分布在兰州市南山、西山的中、高山阴坡、阳坡坡地，包括榆中县、七里河区的南部山区和永登县的西部、北部山区的中、高山地带和五泉山的阴坡地。草场面积 34.83 万亩，占全市天然草场总面积的 3.0%。

5. 山地草甸类草场

主要分布在马衔山、坪城、标杆山等中、高山的高山地带，海拔在 2250—3670 米。草场面积 81.71 万亩，占全市天然草场总面积的 7.1%。

五、矿产资源

兰州地区矿产资源较为丰富，以煤炭及非金属为主（图 1-3）。

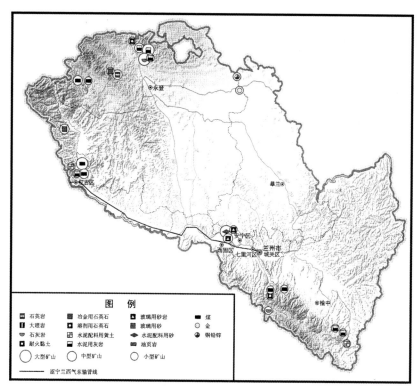

图 1-3　兰州地区矿产资源分布示意图

（采自《兰州市地图集》，第 27 页）

（一）能源矿产资源

兰州市能源矿产资源主要有煤炭、石油、油页岩和地热资源等，其中煤炭资源的开发利用最早，其他能源的开发利用始于 20 世纪 80 年代。

煤炭是兰州主要地下资源之一，元、明、清时期已有文字记载。清康熙《临洮府志》记载，兰州"煤洞在州西四十里。人甚赖之"；金县（今榆中县）"煤洞在县西北四十里。其洞深十余丈，人甚赖之"。① 万历《庄浪汇记》记载，今永登县"西大通堡黑山，离堡二十五里，产煤炭"。清乾隆

───────────

① （清）高锡爵修，郭巍纂：《临洮府志》卷 3《山川考》，载凤凰出版社选编《中国地方志集成·甘肃府县志辑 2》，凤凰出版社 2008 年版，第 28 页。

《平番县志》记载，今永登县"炭山，城西一百四十里，出煤炭"。① 清光绪《甘肃全省新通志》记载，兰州府金县（今榆中县）"煤洞山，在县西五十里，俗名水岔沟，居民利赖之"，皋兰县"阿干山，在县南四十里，俗名煤炭山，环山产煤，一县所赖。有阿干峪，其土宜陶，经火不裂"。② 另外，光绪《金县新志稿》记载金县有煤矿，清道光《重修金县志》对煤亦有记载。

兰州地区现已探明煤炭储量7.43亿吨，发现煤矿20处，除大型的阿干煤矿、窑街煤矿外，主要煤矿和矿点还有海石湾煤矿、大有煤矿、水岔沟煤矿、红壑岘煤矿点、坪城水沟—大沟口煤矿点、黑石川煤矿点、戴家窑煤矿点、九条路口煤矿点、党家山煤矿点、青城煤矿点、太平沟煤矿点、石骨岔煤矿点、黄石洼煤矿点、煤洞洼煤矿点、青冈岔煤矿点、马场煤矿点、湾沟—土儿坪煤矿点和大金沟煤矿点等。

（二）黑色金属资源

1949年以来，由于社会主义经济建设事业发展的需要，兰州地区的矿产资源不断地被发现并得到开发利用。1985年，兰州地区黑色金属矿产资源得到开发勘探的有铁、铬、锰3个矿种，产地40处。

明洪武九年（1376），兰州卫指挥王镇监铸兰州黄河浮桥大铁柱，匠人用窝窝洞（今阿干镇）煤炭与怪石沟铁矿石冶炼铸成。据明万历《临洮府志》载，兰州铁冶"去州六十里。先代民冶，故此今迹存焉"。③ 可见，阿干镇铁冶沟最迟在元代就有冶铁业的发展。这是兰州地区最早开发利用黑色金属矿产资源的记载。清光绪三十三年（1907），兰州铁石山发现铁矿，

① （清）刘鹤鸣纂修：《平番县志》，载凤凰出版社选编《中国地方志集成·甘肃府县志辑5》，凤凰出版社2008年版，第518页。
② （清）升允、长庚监修，（清）丁喜翰、安维峻纂修：《甘肃全省新通志》卷6《舆地志》，载《中国西北文献丛书》编辑委员会编《中国西北文献丛书》第1辑《西北稀见方志文献》第23卷，兰州古籍书店1990年版，第447—448页。
③ （明）荆州俊修，（明）唐懋德纂：《临洮府志》卷4《古迹考》，中国书店1992年版，第37页。

设场冶铁。

（三）贵金属资源

贵金属是兰州地区最早开发利用的地下矿产资源之一。据《汉书·地理志》应劭注："初筑城得金，故曰金城"。① 《新唐书·地理志》和《元和郡县志》记载，兰州"土贡：麸金"。② 成书于北宋初年的《太平寰宇记》也记载，兰州土产有"麸金"。③ 清光绪《甘肃全省新通志·舆地志》记载，兰州等地出产麸金，"皆掘沙淘取之"。④ 1925 年甘肃省实业厅矿产调查表所列《甘肃银矿产地表》记载，皋兰县朱家井、铁石山、铁石峡肠子沟有银矿点。今永登县羌滩、果子滩、柏木洼、天桥沟、大初马以及榆中县黄石坪，皋兰县凤凰山有金矿点。这些记载都反映出兰州地区贵金属资源的发现和利用情况。

经过地质勘探，兰州地区已发现贵金属矿产资源有金、银两种，产地 13 处，其中以沙金为主，主要分布于湟水、大通河和庄浪河等流域。

（四）玉石资源

《甘宁青新四省矿产资源》（1950 年）记载，马衔山阳祁家，每当山洪暴发时，由水冲出大块玉石颇多，可知玉石产于马衔山中。玉为黄绿色，质地细腻，常与极细的白色石英岩结合一起。⑤

马衔山位于兰州市东南，是榆中县与临洮县之间的界山，山体呈西北—东南向延伸，长达 45 千米以上，宽 20 千米，平均海拔 3000 米以上。

---

① （汉）班固《汉书》卷 28 下《地理志八》，中华书局 1962 年版，第 1611 页。

② （宋）欧阳修、宋祁：《新唐书》卷 40《地理志四》，中华书局 1975 年版，第 1042 页。

③ （宋）乐史撰，王文楚等点校：《太平寰宇记》卷 151《陇右道二》，中华书局 2007 年版，第 2927 页。

④ （清）允升、长庚监修，（清）丁喜翰、安维峻纂修：《甘肃全省新通志》卷 12《舆地志》，载《中国西北文献丛书》编辑委员会编《中国西北文献丛书》第 1 辑《西北稀见方志文献》第 23 卷，兰州古籍书店 1990 年版，第 615 页。

⑤ 兰州市地方志编纂委员会等编纂：《兰州市志·自然资源志》，兰州大学出版社 1999 年版，第 240 页。

马衔山玉矿主要指临洮县峡口镇北约 9 千米处的马衔山南部余脉，当地人称"玉石山"。马衔山软玉矿矿化见于新元古界马衔山群一套混合岩、大理岩、黑云母片岩组成的变质地层内。[1] 现今地表玉矿已开采殆尽，玉石矿脉深藏山顶的矿洞之中，半山腰处也会见到风化剥离的山料。逢夏秋时节暴雨，山洪暴发过后，玉矿附近的大碧河及其两支流漆家沟、王家沟中还会零星见到籽玉。马衔山玉矿尚未进行过正式的考古发掘。据当地百姓反映，曾有人在"玉石山"上发现过古矿坑（现已填平）以及古代玉器加工遗迹。[2] 齐家文化玉器的玉料大多是就近取材，马衔山是重要的原料产地。

第三节　古气候与古环境

兰州地区的自然环境非常适宜人类活动与定居，但这里的自然地理地貌与气候环境条件不是一成不变的。据研究，中国历史时期气候经历了四次温暖期和四次寒冷期，温暖与寒冷交替出现，温暖与湿润也与之交替伴生，而历史时期的气候与环境，又是对古气候和古环境的延续，因此要了解历史时期兰州地区的气候与环境及其变迁的过程，首先要复原局部区域的古气候与古环境。

一、古气候的变迁[3]

兰州地区属甘肃中部温带半干旱区。由于地处内陆，降水少，日照多，蒸发量大，昼夜温差大，大陆性季风气候明显。兰州地区的气候还

---

[1]　张钰岩等：《甘肃马衔山软玉成矿及玉料产地来源地质地球化学特征分析》，《中山大学学报》（自然科学版）2018 年第 2 期，第 1 页。

[2]　丁哲：《玉出"二马岗"，古道复真颜——论甘肃闪石玉与"玉石之路"》，载陈星灿、唐士乾主编《2016 中国·广河齐家文化与中华文明国际论坛论文集》，甘肃文化出版社 2017 年版，第 267—268 页。古方：《甘肃临洮马衔山玉矿调查》，载叶舒宪、古方主编《玉成中国：玉石之路与玉兵文化探源》，中华书局 2015 年版，第 72—79 页。

[3]　本节主要参考甘肃省地方史志编纂委员会等编纂：《甘肃省志·气象志》，甘肃人民出版社 1992 年版。

具有过渡性特征,由东南的季风区向西北过渡到非季风区。又因不同地理位置环境条件的差异,自南而北可分为半湿润、半干旱、干旱3个地区,而在区域内的高山地区,气候则具有明显的垂直变化带谱,所以兰州地区气候区域差别较大(图1-4)。四季气候变化明显,春季多风,少雨干旱;夏无酷热,降雨增多;秋季凉爽,降温较快;冬季较冷,干燥少雪。年平均气温为6—9℃,年均降水量324.9毫米,年蒸发量1468毫米(图1-5)。兰州目前的气候特点是地质时期气候与历史时期气候变迁的结果和延续。

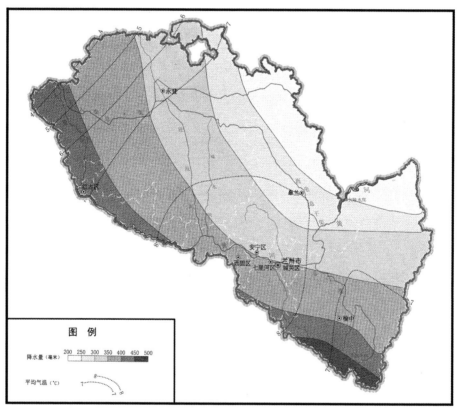

图1-4 兰州地区累年平均气温和降水量

(采自《兰州市地图集》,第18页)

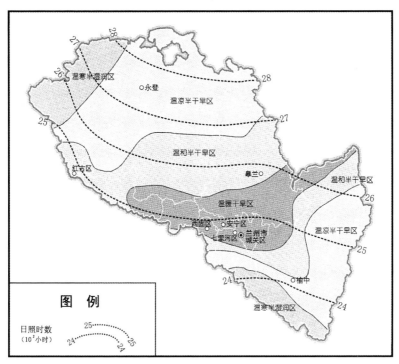

图 1-5　兰州地区气候区划和日照时数

（采自《兰州市地图集》，第 18 页）

（一）　地质时期的气候

地质时期的气候一般指万年以上的气候，主要通过分析地质资料所得。[1]甘肃的地质时期气候分为两大阶段。第一阶段是中生代早白垩纪以前，甘肃全省不是海区就是近海区，是亚热带气候，比较潮湿。第二阶段是中生代晚白垩纪及其以后（距今 1.3 亿—0.25 亿年），甘肃干旱区地理环境已初步形成，深居内陆，远离海洋。当时，我国季风气候尚未形成，大

―――――――――

[1]　地质年代，是用来描述地球历史事件的时间单位，从古至今依次为冥古宙、太古宙、元古宙、显生宙。显生宙分为：古生代、中生代、新生代。古生代分为：寒武纪、奥陶纪、志留纪、泥盆纪、石炭纪、二叠纪。中生代分为：三叠纪、侏罗纪、白垩纪。新生代分为：古近纪、新近纪、第四纪。第四纪分为：更新世、全新世。第四纪是地质年代分期的最后一个纪，约从 260 万年前开始，一直延续至今。

部分地区处于亚热带高气压控制之下，盛行干燥的东北信风，全国从东南的台湾岛到甘肃、新疆形成一条广阔的干旱气候带。晚第三纪时（距今2500万—200万年），由于强烈的喜马拉雅造山运动，我国全部大陆连成一片，青藏高原及其周围山地大面积隆升3500—4000米以上，从而促成我国环流季风系统的形成。这种变化形势到第四纪更加明显，由于西南暖湿气流受到阻挡，甘肃趋向干旱。

1. 地质时期气候轮廓

一般一次造山运动大致对应一次寒冷的大冰期气候，而温和的大间冰期气候则与地壳沉陷、海域扩张相对应。距今6亿—5亿年前的震旦纪①大冰期时间长，范围广，气候寒冷。接着，甘肃进入了寒武纪到石炭纪大间冰期，它发生在距今5.7亿—3亿年间。当时雪线升高，冰川后退，石炭纪的气候是一个典型的温暖潮湿时期，植物繁茂，煤层丰富。从二叠纪到三叠纪（距今3亿—2.1亿年）早中期，全省为亚热带半干燥、干燥气候区。由于印支运动影响，气候发生了变化，三叠纪后期到侏罗纪早中期（距今2.1—1.5亿年）为潮湿温带气候区。侏罗纪后期到白垩纪（距今1.5亿—0.8亿年）为半干旱、干旱亚热带气候区，温度很高。

经历了造山运动，在中生代晚白垩世以后，我国陆地上大的构造骨架已经形成，陆地面积进一步扩大，气温逐渐下降，干燥程度不断加达，全省气候向大陆性发展。据估计，大约从1亿年前至今气温降低了19℃，从7500万年前至今降低了12℃，从500万年前至今降低了8℃。

2. 第四纪气候（距今200多万年至今）

现代季风环流系统在距今200多万年时已开始形成，冬季高气压中心再次得到加强，并向北推移到北纬55°附近（相当于西伯利亚到蒙古），干冷的大陆季风从西北一直吹向东南，甘肃省气候干寒。到了夏半年，海洋季风盛吹，甘肃由于距海较远及群山阻挡，海洋季风较弱，降水量明显少于我国东部。

---

① 震旦纪，元古宙的最末一个纪。

早更新世距今 240 万—73 万年，其前期为干冷气候，年平均气温比现在要低 12℃以上。中期气候温暖，为半干旱草原气候，年平均温度比现在要高 4℃左右。在兰州安宁区、永登县曾出土完整的黄河象化石、古象骨骼和牙齿化石，它们距今 200 万年以上，表明当时温暖。在更新世后期，兰州为稀疏草原景观，它在干冷气候下形成，年平均温度比现在低 8℃左右。

在中更新世，祁连山广布冰川，雪线海拔约 2000 米，它相当于大姑冰期（距今 60 万—50 万年），年平均温度比现在低 6—7℃。

在晚更新世早期（距今 14 万年），祁连山区也有冰川，规模比上次缩小，雪线海拔在 3000 米以上。在距今 14 万—9 万年间，兰州温度较高，气候干燥。在距今 2.3 万年前后的晚更新世后期，兰州为温凉略湿气候。它相当于大理冰期，年平均温度比现在低 4—8℃。

全新世是从距今 1.2 万年开始的，安敦盆地从温暖走向干寒，干旱和风沙剧增，出现了戈壁和荒漠草原景观。

总的来看，第四纪以来兰州地区的气候逐步干燥，冷暖趋势与全国基本一致。

（二）历史时期的气候

对历史时期气候的认识，主要依靠对历史文献中有关记载的分析和文物考古。气候变化是大范围现象，兰州地区历史时期的气候变化和甘肃省大体一致，总的趋势是逐步干燥，冷暖交替。

冰后期 1 万年以来的气候基本上可分为冷、暖、冷三个阶段。约在距今 8000 年前是寒冷阶段，距今 8000—3000 年间是温暖阶段，距今 3000 年前至今又属寒冷阶段。

五千年来，甘肃省第一次温暖潮湿期发生在公元前 3600 年至公元前 1000 年，持续了两千多年。考古学家在甘肃及西安附近的半坡村发现了现代分布于长江流域沼泽地带或热带、亚热带地区的獐、竹鼠、象等喜温好湿动物骨骼。当时竹林亦广有分布。如今这些动植物均已绝迹。

第一次寒冷期是从公元前 1100 年到公元前 750 年。《竹书纪年》记载，

周幽王时期，关中地区六月降霜，桃杏晚熟。

第二次温暖期，是从公元前 750 年的春秋时期直至公元初期的西汉时代。《史记》记载，汉武帝时期（前 140—前 87），竹与梅在渭水流域很茂盛。竹、梅是喜温作物，一般在亚热带生长，故说明这一时期整个亚热带北界比现在偏北。

第二次寒冷期从公元初期起，一直持续到公元 610 年左右。许多史书中有不少气候寒冷的记载，而无气候偏暖之记载。《晋书》记载，东晋穆帝"永和十年（354）五月，凉州（今武威）雪。"① 《魏书》记载，北魏宣武帝正始元年（504）八月"河州（今临夏）霣霜杀稼"，正始四年（507）八月"河州霣霜"。②

第三次温暖时期是隋唐之间（610—1000）。唐代 300 年中，记载冬无雪的年数竟达 19 次之多，居中国历代各朝之冠。气候特别温暖湿润，长安种有梅花、柑橘。

第三次寒冷期大约从公元 1000 年（北宋）到 1200 年（南宋）。史志中多处记载寒冷情形。《宋史》记载，宋真宗"景德四年（1007）七月，渭州（今陇西）瓦亭砦早霜伤稼"，宋孝宗"淳熙十六年（1189）七月，阶、成、凤、西和州（今陇南）霜，杀稼几尽"。③

第四次暖期是从 13 世纪初叶起到 14 世纪初叶止，近一百年。隋唐时期，长安设"竹监司"管理竹园，南宋初期因天冷无竹而取消。元朝初期（1268—1292），西安又重新设立"竹监司"衙门，这成为当时气候转暖的一大证明。

第四次寒期是指从明朝以来的六百多年。根据史料从公元 1400—1900 年的不完全统计，共有 130 多次寒冷、霜冻和大雪记载。1755 年 7 月，皋兰、环县、镇原、合水、正宁等 22 州县降霜严重，粮食歉收。

甘肃省五千年历史中，最初的两千年大部分属于暖期，该暖期中年平

① （唐）房玄龄等：《晋书》卷 29《五行志下》，中华书局 1974 年版，第 875 页。

② （北齐）魏收：《魏书》卷 112 上《灵征志上》，中华书局 1974 年版，第 2907—2908 页。

③ （元）脱脱等：《宋史》卷 62《五行志一下》，中华书局 1977 年版，第 1345 页。

均温度高于现代2℃左右。五千年历史中的气候可以分成四个暖期和四个寒冷期，四个暖期的年平均气温比现代高0—2℃，四个冷期的年平均气温比现代低1—2℃。

二、古环境的演变[①]

兰州的自然地理环境是在史前自然地理的环境基础上，又经过了历史时期人类长期活动的扰动与影响，逐渐形成了今天的地貌形态与环境特征。换言之，兰州地区的自然地理环境，自史前时期到今天已经发生了很大变化，这一演变过程既受自然规律的制约，又有人类活动的影响，是历史时期人地关系长期相互作用、相互影响的结果。因此，要复原历史时期兰州地方的历史，首先要复原不同历史时期兰州地区的自然地理环境，而要梳理出兰州地区在历史时期自然地理环境的变迁轨迹，首先要了解兰州地区的史前地理环境。

（一）元古代的海陆环境

元古代距今约25亿—6亿年。兰州地区由初期的一片茫茫海水渐渐形成一些孤岛状的古陆，出露于海面之上。这一由海变陆的演化过程在我国各地都曾发生过，是全球地质演变的程序之一。

现今兰州最古老的地层出露于马衔山，形成时间大约为距今25亿—17亿年或更早一些。当时的马衔山区是一个小海盆，海沟深达五六千米；兰州其他地方则可能为浅海区。大约在距今17亿年前后，甘肃由西向东有一次规模较大的造山运动，兰州地区发生了普遍下沉，海洋的范围比前期扩大，古海中开始有了生命——早期的藻类，兴隆山就曾发现此类藻类化石——"兴隆山锥叠层石（新型）"。这时气候较为湿润，海水温度不会太高，适宜于生物繁殖。

---

① 主要参考张行《兰州地区远古时期生态环境初探》，《兰州学刊》1988年第3期，第93—103页。

二三亿年以后，地壳发生过一次剧烈的运动，兰州海开始解体，大部分地区经运动后隆起，形成较为稳定的古陆基底核，成为现今亚洲大陆上最大的一块古陆——华北古陆的一个组成部分。由于上升幅度大，造成较高的地势且再也没有接受过海浸，然而在兰州的西北边缘地区永登西奖俊埠岭以及天祝、青海省东部的部分区域仍是一片汪洋。直到距今七八亿年左右，海水才开始退却。

（二）古生代的海槽区和火山活动

古生代距今约 6 亿—2.3 亿年。兰州古陆的边缘部分发生了地质变动，永登县石青硐和白银市胜家梁一线又沉沦为海区，并由西北向东南延伸形成一个狭长的槽区，断断续续地绕过兰州古大陆。这一时期兰州古陆上气候炎热干燥，到处是不毛之地，满目荒凉，而海洋生态环境却是另一番景象，大通虫、佩奇虫等生活在热带、亚热带炎热气候下的海洋中。永登石青硐发现的三叶虫化石有大通虫、原长山虫、佩奇虫和形体细小的球接子三叶虫以及腕足类。

寒武纪中末期，永登—白银海槽区结束，海底慢慢隆起为大陆。几千万年之后又被海水淹没。海区主要是永登县的石灰沟一带及其以东地区，深度多在两三千米内，因此沉积形成了巨厚的石灰岩。[①] 永登海区深度较浅，海洋环境变化带来生物组合的改变，出现了笔石动物。1969 年甘肃省地质局区域地质测量一队在永登县中堡镇石灰沟地层中采到丰富的笔石动物群化石。

距今 4 亿—2.3 亿年的晚古生代晚期，兰州西北海峡随着地壳的徐徐上升，与兰州的古老平原联合在一起。由海变陆是兰州地壳的一次巨大的变更。反复无常的地质运动，加之火山等其他灾害，使环境不利于生物活动，因此这段时期兰州地区缺少古生物化石，生态环境难以推测。

（三）中生代河湖区概貌

大约从距今 2.3 亿—6500 万年，地质历史进入到中生代。这时兰州地

---

① 这些岩石成为永登县水泥厂制造水泥、石灰和冶金工业的熔剂等重要原料。

区整个大陆都已完全脱离海洋，形成内陆盆地。中生代初期由于气候变得炎热干燥，生态环境对生物生长、繁殖不利。中晚期气候则温暖潮湿，森林密布，特别在沼泽盆地中，倒塌的树木和淤泥在一起腐烂，后来便形成了重要的煤系地层，因此中生代是陆生动植物开始繁盛的一个时期，也是地质史上一个主要的造煤时期。

三叠纪（距今2.3亿—1.95亿年）是中生代的第一个阶段，兰州外围海区在脱离海洋后最先在白银一带形成了一些内陆湖盆。三叠纪早期由于刚刚脱离大洋环境，炎热、干燥的气候交替不利于动植物的发展。中期生物面貌发生了巨大变化，陆地植物很快蔓延生长，兰州陆地上开始出现大片大片的常绿植物。它们一方面通过光合作用制造氧，改善空气，另一方面为动物栖息繁殖提供了最好的场所，随之在兰州大陆上出现了最早的古脊椎动物——化石鱼。兰州地区的气候这时已变得温暖湿润，在潮湿的相对低一些的地上林木丛生，水草丰茂。

进入中生代的侏罗纪（距今1.95亿—1.37亿年）时，兰州大地经河水冲刷、侵蚀、搬运、沉积作用和地壳沉降运动，窑街、阿干镇等地稳定了数亿年的古陆上的山地丘陵开始降低，形成山间盆地。侏罗纪中期是兰州地区热带植物最繁盛的时期，温暖湿润气候下形成河湖沼泽，动物界中昆虫、鱼类和爬行动物也得以发展。

侏罗纪中期也是甘肃中生代的主要含煤岩系，它在省内的分布十分广泛。兰州中侏罗世的含煤岩系属祁连区一部分，该区由西部的玉门至东部兰州、靖远一带在约九万平方千米的面积内，就有二十几个含煤盆地。除窑街、阿干镇两个较大的之外，在榆中水岔沟、永登大有也有煤系地层。

阿干镇水系是当时古黄河的一部分，河湖区古生物特征以植物化石为主（包括孢子花粉），有少量薄壳型的瓣鳃类，无其他门类化石的发现。古植物中以蕨类、银杏类为多，苏铁类甚少。生态环境为热带、亚热带雨林型，高温多雨和日照时间长，使该地区的植物长得特别繁茂。

窑街水系属于古大通河水系，已知的有古植物（包括孢粉）、轮藻、瓣鳃、介形类、叶肢介、昆虫和鱼类等。古植物中以银杏类最为繁盛（占近

1/3），真蕨类次之，继之为苏铁类和松柏类。当时裸子植物处于高度发展中，尤其是反映着湿热生态环境的苏铁类较为多见，是窑街植物群的一个显著特征，同时指示这里的古气候较阿干镇更炎热更潮湿。

除阿干镇、窑街外，在与青海省享堂交界的永登县一带，也有大片水域，这里发现了两种重要的古爬行动物化石——孙氏鳄鱼和马门溪龙的部分骨骼化石。这两类动物反映出当地的生态环境为暖湿的热带、亚热带，与窑街和阿干镇的古环境是一致的。

侏罗纪之后，进入中生代最后一个纪——白垩纪（距今1.37亿—6500万年）。由于侏罗纪晚期变得干旱起来的气候影响，此时兰州地区湖区明显缩小，古生物化石的种类和数量均大幅减少。河湖区仍在窑街、永登一带及兰州河口、皋兰泥湾等地。早期植物化石有枞型枝、苏铁杉等。另外，发现有较多的鱼类化石，如窑街的狼鳍鱼、弓鳍鱼群，河口的亚洲鲈鱼群，永登的硬鳞鱼群等。气候变干后反应敏感的喜湿性植物大量死亡，得天独厚的广阔水域使得鱼类空前兴盛。到了白垩纪晚期地球上发生了一次全球性的大灾变。现有许多假说，最普遍的说法是，宇宙中一颗小行星与地球相撞，形成陨石雨，地球上降落了大量的宇宙尘埃，使得环境骤变，各种动植物遭受到毁灭性的打击，直到五六千万年前才开始慢慢恢复元气。

（四）新生代冷暖交替变化的生态环境

距今6500万年以后，进入地史上的新生代时期。新生代分为古近纪、新近纪和第四纪，其中古近纪又分古新世、始新世、渐新世，新近纪分中新世、上新世，第四纪分为更新世、全新世。兰州现代的地貌轮廓在中生代末期的地壳变动和灾变后就基本上奠定了基础，山地开始崛起，盆地也已具备了雏形。

1. 古新世、始新世

距今6500万—3700万年，兰州地区的古生物化石缺少发现，气候比中生代要更加燥热，降雨量骤减，蒸发量增大，与我国北方当时的总气候趋势一致。

2. 渐新世

距今 3400 万—2300 万年，这一时期兰州地区有四次大的冷暖变化。早期是温暖时期。渐新世中期，降雨量明显减少，气候也随之变冷，出现了一个半荒漠和草原环境。1986 年在五泉山东的皋兰山北坡发现食虫类和啮齿类动物化石，它们的生态环境就是广阔的草原，以穴居的方式生存，对气温没有很高要求。渐新世晚期前部，气温回升，比之中期更加湿润，于是兰州及周围环境中又出现了较高大的乔木和繁茂的草本植物。这种状况持续了一两百万年后，气候又骤然变冷，兰州及其周边开始出现荒漠和草原，滋生了小哺乳动物啮齿类。

3. 中新世

始于距今 2200 万年前。这一时期，兰州气候有一明显的变化，即从此后开始了冰期和间冰期的交替（冷暖期的交替），并一直持续至今。早中新世时期，气温明显转暖，并大约持续了 1200 万年。气候的变化使得兰州大陆又焕发了生机，盆地内有许许多多喜暖植物，如榕树、枫香、木兰、山核桃和山胡椒等。永登、皋兰一带河湖交错分布，河流宽阔而舒缓，湖水温凉适宜，高大乔木与低矮灌木、草丛并举，是众多食草动物的食料来源。皋兰县张家坪、韩家井子一带及黄羊头附近早中新世地层中曾发现大量古犀类化石，其中最有代表性的是体型庞大的巨犀牛，头骨长 1.5 米，肩高 4—5.5 米。兰州盆地内，在受外来地质作用，主要是板块的碰撞运动，环境略有改变，气温下降出现大片大片草原，草原型动物在这段时期内异常活跃。这种气候上冷暖交替的现象在以后的中新世中、晚期均发生过多次。

兰州地区远古时期河流、湖泊发育的最后一个阶段是在中中新世晚期至晚中新世前期，距今 1600 万—1200 万年间。在此之后受大规模冰川打击和全球性普遍降温的影响，再也没出现这种热带—亚热带气候及动植物繁盛的局面。那时最发育的河湖区仍在永登一带，地势发育平坦的树屏镇，湖区几乎遍及全境，在上滩村咸水河发现了丰富的哺乳动物化石，被命名为"咸水河动物群",是西北区该时期标准动物群之一,主要动物有利齿猪、嵌齿象,独角犀及大量的啮齿类化石。这个古生物组合所反映的生态环境,与中新世早期相仿,但湿度不及早期,降雨量有所减少,而大量的啮齿类化石又说明温度在缓慢下降,森林面积不断减少,草原规模逐渐扩大。到末期冰期开始,雪线下降,气候明显恶化,变得较凉且干燥。此后又有一个相对温暖时期——上新世。

4. 上新世

距今 530 万—258.8 万年,大致可分为两段,早期偏暖,晚期寒冷。1985 年,永登邢家湾一带发现鬣狗、三趾马、鹿、大唇犀、剑齿象等化石(表 1-3),证明了这一温暖时期的存在。动物群中草原生态的分子大量增加,可能是这一温暖期温度未回升到中新世水平,草原开始大面积出现,有的地方(如兰州市区)可能已变得近似荒漠、半荒漠区。

表 1-3　兰州地区发现的新生代哺乳动物列表[1]

时间		动物种类	发现地点	发现时间	生物群隶属
新近纪	早中新世	塔塔鼠	兰州	1986	皋兰山动物群
		食虫类短面猬	兰州	1988	皋兰山动物群兰州组
	中中新世	犀牛、巨镰齿猪	皋兰、永登	1936	咸水河动物群
	晚中新世	剑齿象、哈氏大唇犀、三趾马、鹿	庄浪河西岸的邢家湾一带	1979	
		巨犀、兰州獠齿犀	西固南坡坪—张家坪一带	1986	
		兰州獠齿	皋兰对亭沟	1988	
	上新世	象、犀、三趾马	永登县	20 世纪80 年代初	

---

① 资料采自兰州市地方志编纂委员会等编纂:《兰州市志·自然地理志》,兰州大学出版社1998 年版,第 336—339 页。

续表

时间		动物种类	发现地点	发现时间	生物群隶属
第四纪	早更新世	披毛犀、三趾马	甘草店双泉乡	1983	
	中更新世	德永象	兰州安宁堡	1975	
		纳玛象	兰州崔家崖大金沟口	1991	
	晚更新世中晚期	虎、斑鹿、披毛犀、羚羊、纳呼尔绵羊、牛	榆中县花岔乡	1991	
	晚更新世晚期	斑鹿	榆中县园子乡	1990	
		斑鹿	皋兰县水阜乡	1994	
		赤鹿	皋兰县水阜乡	1994	
	全新世	鹿	榆中县垲坪乡	1986	

（引自《兰州市志·自然地理志》，第336—339页）

5. 更新世

到距今200万年左右的时候，兰州进入地史上的第四纪。这时地壳活动年代最新、距兰州最近、受影响最深的喜马拉雅山，经运动由海返陆接近完成，山体也回升到一定高度，已开始阻挡了从印度洋吹来的暖湿气流，使之达不到西北内陆地带。同时，由于全球降温，极地冰盖从无到有，并逐步发展到现代的规模。受其影响，西伯利亚形成强盛的寒冷气流，强劲的季风裹挟着黄土、砂石由西北向东南吹来，造成大规模降温，这给兰州遗留下许多冰川痕迹。

生态环境方面，由于第四纪早期冰川的到来，早更新世中期，草本植物占绝对优势（90%以上），其次有菊和禾本科，反映了一种气候干冷的干草原植被环境。早更新世晚期，仍以草本植物为主，但木本植物增多，以松为主，并出现了较多的喜暖阔叶树，如栎、桦、榆树等，草本植物以禾本科、藜科、蒿属为主，说明是一种针阔叶混交的稀树草原环境，气候湿暖，近似次间冰期。与这个时期相当，在榆中县甘草店镇果园村双泉社发现有披毛犀、三门马、鼠兔等化石，该动物群基本属于山间草甸、草原型动物。

中更新世时，在青藏高原不断上升的影响下，气候愈加干冷，处于大陆内部的兰州也不例外。受冰期影响，早期木本植物仍以松为主，阔叶树绝迹，草本植物占百分之七十左右，是以松为主的稀树草原景观，气候干凉。中更新世晚期木本植物完全消失，草本植物中以蒿为主，其次为藜科、禾本科、少量茄科和荨麻科，是以蒿为主的草原环境，气候干旱温暖。这一时期动物化石较少，九洲台地层中发现一些小哺乳动物和蜗牛等耐干冷的动物。这一时期气候环境与现代有许多相似之处，即现代兰州气候的格局是在中更新世时奠定下来的。

晚更新世距今约10万—1万年，是兰州地区第四纪中冷暖交替变化最明显的时期。在距今10万—9万年时，植物中木本植物在兰州盆地有所增多，草本植物仍以耐干耐冷的蒿为主，仍是草原环境和干冷气候。距今4万年左右，气候又变得相当温暖，而此时我国南方温度偏低，大量动植物向北方侵入，一直到大陆深部的新疆等地。在兰州安宁堡大沙沟、榆中桑园子村都发现过古象化石。植物界木本植物空前发展，无论是数量和种类均有所增多。木本植物占到百分之五十，草本植物有蒿、禾本科和藜科，这是森林草原生态环境，气候湿暖，适合象类等动物生存。兰州正处于两冰期之间的温暖时期，温度回返比以往高。在距今3.6万—2.3万年间，兰州又回到干冷期。这时兰州以针叶树占优势，灌木和草本植物所占比例不大，含一定量的蕨类植物孢子。针叶林比较稀疏或者不连续分布，林间草地空旷，生长着多种旱生或耐旱小灌木、草本植物，具有森林草原植被。根据西固陈坪发现的马鹿化石和榆中和平发现的盘羊化石，可见这些动物当时正是生活在这样的自然环境中。虽然兰州有斑状分布的针叶树为主的森林，但气候要比现代寒冷，气温较现代低4—7℃，但相对湿润，具有温凉略湿的生境。这段时间后，植被变得很稀疏，可能是气候进一步变干冷造成的。

6. 全新世

距今 1 万年进入第四纪的全新世。此时生态环境与现代基本一致，气候渐变湿暖，植被中多是旱生形态的低矮小灌木和多年生草本植物，乔木缺乏。

第 二 章
史前时期的兰州地区

兰州地区依山傍水、土壤肥沃，矿产丰富，是我国远古人类的居住地之一①。旧石器时代晚期，就有人类开始在兰州地区活动。到新石器时代，温暖湿润的优越气候更为兰州地区带来了发展的时机，人口急剧增长，先民们开始种植粟、黍，饲养猪、狗、羊、鸡等，逐渐创造了灿烂、富有地方特色的古代文化。

第一节　神话传说

史前时期，先民们认知自然的水平虽然有限，但他们依然尝试着去解释宇宙的产生和人类的由来。在改造自然能力极其有限的时代，高山大河成为先民们所景仰和敬畏的对象，被赋予了超自然的神性，兰州地区的马衔山、兴隆山就蒙上了这种神秘、浪漫的色彩。尽管传说未必是史实，却有一定的合理因素，如在甘肃东部广为流传的伏羲、女娲故事，或许与庙底沟类型的创造者华胥氏部落西越陇山有关②。

---

① 兰州市地方志编纂委员会、兰州市自然地理志编纂委员会编纂：《兰州市志·自然资源卷》，兰州大学出版社 1998 年版，第 248 页。

② 曹定云：《华胥氏的历史传说与考古文化史实》，《宝鸡文理学院学报》（社会科学版）2009 年第 1 期。

一、兴隆山故事

兴隆山位于兰州市东南45千米处，为国家级自然森林保护区。因这里林木葱郁，飞泉流淌，动植物资源丰富，人文景观众多，景色秀比峨眉，故有"陇右第一名山"之美誉。兴隆山东西两峰对峙，东曰兴龙，西名栖云，以山形似腾龙，取"龙生云而云从龙"之意。清康熙年间，出于"败而复兴"之意，改称"兴隆山"。该地区流传着许多传说，2017年，兴隆山传说故事成功获批第四批甘肃省非物质文化遗产，洗山雨就是其中颇具代表性的一个传说故事。

据说，在每年农历六月六日，兴隆山中常年结冰的金龙池要解冻一天。一大早，百鸟仙子就使千万只鸟聚会在金龙池，群鸟用坚硬的嘴和爪子在冰面不停地啄、刨，直到现出蓝汪汪的水。这时，龙女就会带着金马跃出水面，和百鸟、百果、百花、百兽、百药、百草、百谷七位仙女一齐欢歌曼舞。人们希望在这天能看到龙女和仙女们美丽的舞姿，能听到绝妙的仙乐，就结伴往兴隆山聚会，这样就形成了"六月六"传统山会。龙女和仙女们为答谢乡亲们的盛情，就用拂尘蘸上金龙池的水，从云中洒下来给众乡亲洗尘，这就是人们传说的兴隆山"洗山雨"。

二、马衔山传说

马衔山为兰州市榆中县与定西市临洮县的分水岭，地处兴隆山南侧，大致呈西北—东南走向。山顶如平川，宽8—10千米，长约50千米。马衔山历史悠久，流传着众多神话故事，西王母过马衔山的传说就是其中一则。

相传，女娲补天时把一些残渣留在了榆中县，就成为一座座秃山——马衔山，蓄不住雨水，长不起草木。一日，西王母路过马衔山，见山上光秃秃的不美观，就想把山移走。东海龙王有两个女儿，在海底新建了一座水晶花园，恰好缺少山石，她们听说西王母想把马衔山搬走，就去了天宫，要求把山搬到海底，西王母同意了这个两全其美的建议，还给姐妹俩赏赐了两匹玉色宝马，帮助他们搬山。姐妹俩把马衔山拴上套绳，驱赶宝马往海里拉，适逢百果仙女提着酒来犒劳，姐妹俩正好感到口渴，就歇驾痛饮起来，结果一下子酩酊大醉，沉睡不醒。两匹宝马见主人睡去，就脱缰跑去吃绿油油的麦苗，惊动了两个青年，哥哥叫金炉，弟弟叫银炉，他们看见两匹宝马在田地里撒欢打滚，把黑夜照得如白昼一般，田里的庄稼都被宝马吃了个精光。兄弟俩悄悄埋伏在草丛里，等宝马走到跟前，突然跳起抓住马鬃，两匹马拼命跳窜，可怎么也摆脱不了，就一声长啸腾在空中，弟兄俩见状吓得闭上眼睛，不敢松手。不一会儿，两匹马落在了马衔山上，兄弟俩觉得宝马性烈如火，不好降服，不如杀掉以绝后患，于是马刚落地，他们就挥剑朝马腿砍去，两匹马断了腿脚，倒卧下去，一转眼竟变成了两块巨大的石头，马衔山上的大石马、小石马就是这两匹马变的。

三、白虎山神话

白虎山位于兴隆山山前，山形酷似一条潜伏欲飞的龙，屹立于盆地的北部，和东南的接驾嘴山呈掎角之势，环抱着土地肥沃的榆中盆地。盆地里清澈见底的龛谷峡、兴隆峡、苑川河静静流淌，滋润着山势险峻的白虎山。

传说很久以前，白虎山上烟岚云岫，林茂枝繁，牧草丰盛。山下河畔农庄相连，鸡犬相闻。人们不是在田间愉快地劳作，就是赶了骡马牛羊去山上放牧，过着平静安逸的生活。有一天，人们正在山上放牧，突然乌云滚滚，一只白虎从山后窜出，张开血盆大口向马群扑去，吓得牧人们魂飞魄散、四下奔逃，顿时白虎山上虎啸马嘶一片混乱，其中有个胆大的牧人隐藏在一处土丘背后，偷偷地想看个究竟。只见群马退避，一匹形体高大的红鬃烈马从马群中奔出，和白虎缠斗在一起，红鬃马红鬃扬起，前蹄刨，后蹄齐蹬，马尾劲扫，好像一条赤龙腾飞闪挪，白虎虽身躯矫健，来势凶猛，但最后不敌烈马，向密林深处逃去。一连几天，都是如此。牧人害怕白虎吃掉马匹，就把情况报告给主人——萧财主，财主知道自己有这样一匹好马，兴奋地满眼放光。一天，萧财主来到马棚，看牧人给马洗澡，他发现红鬃马的脖子上有个疙瘩，甚是累赘，便让人找来刀具，把疙瘩剪下，剖开一看，里面竟藏着一条赤蛇。后来，红马在和白虎的咬斗中身亡，白虎遂成一害。至此，财主方才明白，红鬃马原来是一匹神马，是天庭赤龙的化身，下凡来到此地，保护百姓的马匹羊群免受白虎的侵扰。为除虎患，财主用一生的积蓄邀请各地高手上山打虎，然数年而白虎不除。最后，附近双店子的猎户集体上山除害，才将白虎斩于刀箭之下，却引起白虎山方圆数里内魑魅魍魉的惊恐，三天三夜大雨不止。为了安息生民，元始天尊又命赤龙下凡，日夜守候来确保一方平安。从此以后，风调雨顺，五谷丰登，人们过上了安居乐业的日子。

第二节 旧石器时代文化

大约在距今一万年左右的旧石器时代晚期，兰州地区就有先民在此繁衍、生息，开始开发这片土地。目前，在兰州地区发现属于旧石器时代的遗址有榆中县峁坪沟、西固区深沟桥遗址等（图2-1）。

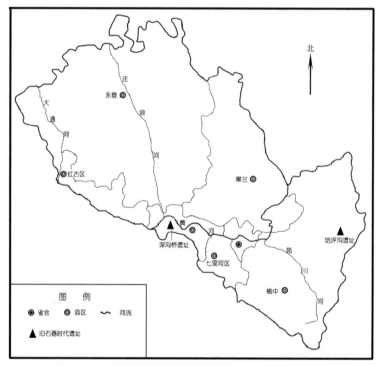

图2-1 兰州地区旧石器时代遗址分布示意图

一、垲坪沟遗址

垲坪沟遗址地处榆中县中连川乡东南 150 米，位于垲坪沟与另一条小沟交汇处东南面的一级台地上，高出沟底 9 米，距地表深 1.4—2.7 米，面积约 4500 平方米。断崖上有两层较坚硬的青灰色土层，每层厚 0.1—0.2 米，中间夹杂有炭渣、石核、石片，介于两层之间的为黄色偏红土层，厚约 1.3 米，其中夹杂着野驴化石、鹿牙化石、骨器等（图 2-2）。

图 2-2　垲坪沟遗址

（采自《兰州市志·文物志》，彩图 5）

二、深沟桥遗址

深沟桥遗址，又名崔家崖遗址，位于西固区范家坪北缘断崖壁上，文化层厚 0.2—0.4 米，夹杂有颜色较浅的红土及沙砾层，距地表深 6 米，其下 2 米为砾石层（图 2-3）。1988 年 6 月，由兰州大学地理系师生与加拿大亚伯特省列必特大学博士威尔逊等发现。曾在此采集石核 5 件、刮削器 4 件、细石器 5 件，均以白色或红色石英岩打制而成。细石器先用间接打制法剥下石叶，然后双面加工，修整刃部，制作技术比较先进。另有鸟、鼠类化石共 2 件。①

---

① 兰州市地方志编纂委员会、兰州市文物志编纂委员会编纂：《兰州市志·文物志》，兰州大学出版社 2006 年版，第 47 页。

图 2-3 深沟桥遗址

(采自《兰州市志·文物志》，彩图 3)

　　兰州地区发现的旧石器时代遗址除上两处外，还在榆中县采集了一些旧石器时代的打制石器（图 2-4）。兰州附近地区也发现文化面貌相似的旧石器地点，如下王家遗址，位于东乡族自治县锁南镇王家村南 300 米，面积约 1.5 万平方千米，距今约 1.5 万年，采集石器 2 件、石片 5 件，石片用锤击法生成，器身小而薄，长宽大致相等，其中 2 件为白色石英岩质，3 件为角页岩质，2 件石器为加工精细的刮削器，1 件为角页岩质，1 件为白色石英岩质。① 此外，在会宁县的郭城驿曾发现旧石器时代石球 1 件，应是狩猎用的投掷器。②

────────────

　　① 国家文物局主编：《中国文物地图集·甘肃分册》（下），测绘出版社 2011 年版，第 21、44、766 页。

　　② 万全琳：《会宁史前文明与彩陶文化》，《白银日报》2018 年 5 月 15 日第 004 版。

图2-4　兰州地区出土的旧石器时代石器

（榆中县博物馆藏）

从上述遗址中广泛发现细石器的情况来看，兰州地区的先民已进入先进的狩猎采集阶段，主要通过猎获野驴、鹿、鸟、鼠等和采集植物果实、种子、块茎为生。

第三节　新石器时代文化①

传统历史文献中几乎未见关于兰州地区新石器时代的记载。自科学考古学传入中国以来，中外考古学家们在兰州地区先后开展了众多的考古调查和发掘工作②。考古发现的"无字天书"成为解读这段历史的核心资料，补充了文献记载的不足。兰州地区新石器时代文化的发展过程与甘青地区基本同步。迄今为止，新石器时代早中期的文化遗存还未发现。到了新石器时代晚期，仰韶文化庙底沟类型开始在兰州邻近地区有零星发现。到马家窑文化时期，史前文化空前繁荣，兰州地区步入了氏族社会的繁荣阶段。

---

① 这里的"文化"特指考古学文化，考古学专用术语。认定一种考古学文化，需要具备三个条件：首先，一种文化必有一类的特征；其次，共同伴出的一群类型，最好是发现不止一处；第三，要有相当充分的认识。见夏鼐《关于考古学上文化的定名问题》，《考古》1959年第4期。

② 陈星灿：《中国史前考古学史研究（1895—1949）》，生活·读书·新知三联书店1997年版，第268—269页；夏鼐、吴良才：《兰州附近的史前遗存》，《中国考古学报》（第五册），1951年。

一、仰韶文化庙底沟类型

庙底沟类型是分布于黄河中上游的仰韶文化的地方类型，大致以陇东、关中、陕南和豫西地区为中心，年代在公元前3990—前3360年[①]，甘肃地区的发现延续时间要更长，下限可至公元前3300年左右。兰州地区有零星的仰韶文化遗址发现，主要集中在榆中县境内（图2-5），均未经科学考古发掘，不能准确揭示其文化面貌。但在邻近的临洮县马家窑遗址、民和县阳洼坡遗址，经考古发掘均已发现庙底沟类型遗存。

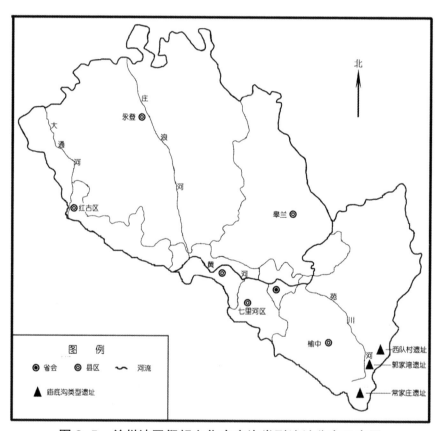

图2-5 兰州地区仰韶文化庙底沟类型遗址分布示意图

---

① 谢端琚：《甘青地区史前考古》，文物出版社2002年版，第51页。

（一）考古发现

西队村遗址，位于榆中县甘草店镇西村，1986 年 8 月发现，面积约 4500 平方米，部分已被开垦为耕地，地面散布有夹砂红陶罐、素面红陶罐、灰陶盆、彩陶盆、彩陶壶等器物的陶片。

郭家湾遗址，位于榆中县甘草店镇郭家湾村南，遗址面积约 15 万平方米，文化层厚 0.5—4 米，暴露地表的遗迹有灰坑、窑址、居址等，遗物有石器、陶器、骨器等，其中彩陶以红陶为主，黑彩绘纹，纹样有弧线三角纹、圆点勾叶纹等。现为省级文物保护单位。

常家庄遗址，位于榆中县高崖镇常家村，遗址面积约 3000 平方米，文化层厚 0.4—1.5 米，暴露的遗迹有灰坑、窑址、居址等，遗物有石器、陶器等，其中陶器有斜腹罐、宽沿盆等。[①]

（二）文化特征

这一时期的遗址主要分布在苑川河的河边台地上。建筑大多为长方形、方形或圆形半地穴式，出现了一定数量的地面建筑，居址面积较大，室内有圆形筒状灶坑，立柱开始使用柱础，表明穴坑之上已增设立面墙体，室内空间增大，采光较好。少量房址采用料礓石粉浆加工居住面，以此提高防潮性能。陶窑为横穴式，分火塘和窑室两部分，火塘是添柴生火之处，呈圆形或长方形，有火道通入窑室。窑室呈圆形，周边设环形火道，受热均匀。火塘一般低于窑室，由下往上火势自然加强。未发现公共墓地，墓葬发现数量较少，成人以单人仰身直肢葬式为主，随葬品较少，多为陶器和骨器；多人二次合葬次之。儿童使用瓮棺埋葬，葬具组合变化较多，有的是专门的瓮棺，有的是日用陶器。

陶器制作大多比较精致，以夹砂和泥质红陶为主，主要器形有卷沿和

---

① 兰州市地方志编纂委员会、兰州市文物志编纂委员会编纂：《兰州市志·文物志》，兰州大学出版社 2006 年版，第 48—49 页。

敛口曲腹盆、敛口曲腹钵、重唇小口尖底瓶、葫芦口平底瓶、敛口深腹瓮、深腹罐、釜、灶等。陶器上的纹饰主要是线纹、绳纹和彩绘。有较多的彩陶，除了黑彩，还有红彩和白彩，纹样有写实的鸟纹、蛙纹，大量见到由圆点、勾叶、弧边三角组成的花卉形几何图案，均绘于器外，基本不见内彩。① 生产工具中的石器以磨制为主，加工技术有了进步，普遍采用了钻孔技术，主要器形有斧、锛、铲、刀和纺轮等，石斧更加厚重，石铲刃部更为锋利，石刀钻孔由近背部向中部转移，陶刀和陶纺轮也是常见的工具。② 骨器的种类和数量明显下降，暗示了狩猎活动在社会经济生活中的地位有所下降。

唐代司马贞《补史记·三皇本纪》曰："太昊庖牺氏，风姓。代燧人氏，继天而王。母曰华胥。履大人迹于雷泽，而生庖牺于成纪。蛇身人首，有圣德。"庖牺即伏羲，清人梁玉绳在《汉书·人表考》卷二引《春秋世谱》云："华胥氏生男名伏羲，生女名女娲。"由上述史料可知，伏羲、女娲是华胥氏的后裔，出生于成纪（今秦安县一带）。其实，华胥氏应该是氏族或部落之名。关于其活动地域，《列子·黄帝篇》记述"（黄帝）昼寝而梦，游于华胥氏之国。华胥氏之国，在弇州之西，台州之北，不知斯（离）齐国几千万里，盖非舟车足力之所及，神游而已"，又《太平寰宇记》载"蓝田为三皇旧居，境内有华胥陵"。根据这些记载，华胥氏始居地应在今陕西境内。③ 有人认为，花是华的古体，华族就是以花为图腾的氏族。④ 胥、须在古代可以通用，花须可当花芯讲，因此华胥氏就是花须氏，就是崇拜花芯的氏族。⑤ 在新石器时代，黄河中上游地区的仰韶文化先后经历了半坡类型、庙底沟类型两个阶段，其中半坡类型的彩陶以鱼纹为主，突出对鱼

① 曾骐：《黄河流域史前文化中的彩陶》，《中山大学学报》（社会科学版）1992年第4期，第93页。

② 王仁湘：《史前中国的艺术浪潮》，文物出版社2011年版，第21—23页。

③ 袁珂：《中国神话传说》，人民文学出版社1998年版，第87页。

④ 吴汝祚：《炎黄汇典·考古卷》，吉林文史出版社2002年版，第211页。

⑤ 曹定云：《华胥氏的历史传说与考古文化史实》，《宝鸡文理学院学报》（社会科学版）2009年第1期。

的崇拜。庙底沟类型彩陶以花叶纹为主，突出对花的崇拜，庙底沟类型的族属很可能就是华胥氏部落。

庙底沟类型时期，人们拥有精良的生产工具和丰富的农耕经验。随着人口的增长和文化的扩张，需要不断地开辟新的领地。从关中溯渭河而上，很容易到达甘肃东部。这里土壤肥沃，水源充足，很自然地成了他们的第一个移居地。随着生产力的不断发展，人们改造自然的能力不断加强，过去尚未开发的地区逐渐被开发，于是移民的浪潮也逐渐向西推进。甘肃地区越往西越干燥寒冷，大陆性气候显著，对原始农业的发展来说较为不利，这就决定了当时的农业不能短期内移居到很远的地方，只能随着生产力的逐步发展，在一段时期内，像波浪一样地向西推进，到公元前第二千纪的中叶才最后到达河西走廊的尽端。① 从考古资料来看，兰州地区最早出现的新石器时代文化就是庙底沟类型遗存，应当与传说中华胥氏部落的关系十分密切。

二、马家窑文化

马家窑文化是黄河上游地区史前文化的代表，因临洮县马家窑遗址而得名，主要分布在甘青地区，东起六盘山，南抵四川省北部茂县、汶川县一带，西至青海湖，西北至河西走廊中部，北入内蒙古自治区，以陇西黄土高原和河湟地区为中心，兰州地区正处于马家窑文化的中心分布区内，集中分布在今兰州市区、榆中县、永登县，特别是苑川河谷、大通河谷和庄浪河谷，遗址多位于黄河及其支流的两岸阶地上或干流两岸的高坪地带。兰州地区发现的马家窑文化遗存的类型有马家窑类型、半山类型、马厂类型，其中马家窑类型处于该文化发展的中期，半山和马厂为晚期。② 马家窑文化早期阶段的石岭下类型在兰州地区尚未发现。

（一）马家窑类型

根据考古调查和发掘资料，马家窑类型遗存主要分布在甘肃中部、河

① 严文明：《甘肃彩陶的源流》，《文物》1978 年第 10 期。
② 段小强：《马家窑文化》，文物出版社 2011 年版，第 22 页。

西走廊东端和青海省东部地区,以临夏回族自治州和兰州市为分布中心,年代大致在公元前3369—前2882年。①

1. 考古发现

目前,兰州地区发现马家窑类型的遗址47处,其中城关区2处、七里河区7处、西固区6处、红古区4处、永登县11处、榆中县17处。经过发掘的遗址有城关区雁儿湾、王保保城、杏核台,七里河区曹家咀、西坡坬、小坪子,西固区柳沟大坪,红古区红山大坪,永登县蒋家坪、杜家坪,榆中县马家坬、北关遗址等(图2-6)。②

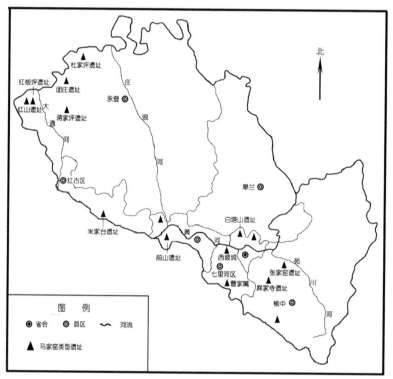

图2-6 兰州地区马家窑类型遗址分布示意图

---

① 谢端琚:《甘青地区史前考古》,文物出版社2002年版,第67页。
② 郝相松:《绚丽多彩的兰州彩陶》,《西北师大学报》(社会科学版)1990年第2期;兰州市地方志编纂委员会、兰州市文物志编纂委员会编纂:《兰州市志·文物志》,兰州大学出版社2006年版,第67—79页,表一。

雁儿湾遗址，位于城关区城东约 10 千米的一级台地上，北依黄河，东接桑园峡，高出河面约 60 米左右。1950 年，修建陇海铁路时发现。遗址面积约 6000 平方米，文化层厚约 1 米，主要为马家窑类型遗存，发掘范围很小，仅清理 1 座灰坑。灰坑平面呈不规则椭圆形，北大南小，最大直径 2.9 米，最小直径 1.6 米，深 1.9 米，坑内堆积为灰土、木炭末和黄土块，夹杂有大量陶片、陶环、兽骨、石片、石器和少量的骨珠、骨环等小件装饰品。坑底有大小不等的椭圆形柱洞、红烧土和柱洞残迹，说明灰坑废弃前曾为居室建筑。出土遗物有生产工具类的石锛、石刀、陶刀，以及狩猎用的石球和细石器。

曹家咀遗址，位于七里河区西果园镇东南 2 千米 212 国道西侧的二级台地上，台地距河谷自然高度 50 米。东隔河与戴帽嘴山相望，南隔湾沟与岗家山为邻，北隔后沟与董家岭相对，西连层叠山峰，依自然地势形成西北高、东南逐渐低平的台地。遗址东西长约 250 米、南北宽约 300 米，面积约 7.5 万平方米。1945 年，夏鼐先生率西北科学考察团在甘肃各地进行考察，在兰州发现了曹家咀、白道沟坪、王保保城、伏龙坪等遗址（图 2-7），并发表了调查报告《兰州附近的史前遗存》。① 新中国成立以来，甘肃省文物管理委员会对这些遗址进行过多次调查并妥善地予以保护。1963 年，经甘肃省人民政府批准，公布为省级文物保护单位。1971 年，甘肃省博物馆为进一步研究马家窑文化马家窑类型的年代问题，对该遗址进行过一次试掘并发表了报告。经试掘发现，该遗址是一处单纯的马家窑类型的文化遗址，发现了彩陶壶、盆、钵，以及罐的肩、腹、颈及口沿残片。从出土的木炭经放射性同位素碳 14 测定，年代约距今 4540±100 年，晚于仰韶文化而早于半山和马厂类型，为兰州新石器时代的考古学文化谱系研究提供了重要证据。该遗址面积大，保存较好，文化内涵丰富，地面陶片多。除彩陶片外，还有夹砂粗陶片、残石器等。②

---

① 夏鼐、吴良才：《兰州附近的史前遗存》，《中国考古学报》（第五册），1951 年。
② 甘肃省博物馆：《兰州曹家咀遗址的试掘》，《考古》1973 年第 3 期。

1　　　　　　　　　　　　　　　2

图 2-7　夏鼐在兰州采集陶器及太平沟遗址 B 的发掘情况

1. 夏鼐在兰州调查所获陶器（采自《夏鼐西北考察日记》，图 1-1-7）

2. 夏鼐在兰州太平沟遗址 B 发掘情况（采自《夏鼐西北考察日记》，图 1-1-3）

西坡圿遗址，位于七里河区西果园镇陆家沟村南。张家岭山势由南向北逐渐缓平，形成坡地，遗址就分布在坡地上。西临教场沟，东靠大沟，北接二沟汇合处与路家嘴村相望，两沟皆因山泉有水，在其汇合处形成涝坝水塘。遗址南北长约 400 米，东西宽约 250 米，面积约 10 万平方米。山坡被开垦为梯田，断面灰层暴露厚达 0.5—2 米，遗物内涵丰富，大多为马家窑类型彩陶盆口沿、腹部残片，也有夹砂红陶、夹砂灰陶、泥质红陶片，还有磨制残石器、骨器、红烧土、灰坑等。1960 年 3 月，经甘肃省博物馆试掘，发现居址、窑址、灰坑和墓葬，属于典型混合遗址，有较高的科学价值。1981 年，被甘肃省人民政府核定并公布为省级文物保护单位。在此处所采集标本多为马家窑期彩陶盆、钵、罐等。甘肃省博物馆试掘出土一件彩陶碗，造型精致，图案绚丽，线条流畅，工艺精巧。从彩陶片的形制看，多系容器和炊具之类，纹饰多为篮纹。夹砂粗红陶胎质大部分为红褐色，少部分为白色，饰斜行或交错绳纹，并有附加堆纹，多饰在腹部及以下部位，横贯 3 至 4 道，起加固作用。[①]

──────────

① 兰州市地方志编纂委员会、兰州市文物志编纂委员会编纂：《兰州市志·文物志》，兰州大学出版社 2006 年版，第 50 页；甘肃省博物馆：《甘肃兰州西坡圿遗址发掘简报》，《考古》1960 年第 9 期。

红山遗址和红板坪遗址群，两处遗址紧邻在一起，面积合计64万平方米，是新石器时代兰州市范围内面积最大的一处遗址群。红山遗址位于红古区窑街镇红山村东约50米的大通河东岸二级台地上，面积约12万平方米，文化层厚0.5—1.2米，暴露有灰层、灰坑，采集有夹砂红陶片、泥质红陶片及少量灰褐陶片。属于马家窑类型彩陶的主要器型有长颈壶等，彩绘为黑色，纹饰有条带纹、水波纹、旋涡纹、平行线纹；属半山类型彩陶的纹饰有平行线纹、网格纹、圆圈纹等，器型为卷唇盆、单耳罐。采集到的石器有石刀、石弹丸等。1993年，甘肃省人民政府公布为第五批省级文物保护单位。红板坪遗址位于红古区窑街镇红山村东南500米，面积约52万平方米，文化层厚0.55—2.5米，暴露有灰坑，采集有马家窑类型泥质红、灰陶片，纹饰有绳纹，彩陶纹样有弧线纹；半山类型泥质、夹砂红褐陶片，彩陶纹样有折线纹、锯齿纹，器型有双耳壶、折沿罐等。

　　麻家寺遗址，位于榆中县连搭镇麻家寺西南约3千米的二级台地上，南临水磨沟，1958年文物普查时发现。遗址面积约25万平方米，地表已经被开垦为耕地，文化层厚0.8—1.7米，距地表1.2—2米。1959年，甘肃省博物馆进行试掘，发现灰坑、居址等遗迹，包含马家窑类型、马厂类型和齐家文化遗存，延续时间长。出土生产工具有石刀、斧、凿、铲和陶刀、陶纺轮等，生活用具有陶瓮、盆、钵、罐、壶、瓶等。1976年，发现齐家文化墓葬1座，出土陶罐7件、石斧2件、石磬1件。石磬用天然石片打制而成，青灰色，平面呈不规则梯形，近顶端正中有一孔，系对钻而成，器表有多处打制、琢击痕迹，经测音为B调。1970年平田整地时，遗址曾受到一定破坏。①

　　分豁岔遗址，位于榆中县城关镇分豁岔村东，1986年文物普查时发现。1990年9月，甘肃省文物考古研究所与甘肃联合大学文博班联合对榆中县分豁岔遗址进行发掘，揭露面积250平方米，发现马家窑类型和半山类型的

---

　　① 兰州市地方志编纂委员会、兰州市文物志编纂委员会编纂：《兰州市志·文物志》兰州大学出版社2006年版，第50页；甘肃省地方史志编纂委员会、《甘肃省志·文物志》编纂委员会编：《甘肃省志·文物志》，文物出版社2018年版，第68—72页。

文化堆积，清理灰坑42个、白灰面房址1座，出土生产工具有石刀、斧、凿和陶刀、陶纺轮等，生活用具有陶盆、罐、壶、钵等，另有鸡、羊、猪等兽骨及细泥灰陶环等。

王保保城遗址，1966年9月，甘肃省博物馆文物工作队在城关区王保保城城址内清理一座马家窑文化马家窑类型墓葬，出土12件陶器及绿松石珠等。[①]

白塔山遗址，位于兰州市城关区白塔山东侧，面积4.5万平方米，文化层厚0.5—1米，出土夹砂灰陶片、泥质陶片、磨制石斧、石刀，彩陶纹饰带状、变形鸟纹、同心圆、波浪纹、网格纹等。[②]

米家台遗址，位于红古区米家台村北900米，面积1.05万平方米，文化层厚1—2米，采集有泥质红陶、陶纺轮等，彩陶纹饰有弧线纹等。[③]

2. 文化特征

马家窑类型时期，兰州先民们以氏族或部落为单位过着定居生活。聚落一般选址在河流两岸的阶地上，遗址发现数量最多的是苑川河谷，共计13处，其次是大通河谷，发现9处遗址。聚落规模大小不等，呈现出明显的层级化，5万平方米以下的小型聚落有36处，5万至20万平方米的中型聚落有9处，超过20万平方米的大型聚落有2处。红板坪遗址面积超过52万平方米，位于大通河谷；麻家寺遗址面积25万平方米，位于苑川河谷，这两处遗址显然具有中心聚落的性质。

聚落由房屋、窖穴、陶窑和墓葬等构成。房屋为圆形、方形或长方形的半地穴式单间建筑，面积多在10—50平方米，屋内地面及四壁用草拌泥或红胶泥敷抹，坚硬而平整，屋内中央有圆形灶坑，用于烹调食物。房屋周围有窖穴，用于储藏粮食、工具等物品，建造较为规整讲究，有的还在穴壁涂抹一层草拌泥。陶窑为横穴式，由火膛、火道、火箅和窑室组成，窑室平面呈椭圆形，直径一般1.2—1.4米，可同时烧造多件陶器。在曹家

---

① 甘肃省博物馆文物工作队：《兰州马家窑和马厂类型墓葬清理简报》，《文物》1975年第6期。
② 国家文物局：《中国文物地图集·甘肃分册》，测绘出版社2005年版，第1页。
③ 国家文物局：《中国文物地图集·甘肃分册》，测绘出版社2005年版，第19页。

咀遗址和西坡坬遗址都发现了陶窑，可惜保存较差。墓地与居址邻近，位于更高的山坡上。以单人葬为主，有少量合葬墓。墓葬大多为长方形竖穴土坑墓，流行单人仰身直肢葬，墓内往往有随葬品，放置在头端，如1966年9月，甘肃省博物馆文物工作队在王保保城发掘的1号墓葬（M1），为长方形竖穴土坑墓，单人仰身直肢葬，头东脚西，随葬品置于头部附近，有夹砂粗陶和细泥彩陶器12件及绿松石珠等。①

经济生产以经营原始农业为主，同时饲养家畜，并以采集和渔猎作为补充。粮食作物已发现的有稷、粟、大麻。稷是当时居民的主要粮食，人们用锋利的石刀把稷穗带杆割下来，分别捆成小把，晒干以后，整齐堆放在窖穴中存储，待食用时，再用石磨盘和磨棒脱粒。饲养猪、狗、牛、羊、鸡等家畜家禽，可以稳定提供奶和肉食。遗址中发现较多的狩猎工具弹丸、镞等，捕杀的对象主要有鹿、野猪、羚羊、田鼠和河狸等。在雁儿湾遗址1号灰坑（H1）中发现动物骨骼68块，主要有猪骨、羊骨、羊角和鹿骨等；在西坡坬遗址也出土有牛、羊、猪、狗、鸡和鹿等动物骨骼。

手工业生产有制陶、石作、制骨，制陶业最为发达。陶器多为手制，小件器物直接捏塑而成，大型器以泥条盘筑法为主，多经慢轮修整。陶窑多为开放式，陶器在氧化气氛中烧制而成，多呈橙黄色或砖红色。器类较多，有盆、钵、瓶、壶、罐等，主要是日常生活用器。彩陶使用日渐增多，施彩部位在内壁、口、颈、肩和腹上部，纹样主要为几何纹和动物纹，几何纹包括漩涡纹、带纹、弧线纹，动物纹包括蛙、鸟、蜥蜴等，颜色有红、黑、白等，黑色最为常见，经科学分析，乃使用磁铁矿和锰矿等矿物颜料绘制而成。几乎每一件彩陶上都有描绘河水翻卷的纹饰，表达了人们对黄河母亲的热爱，黄河也为彩陶注入了永恒的艺术魅力。石器在先民们生产和生活中发挥着极为重要的作用，工具和装饰品的制造都离不开石作技术，常见的生产工具有刀、斧、锛、凿、铲、纺轮、弹丸等，粮食加工工具有磨盘和磨棒，还会把绿松石磨制成珠，作为装饰品。利用制骨技术把动物

---

① 甘肃省博物馆文物工作队：《兰州马家窑和马厂类型墓葬清理简报》，《文物》1975年第6期。

肢骨加工成缝制衣物的骨锥、骨针以及装饰品骨珠，还大量用来制作狩猎工具——骨镞。东乡族自治县林家遗址发现青铜刀一把，通长12.5厘米，被誉为"中华第一刀"，由两块范浇铸而成，刀身厚薄均匀，表面平整，刀尖圆钝，微上翘，弧背平刃，短柄内收较窄，有明显镶嵌木把的痕迹。还发现了三块铜渣，表明当地已经能冶铸铜器，但是否已进入铜石并用时代，还有待于发现更多金属器物来佐证。

（二）半山类型

半山类型的分布范围与马家窑类型基本重合，今兰州地区仍然是马家窑文化半山类型分布的中心区，年代大致在公元前2500年—前2300年。

1. 考古发现

兰州市内发现半山类型遗址66处，较马家窑类型增长了40%，各区县

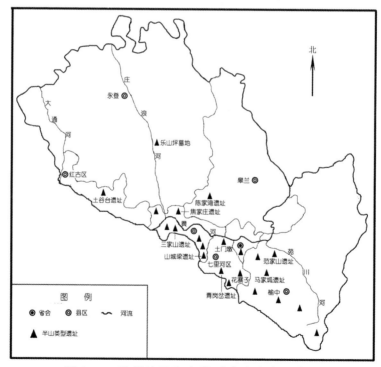

图2-8 兰州地区半山类型遗址分布示意图

内均有发现，其中城关区 2 处、七里河区 4 处、西固区 8 处、安宁区 4 处、红古区 3 处、永登县 1 处、皋兰县 1 处、榆中县 43 处。与马家窑类型相比，半山类型在苑川河谷分布的遗址最为密集，共发现 37 处；大通河谷内仅发现 3 处。经过科学发掘的遗址有关帝坪、牟家坪、青岗岔、花寨子、焦家庄、十里店、沙井驿、土谷台、乐山坪墓地等（图 2-8）。

青岗岔遗址，位于七里河区西果园镇南部袁家村西侧岗家山台地上，岗家山是由南向北延伸的黄土山岗（图 2-9），东与 212 国道相隔和戴帽嘴山对峙，南与七道梁相望，西越湾沟与曹家咀相望，东西宽约 200 米，面积约 2—3 万平方米，包含半山类型、马厂类型和齐家文化的混合遗存。在青岗岔遗址同时发现了半山类型居址和墓葬具有重要意义，从考古发现的角度无可辩驳地纠正了安特生所谓"马家窑住地，半山葬地"的错误认识。1963 年，甘肃省博物馆对遗址进行发掘，开探沟 4 条，面积达 80 多平方米，取得了确切的地层资料，发现了遗迹中有半山类型的居址、窑址以及齐家文化的居址和墓葬。发现的遗物有生产工具，如石质的敲砸器、刮削器、斧、凿、纺轮和陶刀、骨锥等；生活用具有彩陶罐、夹砂陶罐、陶盆等；装饰品有白色大理石带孔石饰和绿松石饰等。青岗岔遗址一号房址内的木炭，经中国科学院考古研究所测定为距今 4030±100 年，[1] 这是我国首次用科学方法确定了半山类型的绝对年代。这次发掘证明，齐家文化遗存的相对年代不仅晚于马家窑类型，而且晚于半山类型。纠正了以往的错误认识，为今后解决马家窑文化的分期奠定了基础。[2]

———————————

① 甘肃省博物馆：《甘肃兰州青岗岔遗址试掘简报》，《考古》1972 年第 3 期。

② 甘肃省博物馆文物工作队：《甘肃兰州青岗岔半山遗址第二次发掘》，《考古学集刊》（第 2 集），中国社会科学出版社 1982 年版，第 10 页。张万仓：《回忆我的两次田野考古实习》，《中国文物报》2012 年 4 月 18 日第 3 版。

1   2

图 2-9　青岗岔遗址和 1963 年发掘现场

1. 青岗岔遗址（采自 http://culture.gansudaily.com.cn "每日甘肃"）

2. 1963 年发掘现场（采自《中国文物报》2012 年 4 月 18 日第 3 版）

　　花寨子遗址，位于七里河区八里镇南 2 千米处的东西自然台阶地上，东接城关区伏龙坪街道二营子村，西为兰阿铁路、兰阿公路，北与二十里铺大坪隔河相望，南接侯家峪，距河床自然高度为 50 米。1977 年 12 月，当地农民在晒都囊（地名）平田整地时发现半山类型墓葬。经当时兰州市革委会同意停工，由甘肃省博物馆会同兰州市文化馆、七里河区文化馆联合进行抢救性清理，共发掘墓葬 49 座。遗址南北长约 300 米，东西宽约 50 米，面积约 1.5 万平方米。地层堆积分为两层，第一层为扰土，深度 0.8 米；第二层为文化层，厚度 0.8—1.5 米，为黄土混有灰褐色土粒，文化层以下为黄色生土。少部分墓葬埋于第一层下部，距地表 0.6—0.8 米，大部分墓底尚存，可以看清墓葬形制。多数墓葬位于第二层，西部比较密集，东部较稀疏，有木棺墓和土坑墓两类，均为单人葬。葬式分三类：一为侧身屈肢葬，二为头身分离葬，三为二次葬（图 2-10）。随葬器物多在木棺墓，土坑墓中较少，个别无器物，从随葬品可以看出当时已经出现贫富分化。在 49 座墓葬中，出土器物共 923 件，其中生产工具 84 件，有石刀、石凿、石斧、研磨器、骨刀、骨锥、骨匕首、陶纺轮等；装饰品 733 件，有骨珠、绿松石珠、带孔骨片等；生活用具均为陶器，有壶、单耳罐、大口罐、瓮、盆、钵等，其中 32 件彩陶壶最具有代表性，陶质细腻，火候较高，大多打磨光滑，陶色呈橙黄色。花寨子墓地的发掘，为兰州地区彩陶文化研究提供了重要资料。从发掘出土的器物及墓葬情况看，花寨子早期陶器与马家窑类型晚期陶器较接近并有着密切关系。马家窑类型晚期陶器已经孕育着半山类型陶器之因素，花寨子陶器之主要器型、纹饰和装饰技法明显承袭了马家窑类型晚期陶器之特点，并在此基础上有所发展。

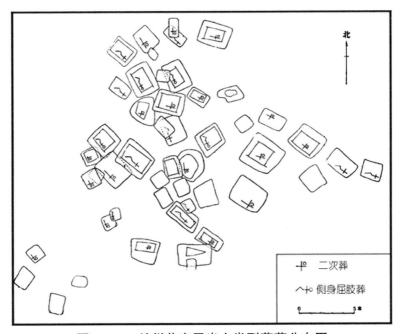

图 2-10　兰州花寨子半山类型墓葬分布图

（据《考古学报》1980 年第 2 期，第 222 页，图二改绘）

三家山遗址，位于西固区新安路街道三家山村东南约 500 米的山梁南侧，属黄河南岸第四级阶地。1987 年文物普查时发现。面积约 6 万平方米，中部断崖上暴露有灰坑、灰层及墓葬等遗迹，文化层厚约 0.2—2 米，距地表深 0.5 米，包含有马家窑文化、半山类型和齐家文化遗存，地面遗物十分丰富。采集标本中，石器有凿、斧、刀等，陶片可辨识的器型有钵、盆、壶、瓮、罐、双大耳罐等。彩陶片以带有锯齿纹的旋涡纹、葫芦网纹、棋盘格纹为主，细泥红陶片中部分加饰篮纹、绳纹等。1993 年，甘肃省人民政府公布为第五批省级文物保护单位。

马家圪遗址，位于榆中县连搭镇马家圪村西北，面积约 4000 平方米，文化层厚约 0.5 米。采集有半山类型泥质红陶、夹砂红陶及彩陶片，彩陶绘黑、红二彩，纹饰有漩涡纹、锯齿纹、网格纹，器型有小口双耳壶、双耳瓶和罐类器；属齐家文化的泥质、夹砂红陶器有高领折肩罐、大口双耳罐等，纹饰为篮纹，彩陶片很少，绘红彩。1981 年，甘肃省人民政府公布为省级文物保护单位。

2. 文化特征

半山类型的先民们聚族而居，聚落主要分布在河谷台地上，面积大小不等，绝大多数为 5 万平方米以下的小型聚落，共有 54 处，5 至 20 万平方米之间的中型聚落有 11 处，20 万平方米以上的大型聚落仅有 1 处。青岗岔是保存较好的一处半山类型聚落。1963 年秋、1976 年夏，甘肃省博物馆先后进行两次发掘，揭露面积共计 420 余平方米，发现这一时期的房址 4 座、墓葬 4 座、窖穴 3 座、陶窑 1 座。因揭露面积较小，聚落的整体布局还不清楚。可知的是，房屋排列较为密集、整齐，显然经过精心规划。房屋为方形、长方形半地穴式建筑，面积小的十几平方米，大的四十几平方米。房屋建造技术非常成熟，先在地面挖建竖穴房基，在四壁内各掏挖两个柱洞，树立边柱，地穴以上的墙壁为木骨泥墙，室内中间挖四个柱洞，树立主柱，屋顶采用梁架结构，利用树杈

图 2-11 青岗岔 F5 复原图

（采自《考古学集刊》第 2 集，

第 13 页，图六）

和绳索捆绑固定，再用木椽和茅草铺盖，最后涂抹上草拌泥。屋内中间设有灶圈，灶底与屋内地面平齐或略高，边角处挖有窖穴，用来储物，取用非常方便（图 2-11）。

墓葬以单人葬为主，合葬墓较少。墓葬形制有竖穴土坑墓、土洞墓两种，流行侧身屈肢葬（图2-12），有少量的二次扰乱葬。部分墓葬使用木棺作为葬具，棺一般只有四壁而无盖、底，还有的墓用石板围合成棺的样式。墓内随葬品一般不超过10件，以陶器为主，彩陶壶、罐和夹砂罐是常见组合，装饰品较为常见，随葬品中开始出现明显的性别差异，如男性墓多随葬石斧，女性墓多随葬纺轮和骨椎。随葬品的数量多寡不一，是早期社会贫富差别的表现。

图2-12　兰州花寨子遗址
M23 半山类型墓葬

（采自《考古学报》1980年第2期，
图版一）

半山居民过着农业定居生活，种植物主要是粟，次为糜子，在青岗岔遗址1号房址（F1）内一件彩陶罐底部发现了糜子及糜秸。饲养的家畜有猪、狗、羊等，以猪为主。在各遗址中，还出土了数量众多的石镞、骨镞、石弹丸和陶弹丸等狩猎工具，说明当时居民还从事狩猎活动以扩大食物的来源。

彩陶风格在马家窑类型的基础上继续发展，纹饰更趋多样，色彩愈加绚烂，从而将彩陶艺术推向了巅峰。彩陶数量占陶器的60%以上，大型储藏器壶、罐成为半山彩陶的主要器型。常见纹饰有漩涡纹、锯齿纹、菱形纹、葫芦纹、网格纹等。器型大多匀称圆润，常以黑色锯齿纹带和红色条带镶嵌构成各种连续的图案，造型与图案浑然一体，无论平视还是俯视，都能造成强烈的视觉冲击，给人带来赏心悦目的美感享受。

（三）马厂类型

马厂类型的分布范围与半山类型基本重合，西北方向继续在河西走廊内扩展，但该文化的中心仍然在今兰州境内黄河段和湟水、洮河、大夏河流域，绝对年代大致在公元前2453—前2032年。

1. 考古发现

兰州市内发现马厂类型遗址154处，其中城关区2处、七里河区6处、西固区12处、安宁区3处、红古区18处、永登县54处、皋兰县14处、榆中县45处。适合居住的河谷盆地基本上都被先民所占据，大通河谷重新成为聚落最密集的地区，发现遗址有34处；苑川河谷的中心地位依旧稳固，遗址有27处。除此之外，庄浪河谷成为又一处人口密集的地区，发现了28处遗址。经过发掘的遗址有红古城、徐家山东大梁、土谷台、蒋家坪、白道沟坪、满城、中堡、乐山坪、糜地岘、阳洼窑、分豁岔、下海石等（图2-13）。

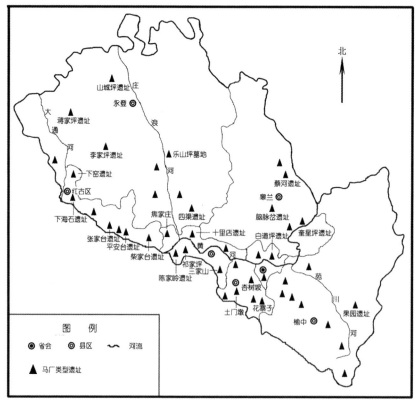

图2-13　兰州地区马厂类型遗址分布示意图

白道沟坪遗址，位于城关区青白石街道白道沟坪上，南边紧邻黄河，高出河面约 60 余米，由园坪子、徐家坪和刘家坪三块台地组成。该遗址面积较大，约 35 万平方米，可划分为居住区、墓葬区和窑场。1956 年 3 月，修建包兰铁路时发现。刘家坪是墓地，徐家坪为窑场。窑场区清理出陶窑 12 座，均为竖式结构，呈正方形，窑箅上有 9 个火眼，三三成排，均匀整齐。窑室大小不一，大者长宽各 1 米，窑场分布情况为北边 4 座，中间 5 座，南边 2 座，东边 1 座。前三组陶窑南北一线排开，每组间共用 1 个灰坑。窑场内有圆形备料坑 1 个，坑壁附有断续的红胶泥，周围地面上有许多红胶泥块及圆棒状红胶泥条，夹砂红泥块等，是储存陶土和制作陶器的地方。窑场中还出土研磨颜料的石磨盘和调色陶碟，陶碟中残存绘彩时用的紫红色颜料。经化验，其化学成分与彩陶上使用的颜料一致。①

蒋家坪遗址，由上坪和下坪遗址组成。上坪位于永登县河桥镇蒋家坪村北，面积约 2 万平方米，文化层厚约 0.8 米，包含有马家窑类型和马厂类型遗存。采集陶片有泥质橙黄陶、红陶、夹砂陶，纹饰为刻划纹、附加堆纹，属马家窑类型的器物有盆、罐等，彩陶为黑色彩绘，纹饰有平行线纹、弧线纹、垂弧纹；属马厂类型的壶、罐等器物绘黑、红二彩，纹饰为三角折线纹、四大圆圈纹等。下坪遗址位于蒋家坪村南，面积约 4.5 万平方米，文化层厚 0.5—1.5 米，暴露有房址和灰坑，包含马家窑类型和马厂类型遗存。1974—1975 年，甘肃省文物工作队与北京大学考古系在此进行联合发掘，发现了马厂类型墓葬打破马家窑类型的地层关系，同时发现陶窑及分间房址。出土陶器陶质以泥质橙黄陶为主，属马家窑类型的器型有罐、盆、瓶等，彩绘黑色，纹饰为弧线圆点纹、平行线纹；属马厂类型的器型有壶、瓮、杯等，绘黑、红二彩，纹饰为圆圈纹、网格纹。另外，出土石器

---

① 兰州市地方志编纂委员会、兰州市文物志编纂委员会编纂：《兰州市志·文物志》，兰州大学出版社 2006 年版，第 62 页；甘肃省文物管理委员会：《兰州新石器时代的文化遗存》，《考古学报》1957 年第 1 期。

有斧、刀、凿、砍砸器、石弹丸，另有骨、角器等，还发现青铜刀1件①（图2-14）。

图2-14　永登蒋家坪遗址

（采自《兰州市志·文物志》，彩图2）

李家坪遗址，包括上坪和下坪两部分，均属马厂类型文化遗存。上坪位于永登县龙泉寺镇杨家营村刘家湾西北，面积约40万平方米，文化层厚约1.5米。采集陶片为泥质陶和夹砂陶，红色为主，橙黄色次之，部分有紫色陶衣，由黑、红彩绘而成，纹饰为圆圈纹、网格纹、折线纹、蛙纹，器型有罐、壶、瓶、钵等。下坪位于永登县龙泉寺镇杨家营村刘家湾西南，面积约21万平方米，文化层厚约1.5米，暴露有灰层、灰坑，采集陶片为泥质红陶、夹砂陶，绘黑、红二彩，纹饰有网格纹、折线纹、圆圈纹，器

---

① 1993年，甘肃省人民政府公布蒋家坪遗址为第五批省级文物保护单位。2006年，公布为省级文物保护单位。甘肃省地方志编纂委员会、《甘肃省志·文物志》编纂委员会编：《甘肃省志·文物志》，文物出版社2018年版，第71—72页。

型为罐、壶、瓶等。1993年，甘肃省人民政府公布为第五批省级文物保护单位。

脑脉岔遗址，位于皋兰县石洞镇魏家庄村东600米阳坡社东侧的山梁南端，山梁呈南北走向，北高南低，起伏较大，西坡较陡，东侧较为平缓，向东延伸出四条较短的山梁，地形呈四指状。遗迹主要分布在山梁南端及向东延伸出的较短山梁上。遗址中心偏北的东西山坳断崖上发现多处文化堆积，东临脑脉岔沟，西接阳坡社，南距白兰高速公路800米，东为群山，面积约1.95万平方米。采集标本主要是陶片，彩陶片多以黑彩为主，有红色陶衣，纹饰有垂弧纹、四大圆圈纹、平行线纹、折线纹等，可辨识的器型有内彩折腹彩陶盆、壶、夹砂罐等，属马厂类型的遗存。该遗址面积大，保存较为完整，属于甘肃省第三次全国文物普查新发现遗址。

下海石遗址，位于红古区海石湾镇下海石村，地处湟水与大通河交汇的第二级台地上，与青海马厂塬遗址隔河相望，遗址东西长300、南北宽200米，文化内涵以马厂类型为主。1982年8月，在兰州市红古区海石湾镇下海石发现一批陶器，甘肃省博物馆文物工作队派人前往调查，采集出土遗物6件，并清理残墓1座，出土器物12件，其中彩陶10件、夹砂褐陶2件，这批陶器保存较完整，对于研究兰州地区半山、马厂类型文化有一定的参考价值。[①] 2005年，甘肃省文物考古研究所发掘了下海石遗址，这次发掘面积共4500平方米，发现灰坑5座、排水沟3条、墓葬59座，出土文物400余件组。灰坑为圆形袋状，底部较大，壁面修整光洁。墓葬多为长方形竖穴墓道的椭圆形土洞墓，墓门处多见有竖立的木棍或大型陶壶封堵，多为仰身直肢葬，侧身屈肢葬和仰身屈肢葬次之，文化特征与柳湾墓地基本相同[②]。整个遗址有较为明显的功能分区，如灰坑、排水沟主要位于遗址的

---

① 甘肃省文物考古研究所：《甘肃海石湾下海石半山、马厂类型遗址调查简报》，《考古与文物》2004年第1期。

② 甘肃省文物考古研究所编著：《兰州红古下海石——新石器时代遗址发掘报告》，科学出版社2008年版。

西南部，墓葬区位于遗址的东部。大部分遗物为生活用器，如彩陶和素陶壶、罐、盘、盆等器皿；也有少量生产工具，如陶刀、纺轮、石斧、石铲等；还有作为装饰品的绿松石片、石珠、海贝等组成的项链、手链等。在一些陶罐中，还发现了粮食作物的黄、灰色粉化物，以及鸡骨、猪骨和羊骨（图2-15）。

图2-15　红古下海石遗址

（采自《兰州红古下海石——新石器时代遗址发掘报告》，彩版一）

乐山坪墓地，位于永登大通河东岸的二级台地上，东面靠山，西面临河，南北长3公里。1985年200座墓葬被盗挖破坏，1988年3月兰州市博物馆收藏了该遗址出土的陶器800余件，尤其是出土的陶鼓最为引人注目（图2-16）。1986年秋，考古学家苏秉琦、安志敏等曾观察了这批陶器，并肯定了其价值。这批陶器中彩陶较之花寨子、土谷台等遗址出土的彩陶更为独特。①

---

① 马德璞、曾爱、魏怀珩：《永登乐山坪出土一批新石器时代的陶器》，《史前研究》1988年，第201—211页。

图2-16　永登乐山大坪墓地出土陶器

(1. 采自《史前研究》1988年，图版叁，2；

2. 采自《史前研究》1988年，图版叁，1；

3. 采自《史前研究》1988年，第204页，图一-24；

4. 采自《史前研究》1988年，第204页，图二-9)

马家湾遗址，位于永靖县杨塔乡松树湾村马家湾社北60米处。1960年9—11月由黄河水库考古队甘肃分队进行发掘，计开探沟5条、探方6个，揭露面积248平方米，该遗址的发掘，对研究马厂类型的文化内涵提供了极为重要的实物资料。①

2. 文化特征

马厂类型的社会很可能已经发展到铜石并用时代。1975年，永登县蒋家坪遗址出土铜刀1件。经激光微区光谱分析是锡青铜，是目前在兰州地区

---

① 黄河水库考古队甘肃分队：《甘肃临夏马家湾遗址发掘简报》，《考古》1961年第11期；中国科学院考古研究所甘肃工作队：《甘肃永靖马家湾新石器时代遗址的发掘》，《考古》1975年第2期。

发现时代最早的青铜器。以实物证实，马家窑文化时期的兰州先民已初步掌握了金属冶炼技术，并开始了冶炼青铜的尝试。

马厂类型的聚落主要位于河边台地上，5万平方米以下的小型聚落有120处，5—20万平方米的中型聚落有26处，20万平方米以上的大型聚落有8处。就大型聚落而言，有4处分布在庄浪河谷内北起柳树镇、南到红城镇数十千米的狭长区域内，包括这一时期兰州市内面积最大、40万平方米的李家上坪遗址和面积达30万平方米的龙家湾遗址，这里是当时名副其实的"市中心"。悠长的河谷、发达的河边台地、肥沃的土壤，又是通往河西走廊的必经之路，地理条件如此优越，崛起也在情理之中。大通河谷中聚落总数不少，但大型聚落仅有2处；苑川河谷也是同样的情况，仅有1处大型聚落。值得注意的是，在七里河区八里镇水磨沟发现的大坪遗址面积达33.5万平方米，这在马家窑类型、半山类型时期比较少见，可能与水磨沟是南下通往临洮县及以远的交通要道有关。永靖县马家湾遗址是一处经过发掘且保存较好的马厂聚落，遗址面积5000平方米，发掘揭露了248平方米，发现房址7座、窖穴5个，房址间的距离近的不到1米，远的也只有11米，足见房屋比较密集。房屋为圆形、方形或长方形的半地穴式建筑，屋顶可能为方锥形或圆锥形攒尖状，门口处有阶梯状门道，屋内正对门口处有椭圆形灶，稍高于房屋地面，居住面都敷有一层用草拌泥屑和红胶泥的硬面，质地坚硬，表面平整。

原始农业较为发达，粮食作物主要是粟。在马家湾遗址1号房址（F1）内曾发现谷物残迹，大量的大型壶、瓮类存储器及较多的袋状窖穴，特别是墓葬中随葬粮食的现象，如土谷台6号墓葬（M6）就随葬有粟粒，都表明这一时期粮食是比较充足的。富裕的粮食也带动了家畜、家禽饲养，主要是猪、狗、牛、羊、鸡等。用陶、石纺轮随葬的现象，表明当时纺织业是十分兴盛的。人们还广泛使用草编器，如土谷台57号墓（M57）中在男性墓主人的腰部发现一袋状草编器，长40厘米、宽8厘米，内装骨镞2枚。在下海石遗址一些小陶壶中发现少量白色结晶食盐颗粒，应属于人工晒制的井盐，而井盐的发现表明当时人们不但对于食盐有了较清楚的认识和了解，而且还掌握了就地取材晒制井盐的技术，这将食用盐的实物发现与使用年代提前到了距今三千多年前。

马厂类型的彩陶精美程度不如半山类型，但仍有许多创新和发展，如器型更加丰富多彩，出现了单耳筒状杯等特色彩陶。由于贫富分化严重，一些大墓随葬品中彩陶数量急剧增多，彩陶成为权力和财富的象征。盛行红色陶衣，以黑彩为主，逐渐取代了半山类型黑红二彩并用的做法。纹饰大多粗犷而松散，图案渐趋纷杂而抽象，四大圆圈纹、变体神人纹、网格纹、回形纹、折带纹成为马厂彩陶的主要纹样，其中精密繁缛的网格纹显示出陶工不同凡响的绘画功力。其中回形纹、折带纹对文明时代青铜期的装饰艺术产生了深远的影响。

1986 年秋，兰州市博物馆在永登县河桥镇乐山坪征集了 7 件彩陶鼓。1997—1998 年，甘肃省博物馆先后征集了十余件出土于甘肃省永登县和青海省部分地区的彩陶鼓（图 2-17）。

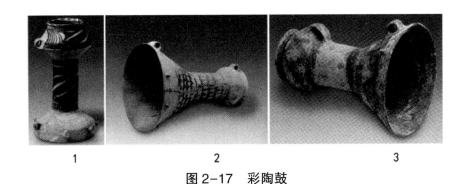

图 2-17　彩陶鼓

1. 旋纹彩陶鼓　2. 锯齿纹彩陶鼓　3. 三角纹彩陶鼓

（永登县征集，现藏甘肃省博物馆）

上述陶鼓出土地域集中在兰州及其邻近地区，陶鼓的形制独特而有别于其他地区，口部为斜壁喇叭形，沿外有一周鹰嘴钮，中部呈圆筒状，下部呈罐状，陶鼓的时代从马家窑类型时期延续至马厂类型时期。陶鼓的制作充分体现出了先民们的聪明才智，他们利用湿皮革在干燥过程中的收缩性来制作鼓面，把刚剥下的皮革，按照鼓面的大小裁制，然后穿孔挂在口沿外的鹰嘴钮上，皮革在干燥过程中自然收缩，就紧紧地绷在鼓面上了。鼓身除了具有共振扩音作用以外，还可以系绳配挂，在演奏中起到平衡受力的作用。礼是我国古代社会特殊的文化现象，礼乐文化贯穿我国古代社会的始终。伴随着陶鼓的出现和流行，传统的礼乐文化已具雏形。陶鼓在文献中又称为土鼓，"筑土为鼓，故云土鼓"，"以瓦为匡，以革为两面"，"冬至用马革，夏至用牛皮"。先秦时期，陶鼓被广泛运用于祭祀、典礼、征伐、宴会、集众、驱邪等场合，正如《周易·系辞上》所说"鼓之舞之以尽神"。鼓乐用于庆典筵宴、集体舞蹈、劳动号子、男女相悦、召集民众、驱邪除虫等，体现着浓厚的史前遗风。

兰州地区发现的精美绝伦的彩陶鼓，不禁让人联想到国家级非物质文化遗产——太平鼓，其表演形式多样，击鼓手法丰富，以牙旗作指挥，时而跳打、时而举打，忽而将鼓擎至头顶，忽而将鼓抢于地面，前后腾跃，起落有序，场面十分壮观，显示了黄河之滨人民的英雄气魄。

第四节　社会经济

史前时期兰州地区的先民，依靠优良的天然条件，主要从事农业、手工业生产，也开始开展远距离的贸易活动。新石器时代，兰州的先民们逐渐定居，社会的稳定使得氏族规模越来越大，人口迅速增长，原始农业开始逐渐发展，并形成了以农业为主、渔猎采集、畜牧业为辅的各大氏族部落，旧石器时代的掠夺性经济逐渐转变为新石器时代的生产性经济农业。

一、农业

农业的产生是史前先民的又一项改造自然和自身的重要发明，又被考古学家称之为"新石器时代革命"，或"农业革命"。[1] 正是因为农业的发

---

① ［加］布鲁斯·G·特里格著：《柴尔德：考古学的革命》，何传坤、陈淳译，中国人民大学出版社 2020 年版，第 271 页。

明使人类在相当程度上改变了对自然的依赖程度，手工业、家畜饲养和更多的创造性活动才应运而生，因此农业不仅是新石器时代的重要发明，更是人类摆脱蒙昧、走向文明迈出的重要一步。

（一）原始农业的萌芽

旧石器时代晚期，在长期采集活动中，人们逐渐意识到一些禾本科植物的生长规律，开始有目的、有计划、有组织地对一些野生的谷类植物进行定期采集，已经有了原始农业的萌芽。

原始农业的出现，是人类进入新石器时代的一个重要标志。关于农业起源的研究，主要有"环境决定说""人口压力说"和"文化自然进化说"。当人们对各种植物的生长习性有了一定的了解后，适应变化的社会生活需要，才有可能对植物进行种植，因此农业的起源应是多种因素相互作用而产生的结果，任何一种单一的因素都无法完美地解释这个长期而又复杂的过程。在渔猎采集经济的高度发展下，逐渐发展为相对稳定的定居生活，而不适合捕猎的妇女，在长期的采集活动当中，对植物的生长规律有了一定程度的认识，或许是将吃剩下的植物籽丢弃在驻地附近，经历了春夏秋冬，于是开始发芽、开花、结果的过程，反复观察到植物生长的完整过程，还能无意间收获到结出的果实，不知经历了多久，开始了最初的植物种植。

原始的农业耕种方式，是最简单的"刀耕火种"方式。当时人们先用石斧和石锛来砍伐地上的树木，再用火将其烧荒，烧荒后的草木灰是很好的肥料，有助于来年种子的生长。连年不断地耕种后，土地肥沃程度下降，收成减少，当时又想不出更好的办法，只好将其放弃，另外再去寻找新的土地，使用同样的方法继续经营。根据考古发现证明，在马家窑文化时期，人们使用刀耕火种时，居所基本上不会遭受火灾，因为耕地距离村落有一定的距离。原始农业的耕作有"点耕点种"和锄耕犁耕两种方法。点耕是在用火燎荒开垦耕地后用尖木棒先在地上挖出一个洞，然后放种子；锄耕则是先将土地挖松，然后再进行播种；犁耕是用拉力将土层翻松，再进行播种。

整个中国北方的农业类型即被称为粟作农业，而在兰州附近史前遗存当中，发现的粮食作物品种也较为集中，属于粟作农业经济区。所谓粟作农业，指的是以粟为主要栽培作物的旱作农业。粟，即古籍中所记载的"稷"，就是北方的谷子，其米称为"小米"。除了粟之外，还有黍，也称"糜子"，米为"黄米"。粟和黍的栽培历史悠久，是新石器时代黄河流域的主要栽培物。黄河中游地区，发现最早的粟类遗存是前仰韶文化时期的老官台文化、裴李岗文化和磁山文化。在黄河上游地区的马家窑文化诸类型遗址当中，也发现有粟和黍等遗存，如在甘肃东乡林家遗址中也出土了粟、黍和大麻籽，其中 19 号窖穴中还发现有捆成小把的谷穗。

（二）原始农业的发展

原始农业经过一段时间的发展后，农业生产工具得到了进一步的改良，农业技术逐渐成熟。因为兰州附近的新石器时代遗址多地处黄河及其支流两岸，有较为肥沃的土壤，加之河水冲刷形成的台地和丘陵，地势广阔，利于农业耕作，原始农业得到更进一步的发展。

1. 生产工具

早年的考古发掘中，在兰州附近的史前遗存当中，都发现了一定数量的石制、骨制、陶制的农业生产工具。如在兰州高坪、中山林、太平沟十里店、曹家咀、青岗岔、下海石等遗址的发掘中都出土了一定数量的农业生产工具。随着新石器时代生产工具的逐渐进步，农业的发展水平也相继提高，生活在这里的早期人类逐渐地走向定居的生活方式。

铲是一种农业工具，有骨铲和石铲两种材质，主要是有松土取土的功能，大多使用动物的肩胛骨或者石片加工而成，它的使用方法与现在的铁铲基本一样。兰州西坡坬遗址就出土了多种农业生产工具，其中石铲扁平长方形，通体磨光，两侧稍呈弧形，双面刃，铲身较宽（图 2-18，4）。

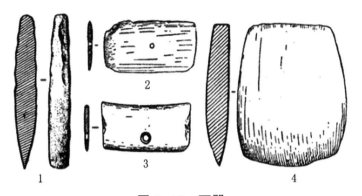

图 2-18　石器

1. 石斧　2、3. 石刀　4. 石铲

（西坡坬遗址出土）

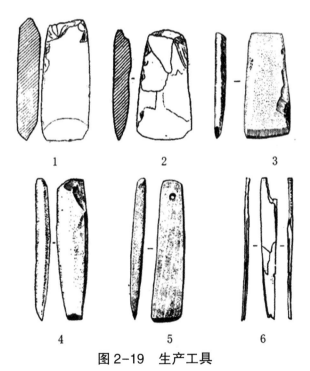

图 2-19　生产工具

1、3. 石斧　2. 石锛　4、5. 石凿　6. 骨柄刀

（1—2. 青岗岔遗址出土　3—6. 花寨子遗址出土）

石凿大多是两侧面光滑，断面呈长方形、刃部锋利的一种原始穿孔农业工具。兰州曹家咀遗址出土石凿 1 件，黑色，残长 5 厘米，宽、厚各 1.5 厘米，横剖面为正方形，四面都磨光，刃部已断。兰州花寨子遗址出土石凿 2 件，为深灰色板岩，长条形，窄刃，两侧磨光（图 2-19，4—5）。兰州西坡坬遗址中出土石凿数量不多，一般形制较小，长条形，单刃，磨工都较细致。兰州青岗岔遗址中出土石凿 1 件，硅酸盐质，灰黑色，通体磨光，器身作长条形，上部已残，刃由两面磨成。残长 10 厘米，宽 1.6 厘米，厚 1.5 厘米。

石斧（锛）是用于砍砸的工具，磨制而成。通常石斧带刃，较为厚重，一般呈梯形或长方形。[①] 兰州花寨子遗址出土的石斧 5 件，扁平，长梯形，宽刃，先打制再磨制，刃较锋利，长 12 厘米、刃宽 3—4 厘米（图 2-19，3）。兰州青岗岔遗址出土 2 件石斧，皆出自编号为 F1 的房址内，其中一件为碳酸岩质，青灰色，平面为长方形，通体磨光，上部已残，刃部呈圆弧形，残长 9 厘米，宽 5 厘米，厚 2.3 厘米。另一件为硅酸岩质，薄片长方形，正面、侧面抛光，刃部锋利，长 4.5 厘米，宽 2.8 厘米，厚 0.2 厘米（图 2-19，1—2）。兰州西坡坬遗址也出土有石斧，呈扁平长条形，多数经磨光，形制规则，为黑色石料制成，极个别穿孔，一部分刃部为磨制，其余都为打制而成（图 2-18，1）。

石刀主要用于切割，一面有刃（图 2-18，2—3）。主要用动物的骨骼或石头为原料制成，形制多样，以长方形居多[②]；也有不少出土的刀为陶刀，将残陶片稍加修整即可直接使用。刀作为收割工具两侧打对口，通体较为粗糙。刀之所以用于原始农业的收割，是因为当时居民只摘取谷穗而不是连杆收割，那么石刀之类工具反而简单适用。新石器时代的人们所以只收割谷穗，那是因为当时的农作物品种和现在大有不同，保留着许多野生品种的特性，一到成熟期极易掉粒，用手握住谷穗用刀割取就可减少损失，

---

① 肖梦龙：《试论石斧石锛的安装与使用——从溧阳沙河出土的带柄石斧和石锛谈起》，《农业考古》1982 年第 2 期。

② 罗二虎：《中国古代系绳石刀研究》，《考古学集刊》（第 14 集），文物出版社 2004 年版。

可见当时收割工具的利用已相当成熟。[1] 兰州花寨子遗址出土有1件石刀，为磨制而成，质地坚硬，长方形，刃部磨损严重，背部钻有双孔，长11.6厘米、宽3.5厘米（图2-10，1）。兰州青岗岔遗址的F1内出土2件陶刀，其中一件由彩陶片制成，已残损，残长6厘米，宽4.5厘米，厚0.5厘米。另一件是泥质红陶片制成，长9.5厘米，宽3.5厘米，厚0.4厘米（图2-20，2）。

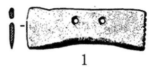

图2-20 生产工具

1. 石刀（花寨子出土）

2. 陶刀（青岗岔出土）

石镰是一种长方形穿孔和两侧有缺口的石制农业收割工具。兰州花寨子遗址中就出土有石镰。除石制石镰外，在朱家寨遗址里，也发现有彩陶碎片经加工修整形成的镰，也是一种农业收割工具，比石质的要细腻。

纺轮是用于原始纺织的工具，形制多呈扁平圆状，中间有一穿孔，以供插入木柄或骨柄。兰州青岗岔遗址中发现石纺轮一件，呈扁平圆形，通体磨光，显红色，已残一半，直径4.7厘米，厚0.7厘米（图2-21，1）。兰州花寨子遗址中出土4件石制纺轮，4件陶制纺轮，均为磨制而成。红古下海石所见石纺轮与青岗岔出土形制类似（图2-21，2）。

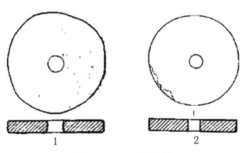

图2-21 石纺轮

1. 青岗岔出土 2. 下海石出土

---

① 罗二虎：《论中国古代的系绳陶刀》，《考古》2007年第12期。

可见，早期农业生产工具可以分为开垦工具、耕种工具、收割工具和粮食加工工具等。在兰州附近遗址的发掘过程中，发现农业工具凿、镰、斧、刀、铲大多出现在男性的墓葬中，而纺轮、骨针、骨锥等器物主要出现在女性和小孩的墓葬中，说明当时男性主要投身于农业生产工作，提高了男性的社会地位，社会开始由母系氏族逐渐向父系氏族过渡。

2. 农作物

马家窑文化时期的居民以原始农业为主，兼营饲养业，渔猎和采集也会被作为一种习惯或补充的方式存在着。种植有粟、黍、大麻等作物，以稷最为常见，① 足见其社会已经由旧石器末期的采集向旱作农业转变。

粟是当时人们最早从野生植物禾本科狗尾草当中驯化得来的一种农作物。将壳去掉后称为小米，是当时兰州地区的主要食物。它为一年生的草本植物，具有耐旱、成熟期短的特点，较为适宜在黄河流域的黄土地上生长，特别适合在北方地区栽培。通过考古发掘发现，在东乡林家遗址、兰州白道沟坪遗址、永靖马家湾遗址均有粟这类谷物的残迹。黄河流域可以说是世界上粟作农业的发源地之一。可以推测，当时已经由采集渔猎经济逐渐转变为以农业种植为重要经营方式的经济形态，农业已经有了较大的发展。

在林家遗址的房址、窖穴和陶罐内都普遍有粮食遗留，如 19 号灰坑（H19）为典型袋状坑，形制极规整，穴深 2 米，底径 2.45 米。坑内堆积大量的稷，有已炭化的穗、谷粒、杆等，还有用稷的细枝将穗头捆成小把整齐地堆放在灰坑内，堆积厚达 0.5 米。据估算，灰坑内现存稷量约为 2 立方米。这表明稷是当时居民的主要粮食。在永昌鸳鸯池遗址内一座编号为 M134 的墓葬内出土一件大陶瓮，其内盛满了炭化了的粟，按陶瓮容积计算可达 66.9 公斤，推测粟也是当时居民的主要粮食作物。②

黍，是一年生草本植物。黍是最早用于耕作的植物之一。它耐干旱、

---

① 袁靖主编：《中国新石器时代至青铜时代生业研究》，复旦大学出版社 2019 年版，第 52 页。
② 王庆瑞、郭德勇：《甘肃东乡林家马家窑文化遗址出土的稷与大麻》，《考古》1984 年第 7 期。

耐盐碱性好，适宜在黄土地上生长，所以在北方地区，也是新石器时代兰州地区种植的主要作物。经考古鉴定，年代最早的黍稷出土于秦安大地湾一期文化遗址，可以看出当时的农业发展水平已有很大提高。在兰州青岗岔遗址半山类型的1号房址（F1）内西壁2号彩陶罐底部灰土中，还发现有谷物（糜子）及其秸秆，推测可能就是当时兰州先民贮存的粮食作物。红古区亦发现一些谷物，应属当时的主要粮食作物。

东乡林家遗址还发现有大麻籽，是马家窑文化遗址发掘中首次发现。大麻除可利用大麻杆的纤维织布外，还可被作为油料直接食用。这表明，在五千年前，大麻就开始在兰州地区栽培了。根据已发现的麻布残迹，也能让我们看到史前时代它已经被人类作为主要的纺织用品了。

在种植农作物的同时，人们还饲养家畜家禽，有狗、猪、牛、羊、鸡等，狩猎活动依然存在。农业生产技术的进步，在为人们提供充分物质基础的同时，也推动着包括农业生产工具在内的各类手工业生产技术的发展，为史前兰州地区人类创造更多物质和精神财富提供了基本保障。

二、手工业

旧石器时代，人类主要通过渔猎采集活动获取食物以维持生存。人们在采集过程中可以优先选择用手采集植物的果实，在采集块根茎类植物时，使用大型尖状器、动物的骨骼和尖木棒等进行挖掘。狩猎活动是为了拓展食物的来源渠道，为满足狩猎的迫切需求，人们发明了石球、弓箭等工具。狩猎行为一方面使人类开动大脑，发展了人的智力；另一方面，在追赶猎物时，也大大促进了人类体质的进化。

（一）石器制作

旧石器时代，人类经过长期的采集渔猎活动，逐渐发现工具在生活中的重要性，简单的生产工具开始出现，当时的工具主要是用石块直接打击制作而成。由于制作技术简单，其工具类型主要有尖状器、刮削器、砍砸器、石球等。刮削器和小型尖状器可能多用于刮削木棒、兽皮和剥开兽肉。

多数大型的尖状器可能主要用于挖掘以及砍砸树木、狩猎或者是制作其他各类工具等。

兰州地区的旧石器时代晚期遗址中也发现了一些较为典型的生产或狩猎工具。人类通常选择莫氏硬度①在5—7度之间的石料作为制作原料，而且所选用的石料还必须具有一定的韧性，如燧石、石英、砂岩等。打击石片的方法可分为直接打击和间接打击两类。直接打击法使用力量大，制作的石器也相对粗糙，而间接打击法通过一定的介质如骨棒或木棒，对石器进行精确打击或压剥石片的加工方法。这种加工方法的特点是，加工过程中着力点集中，力道释放过程相对舒缓，加工出的石器更为精细。有的石器还需要进一步加工修整，我们可称之为二次加工，第二步加工都是通过锤击修整或压制法实现对制成坯料的石器整形（图2-22）。

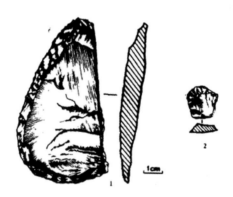

图2-22 东乡王家遗址出土的石器

榆中县垲坪沟遗址发现石器10件，其中石核石器3件、刮削器7件，是用直接打击法加工而成的，制作方法还较原始。深沟桥遗址发现石器10余件，其中石核5件、刮削器4件、细石器5件，石料均为红色石英石和白

---

① 莫氏硬度是表示矿物硬度的一种标准，又称摩氏硬度。1822年由德国矿物学家腓特烈·摩斯首先提出在矿物学或宝石学中使用的标准。这种方法是用刻痕法将棱锥形金刚钻针刻划所测试矿物的表面，并测量划痕的深度，该划痕的深度就是莫氏硬度，以符号HM表示。按照这种方法，分十级来表示硬度，数值越小，硬度也就越小。

色石英石。细石器先用间接打击法剥下石页，然后双面加工，修整刃部，制作技术比较先进。东乡下王家遗址采集石器 2 件、石片 5 件，石片用锤击法生成，器身小而薄，长宽大致相等，其中 2 件为白色石英岩质，3 件为角页岩质，2 件石器为加工精细的刮削器，1 件为角页岩质，1 件为白色石英岩质。①

　　兰州地区发现的新石器时代石质器物很多。青岗岔遗址属马家窑文化半山、马厂类型，发现的石器有斧、锛、凿、刀、臼、磨盘、磨棒、镞、敲砸器、研磨器、环、纺轮、弹丸以及特别稀少的石叶、石核等；西坡坬遗址属于马家窑文化马家窑类型，石器有斧、刀、锛、铲、凿、纺轮、砍砸器、石弹丸、石珠、石叶等；花寨子半山类型墓葬出土石斧 5 件、石凿 2 件、石刀 1 件、磨石 8 件、研磨器 2 件、石纺轮 4 件，还有带穿孔的绿松石珠 2 颗，被作为装饰品使用，细石器有 43 件之多，特别是这些细石器，是用水晶石打制成片状，棱角清楚，放置于带凹槽的骨柄旁边，应该是用于

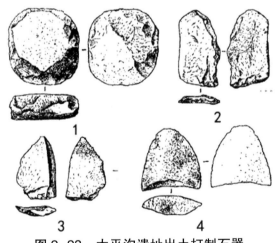

图 2-23　太平沟遗址出土打制石器

1. 石盘　2—3. 刮削器　4. 石核

（采自《中国考古学报》第五册，第 77—79 页）

---

　　① 兰州市地方志编纂委员会、兰州市文物志编纂委员会编纂：《兰州市志·文物志》，兰州大学出版社 2006 年版，第 47 页。

镶嵌于骨刀柄的侧槽中使用的；曹家咀遗址也属于马家窑文化马家窑类型，出土有石凿、石环等器物；土谷台墓地属于半山和马厂类型，出土石斧4件、石锛2件、石凿1件、石纺轮2件，还有骨柄石刃刀1件，系镶有水晶石料的长条形石叶；夏鼐还曾在太平沟遗址采集了大量的砍砸器、刮削器、石核、石盘等①（图2-23），足见史前时期兰州地区石器制造业之发达。

打制石器的制作方法使用成熟，在一些新石器时代的遗址中仍有发现。青岗岔遗址中即发现有半山类型的打制石器，类型有砍砸器、刮削器等，其中砍砸器1件，硅酸岩制，灰黑色，质细而坚，圆形，由边缘交互打击而成，两平面保存光面，似为残石斧改制，直径4.5厘米。刮削器2件，皆硅酸岩制，其中一件为梯形弧刃，系由砾石上打下的扁平薄片制成，一面保留砾石面，仅由边缘交互打击成刃口，刃部较厚钝，为使用磨损所致，长5.5厘米、宽约4厘米、厚1厘米；另一件略呈长方形，亦为砾石上打下的石片制成，宽面一侧有轻微的磨光痕迹，窄面的一端由两面交互打成刃口，长5厘米、宽4厘米、厚2.7厘米（图2-24，1—2）。

图2-24　青岗岔遗址出土砍砸器刮削器

1. 砍砸器（采自《考古》1972年第3期，第30页，图六-1）

2. 刮削器（采自《考古》1972年第3期，第30页，图六-2）

磨制石器是新石器时代主要制作和使用的工具之一，也是新石器时代区别于旧石器时代的重要标志之一。随着石骨器制作工艺的进步，种类和数量也大大增加。磨制石器的制作技术可分为选材、锯割、修琢、磨光、

①　夏鼐、吴良才：《兰州附近的史前遗存》，《中国考古学报》（第五册），1951年。

穿孔等不同的制作工序。①

选材。新石器时代制作石器的主要原料有闪长石、玄武岩、片麻岩、石灰岩、石英岩、燧石、辉绿岩、碧玉、玉髓、蛋白石等。石材的来源有二，一是就地取材，在居址附近的河滩或附近山坡上捡拾、开采合用的材料；二是通过交换等方式从其他地方获得。

锯割。选择好材料后，根据需要用锯磨切割或打击法制出毛坯。一般较厚重的石斧、石锛之类的工具，多先把石料截成或打出所需的大体形状；较轻薄者如刀、铲之类，则先打片或从页岩上制片，然后打击或切割成所需的形状。锯割的方法，据有关民族学资料，可能是用木片或石片加砂加水反复磨切以截断石片。

修琢。即对毛坯通体整形、找平的工序。用石锤或由硬尖的石、骨、角质工具，轻轻琢去毛坯表面的棱角，使其平整，修琢成所需的规整器型。经过修琢的标本表面多遗留有麻点状疤痕。有些石器是用修琢法制成的，如青岗岔遗址中出土的石斧、石杵、石刀、纺轮等均使用石材琢磨而成，表面平整、光滑，实用美观（图2-25）。

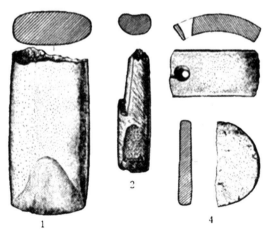

图2-25　青岗岔遗址出土磨制石器

1. 石斧　2. 石杵　3. 石刀　4. 纺轮

① 佟柱臣：《仰韶、龙山工具的工艺研究》，《文物》1978年第11期。

磨光。磨制技术在旧石器时代晚期就已出现，但当时主要用于制作骨器和装饰品。从新石器时代开始，这种技术被广泛用于制作各种工具。其方法是在砺石（即磨石）上加砂加水以增大摩擦力，并根据需要磨出一定的形状和刃口。

穿孔。穿孔的方法大体可分为三类：一是钻孔法，钻孔工具多用石钻或带硬尖的木棍、竹管等；二是划孔法，即用一较硬的尖状工具在石器的两面反复刻划，使之成两端细、中间粗的长沟，沟中部着力处因沟成孔；三是琢孔法，即用一带有硬尖的工具，由石器两面细琢而成一粗孔，这种方法多用于粗大、厚重的石器。

（二）骨器加工

骨器在史前兰州地区使用非常普遍，在属马家窑文化的西坡坬遗址中出土有较为丰富的骨器，其中完整器非常多，并相当精致。骨锥发现数量较多，系利用长骨将其细端破开磨成尖状，其余部分未经加工，关节保持原状。骨针可分为两类，一种形制细长，一种造型比较粗短，孔眼处磨成

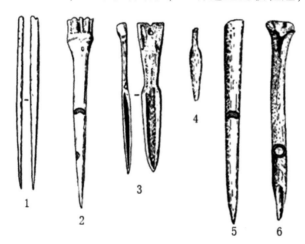

图 2-26　兰州地区出土骨器

1. 骨针　2、5、6. 骨锥　3. 骨刀　4. 骨镞

（1—3. 花寨子墓地出土　4—6. 西坡坬遗址出土）

扁平型，个别有经第二次开孔的迹象。骨笄有的两端尖，中间扁平略较粗壮；有的则平顶，剖面呈圆形或椭圆形。另外，还有少量骨珠、指环和骨镞等其他的骨制品。花寨子墓地也出土较多骨器，其中骨椎7件、骨匕首1件、骨针1件、骨管1件，还出土有带孔的骨片2件和骨珠729颗，均是作为装饰品使用的，带有精细的制作痕迹（图2-26）。糜地岘遗址亦属马家窑文化时期，发掘出土和收集骨珠2168颗、骨饰34件。土谷台墓地出土骨锥和骨镞各2件，曹家咀遗址出土骨器骨锥、针、簪、凿、镞、环、珠饰等；青岗岔遗址属马家窑文化半山类型，也出土有骨锥1件。

（三）陶器制作

"共计一坯工力，过手七十二方克成器，其中微细节目尚不能尽也。"这是明代科学家宋应星《天工开物》中关于陶瓷制作过程的记载。陶器的制作工艺可划分为原料选择与加工、坯体成型与修整、施纹（包括彩陶的绘彩）和入窑烧制四个阶段[1]。

1. 原料选择与加工

兰州地处黄土高原西部，有着取之不尽、用之不竭的黄土。或许有人会错误地认为只要是黄土就可以用作制陶原料，实际上能否用作制陶原料，关键在于加水成为泥料后的可塑性，即泥料在外力作用下发生变形而不破裂，失去外力后仍然保持其形状的性质，这是坯体成型的基础。[2] 可塑性与其颗粒度、所含矿物质成分及胶体物质关系密切。实验业已表明，马兰黄土、全新世黄土颗粒较粗、含钙量高、黏性不足、可塑性差、不易成型，制作的陶器在烧制过程中容易开裂破碎，故不能作为制陶的原料。经过先民们长期的摸索和实践，最终就地取材，选定普通易熔黏土为制陶原料，地质学上称之为"第四纪红土"，俗称为"红黏土"或"红胶土"，大多为黄土所覆盖，由于地壳运动、地震、滑坡及雨水冲刷等因素的影响，往往

---

① 李文杰：《中国古代制陶工程技术史》，山西教育出版社2017版，第57—112页。

② 李文杰：《中国古代制陶工艺研究》，科学出版社1996年版，第1页。

裸露在地表，便于获取。这种黏土具有低二氧化硅、低氧化铝、高助熔剂等特征，二氧化硅含量一般低于70%，氧化铝含量平均值低于20%，助熔剂高于11%，含钙量较低，主要成分为硅，可塑性好，并且氧化铁含量较高，烧制后的陶器色泽亮丽，呈红色或橙红色，但兰州地区的黏土中含沙量略高，因此大多陶器胎质略显粗糙。

由于黏土中含有粗颗粒、钙质颗粒及杂质，如果不加以处理，会影响坯体成型，即使勉强成型，在烧制过程中也会因杂质过多而造成陶胎开裂。仔细观察某些出土彩陶，就会发现器表有炸裂的疤痕，疤痕中间的白色颗粒就是钙质结核。由于钙质结核与陶土在遇热时的膨胀系数不同，会导致结核炸裂。先民们将采集的红黏土晒干砸碎，去掉粗颗粒、钙质颗粒及杂质，研磨成细土面，加水搅拌成泥浆，然后将泥浆进行澄滤，去除残余的废渣，最后将泥浆澄清，滤去多余的水分，便成了光滑细腻的制坯泥料。[1]考古工作者曾在兰州白道沟坪遗址中发现了马厂时期澄滤泥浆的圆坑，口径0.58米、深0.44米、腹径0.6米、底径0.2米，坑壁有红胶泥附着，坑周围的地面上还发现许多红胶泥块以及用红胶泥搓成的泥条等。[2]

泥料经过淘洗后，还要置于空气中进行"发酵"，以提高可塑性，这在制陶工艺上称为"陈腐"，就是将泥料在不通风的温暖、阴湿环境中放置一段时间，并随时观察含水量的变化，不能太干，也不宜过湿。通过陈腐，泥料中的腐殖质增多，其可塑性得到了加强，陈腐时间越长，可塑性就越强。陈腐之后的泥料，还需要足够的外力来反复加压揉搓，目的就是要使泥料中所含物质更好地交融结合在一起。或用手挤压揉搓，或用脚蹬踩，如同加工面条一般，经过反复糅合，泥料便具有了很好的韧性，方便拉坯制胎。[3]

为了增强彩陶的耐热急变性能及抗烧破能力，避免在加热时发生破裂，陶工会有意识地在泥料中加入河沙、石英砂、云母等类的羼和料，生产出

① 李新燕：《甘肃彩陶制作工艺实验与探索》，《考古与文物》2005年第6期。
② 甘肃省文物管理委员会：《兰州新石器时代的文化遗存》，《考古学报》1957年第1期；李湘生：《试析仰韶文化彩陶的泥料、制作工艺、轮绘技术和艺术》，《中原文物》1984年第1期。
③ 郎树德、贾建威：《彩陶》，敦煌文艺出版社2004年版，第14—16页。

夹砂陶器，大多作为炊食器使用。[①] 兰州彩陶大多为泥质陶，夹砂器较少，仅少部分器物有羼和料。

2. 陶坯成型与修整

在新石器时代，陶器的制作方法大致可分为手制、模制和轮制。从早期的手制经慢轮修整，发展到快轮制陶，经历了一个漫长的发展历程。兰州地区新石器时代陶器的成型方法主要是手制，基本上都是使用泥条筑成法，慢轮修整出现的较早，而快轮技术传入较晚。手制，可以分为捏塑法、泥片贴筑法和泥条筑成法。捏塑法只限于小型器物，以及一些耳、足和器壁上的附加堆纹等。泥条贴筑法主要流行于我国南方地区。泥条筑成法是包括兰州地区在内的黄河流域的主要制陶方法。模制，是根据想要制作的器型先制作出模具，然后在模具上用敷泥盘筑，使陶器成型，再脱模。秦安大地湾遗址出土的彩陶就是用这种方法制造的，而成熟的模制法则出现在黄河中游的仰韶文化庙底沟类型和龙山文化。轮制，是用快速旋转的陶轮拉坯成型的工艺，分为慢轮和快轮。慢轮并不能使陶器成型，而只可作为辅助手段修整坯体。快轮是利用快速旋转产生惯性的特点，在转轮上用手拉坯成型的方法。快轮和慢轮都可以当作垫板，在其上手制或模制陶器，也都可以慢速旋转进行陶器的修整。快轮制陶拉坯成型一般会形成螺旋形隆脊或条形纹，用细绳将坯体从陶轮上切割下来一般会形成偏心涡纹。[②]

泥条筑成法是一种典型而成熟的手制成型方法。在新石器时代，是使用最广泛、时间最长久的陶坯成型技术。使用时，先将泥料搓成泥条，再用泥条筑成坯体，又分为盘筑和圈筑两种方法。盘筑是将泥条一根一根地连接起来，呈螺旋状筑起坯体。泥条盘筑法可分为倒筑和正筑两种，倒筑法是从上往下用泥条从器物的顶部开始盘筑，常用于制作尖底器，盘筑到器底收短泥条一圈的周长减小直径以收底；正筑法是从下往上制作，先制

① 王家树：《我国新石器时代的彩陶工艺》，《历史教学》1962 年第 12 期。
② 郎树德、贾建威：《彩陶》，敦煌文艺出版社 2004 年版，第 17—22 页。

作器物的底部，略微旋转拍打后，再从器底边缘的上侧或者外侧用泥条盘成器壁，用泥条接着器底开始向上盘筑，根据器型调整泥条的周长来更改器物的直径，以调整器型，这种方法常用于制作平底器。① 圈筑是把泥条每根首尾相接，做成泥圈，再用泥圈摞垒成坯体，因而胎壁内侧往往留有泥条的缝隙。在兰州地区，马家窑类型彩陶主要制使用泥条盘筑法，马厂类型彩陶有时也用圈筑法。在泥条筑成坯体的整个过程中，手的操作技巧起着决定性作用，造型的完美和谐全凭工匠高超的技艺。②

初步成型的毛坯需要经过适当的修整，以清除成型过程产生的一些划痕，使口沿和器表变得光滑，器型更加匀称，同时也起到了加固器壁的作用。修整的方法有拍打、湿手抹平和刮削三种。拍打陶坯的过程中使用到陶垫、陶拍等工具，陶器内壁的陶垫窝痕迹即是在拍打外表的同时，内壁使用陶垫作依托的结果。湿手抹平是用沾水的手抹陶坯的外壁或内壁，利用产生的泥浆覆盖坯体的表面，使陶坯表面显得平整。刮削是用刀具或手去除陶坯上不必要的部分，起到削薄坯体和规范器型的作用。马家窑文化时期出现了慢轮修整技术，慢轮修整较手动修整会使陶坯更加均匀，湿手抹平和刮削有时会借助慢轮等工具。③

马家窑文化时期发现一批陶塑艺术品，包括陶人面、陶塑舞人，以及陶兽面、陶蜥蜴、陶蛙、陶龙、陶鹰首、陶鸮、陶鱼、陶鸟、陶龟等动物形象，造型写实，形象逼真生动，代表了当时高超的捏塑工艺。

3. 施纹和绘彩

马家窑时期出现了大量的附加堆纹装饰，少者一道，多者十几道，横行密布，多见于陶容器上。粗陶器一般饰以绳纹，除了美观外，更多的作用是为了加固坯体，使陶质更为紧实。个别陶器饰有剔刺纹或戳印纹。

绘彩是制作彩陶至关重要的一道工序。先民们在制好的陶坯上，用彩

---

① 李文杰：《中国古代制陶工艺的分期和类型》，《自然科学史研究》1996年第1期，第84页。

② 李新燕：《甘肃彩陶制作工艺实验与探索》，《考古与文物》2005年第6期，第86页。

③ 李文杰：《中国古代制陶工艺研究》，科学出版社1996年版，第18—19页；马林：《中国史前制陶工艺流程》，《文物鉴定与鉴赏》2011年第1期，第106页。

色颜料绘出一幅幅稚拙、古雅的图案，普通的陶器在陶工灵巧的手中化作了艺术精品。经过长期的摸索，古人逐渐认识了矿物颜料的成色属性，并用于装饰陶器。红彩，显色元素为铁，显色物相为氧化铁，矿物颜料是赤铁矿的风化物——赭石或含铁量很高的红黏土。赤铁矿在自然界较为多见，容易获取。黑彩，显色元素为铁和锰，显色物相为四氧化三铁，矿物颜料以磁铁矿、黑锰矿和锌铁尖晶石为主。白彩，矿物颜料为石英、石膏和方解石。

采集到的矿物颜料要经过加工才能使用。先民们先用石斧将矿物颜料砸碎，再用石研磨盘和研磨棒将其磨成粉末，颜料粉末越细，附着力越好，然后盛装在陶容器内团成小块，或做成锭条备用。颜料末加水就成颜料浆，即可用于绘彩。颜料浆要保持适当浓度，太稠笔拉不开，太稀则不但颜色浅，还会往下流。绘彩时，颜料浆盛于调色盘中。在兰州白道沟坪遗址曾发现两件工具，一件为石质研磨盘，用于研磨颜料，另一件则是高边分格的陶盘，可分别盛装不同颜色的颜料，非常方便。榆中县博物馆也藏有新石器时代的研磨盘、研磨棒各1件（图2-27），是这一时期加工矿物颜料的工具。

图 2-27　颜料研磨工具

左：研磨盘　右：研磨棒

（榆中县博物馆藏）

使用何种工具绘彩，因无实物出土，故学术界还未有定论。根据对兰州彩陶的观察，不少纹饰都有尖细的笔锋，推测是使用类似毛笔的工具所绘，而且既有硬毛笔，也有软毛笔，否则半山、马厂类型细密的网格纹、

锯齿纹等都无法完成。从细长流畅的线条可以看出，当时绘彩的笔很可能是用狼、鹿之类的毛制成的长锋硬笔，并有较好的凝聚性。

绘彩之前在陶坯上加施一层彩色陶衣，是庙底沟类型文化以来常见的做法。给陶器施陶衣，一方面是为了器表漂亮悦目，另外也增加了陶器表面的致密度。陶衣是用细陶土或和入颜料的黏土调成泥浆，然后涂刷于器表或将器物置放于泥浆中蘸泡，最后经烧制而形成的陶器表面层，一般为红、白色。经鉴定，红色陶衣的原料是含铁量高的红黏土，白陶衣多为白垩土。①

先民们已经意识到图案在不同视角的视觉效果，并十分注重图案与器型、视角的关系，因此设计出无论从任何角度都可目及的完美图案。史前社会的先民席地而坐，亦无桌几，物品则置于地面或小土台上，因此绘彩重点多在器物腹部及以上部位，多见于器物的口沿、颈部、上腹部，以及一些敞口器的内壁。应该事先有构思与设计，并遵循着一定的原则与程序，从上到下，由点到面，先主纹后地纹，从整体布局到局部结构。具体而言，先将绘彩部位合理等分或分隔，竖长体器物多以横向平行线从上到下将彩绘部位分隔，横宽体型器物则以纵向平行线将器物由左向右等分，然后再分别绘彩。自庙底沟类型之后，出现了大量旋动连续性图案，需要整体规划布局，确定其定位点或定位圆，再以圆点为中心，向四周引出弧线，构成连续的漩涡纹。半山、马厂类型的彩陶多以圆圈为主题纹饰，就需先绘出圆圈，再绘周边补充辅助的锯齿纹等图案。彩陶图案一般可分为主题纹饰及非主题纹饰，主题纹饰绘在器物最醒目的位置，其他纹饰作为陪衬、补空，起辅助作用，要先绘显要位置的主题图案，后绘边角的附属纹饰，以便整体达到完美和谐的效果。石岭下类型以来，网格纹逐渐增多，其外轮廓有圆形、椭圆形、葫芦形、三角形、回形等，这类纹饰应是先绘轮廓，再填充轮廓内的网格纹（图2-28）。

---

① 马清林、李现：《甘肃古代各文化时期制陶工艺研究》，《考古》1991年第3期，第266页。

1　　　　　　　　　　2

3　　　　　　　　　　4

图 2-28　兰州地区发现的新石器时代彩陶

1. 羽纹彩陶钵（永登出土）　2. 圆圈纹彩陶罐（西固马耳山出土）

3. 彩陶罐（红古区博物馆藏）　4. 彩陶钵（永登县博物馆藏）

　　彩陶是在陶坯尚未完全干燥时进行描绘的。坯体彩绘后要用鹅卵石、骨木器等工具反复打磨，使器表变得光洁细腻。绘上去的彩料经过滚压打磨，成为陶器的一部分，牢牢地附着在坯体上不容易脱落，且烧成后器表光亮，色泽美观。半山类型的彩陶器表打磨最为精细，图案明丽，光彩夺目，达到极致。① 兰州市牟家坪遗址出土的半山类型彩陶壶，颈肩交界处就留有利用圆棍纵向滚压而产生的凹痕。② 除了手绘之外，轮绘技术也出现了，并在马家窑文化时期得到普遍应用。先将修磨好还未干透的陶坯放置在有轮盘的器座上，绘画时转动轮盘，先画上几个主要的圆圈，将画面分成几部分，再将几个主要部位的花纹定点画出来，然后转动轮盘，用弧线、斜线将这些定点的花纹连接起来，再用圆圈纹、波浪纹等将它们组合成为

---

①　李新燕：《甘肃彩陶制作工艺实验与探索》，《考古与文物》2005 年第 6 期，第 88 页。

②　甘肃省博物馆、甘肃省文物工作队编：《甘肃彩陶》，文物出版社 1984 年版，第 4 页。

一个整体。绘彩时，轮盘是沿顺时针方向转动的。[1]

4. 入窑烧制

制作彩陶的最后一道工序是入窑烧制，而陶窑的发展是衡量制陶工艺水平的标志。陶窑的结构在很大程度上决定了陶器的烧成温度，结构越合理，则烧成温度越高，陶器就更加坚实耐用；陶窑的密封性既能影响窑内温度，还会造成氧化或还原的烧成气氛，影响陶器的颜色。陶窑按结构不同，可分为平地堆烧、横穴窑和竖穴窑。马家窑时期陶窑依然是横穴窑，并将仰韶时期陶窑进行改良，发展成为由火塘、窑室与火道三部分组成的平面呈瓢型的陶窑。此时的窑室与火塘分离，窑室底有环形与条形沟组成的火道与火塘后壁相通，如师赵村四期发现的一座陶窑（图2-29），保存较好，由窑室、火道、火塘三部分组成，出土物主要是师赵村四期陶片。[2]

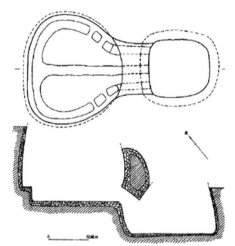

图2-29　师赵村四期陶窑平、剖面图

（采自《师赵村与西山坪》，第52页，图三六）

---

[1] 李湘生：《试析仰韶文化彩陶的泥料、制作工艺、轮绘技术和艺术》，《中原文物》1984年第1期，第57页。

[2] 中国社会科学院考古研究所编著：《师赵村与西山坪》，中国大百科全书出版社1999年版，第52页。

最原始的烧成工艺是平地堆烧，这种生产方式没有固定的窑址，直接选择一块空地，将陶坯堆放在一起，用细泥将陶坯整体盖紧封严，开一火口添柴，再开几个小口通烟。该方法火力不均，烧成温度不高，烧成的陶器颜色不均匀，陶器容易破碎。仰韶文化庙底沟类型时期以来，横穴式陶窑盛行，火塘在下方，窑室在斜上方，火力旺盛，能达到 1000 摄氏度的高温，这类窑址在兰州市内曹家咀遗址、西坡坬遗址和青岗岔遗址均有发现。① 大约在马厂类型时期，竖穴式窑开始出现。考古工作者曾在兰州市区黄河北岸发现一处大型窑场，清理了 12 座陶窑，且实际数量远不止这些，足见当时制陶业的繁荣。据简报描述，上部窑室为方形，最大的长宽各为 1 米，底部为锅底状，有沉积的白灰土层，应是烧柴形成的草木灰。② 从遗迹现象判断，这类窑上部是窑室，下部是火塘，应是比横穴窑更为进步的竖穴窑。

大量制作和烧制的彩陶被广泛应用于史前兰州地区先民的日常生活，以及死后随葬。同时，种种迹象表明，兰州地区史前彩陶在产生和发展过程中也受到了中原地区，甚至是中亚、西亚的影响。不同区域、文化、族属的人之间亦发生着多方面的物质与文化交流，这也促使了原始贸易的产生。

（四）玉器制作

新石器时代的兰州地区发现一些使用玉石、贝壳制作而成的装饰品，如下海石遗址出土了 3 件（组）串珠项链，其中一组为 9 枚，使用白色石料磨制而成，个体为圆形，中心穿孔，素面磨光；另一组为 46 枚，有些使用海贝、绿松石串珠，表面均有磨光（图 2-30）。兰州地区东南部的武山

---

① 甘肃省博物馆：《甘肃兰州西坡坬遗址发掘简报》，《考古》1960 年第 9 期，第 1 页；甘肃省博物馆：《甘肃兰州青岗岔遗址试掘简报》，《考古》1972 年第 3 期，第 28 页；甘肃省博物馆：《兰州曹家咀遗址的试掘》，《考古》1973 年第 3 期，第 149 页。

② 甘肃省文物管理委员会：《兰州新石器时代的文化遗存》，《考古学报》1957 年第 1 期，第 4—6 页。

县素有"众山皆有藏玉"之名,因玉产于该县的鸳鸯镇和山丹镇之间的山中,所以又有"鸳鸯玉"之称。[1] 除此之外,临洮县、卓尼县、清水县境内也有玉矿分布。[2]《水经注》载:"禹治洪水,西至洮水之上,见长人,受黑玉于斯水上"。洮水即今洮河。甘肃境内广泛分布有墨绿色、艾青色、豆绿色以及蛇纹石鸳鸯玉和试金石类黑色石材,陇西和武山地区的鸳鸯沟出产鸳鸯玉,[3] 兰州境内的马衔山也有丰富的玉矿资源。早期人类玉、石不分,将玉、石分开且将玉从石中挑选出来应该经历了漫长的时间,玉石器的制作与使用动因当与人们的爱美之心和对装饰品的认识密切相关。这些装饰品的制作流程大致经历了采玉、开璞、成型、钻孔、打磨、雕纹、镂刻、镶嵌、抛光等,已初步具备了后世治玉工序的基本流程。[4]

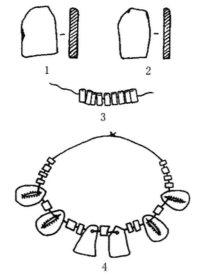

图 2-30　红古下海石遗址出土玉、石器

1、2. 绿松石　3、4. 串珠项链

① 赵振龄、陈康德:《宝玉石》,东方出版社 1992 年版,第 388 页。
② 李晓斌:《甘肃齐家文化玉器研究》,《陇右文博》2009 年第 2 期。
③ 丁秀平:《齐家文化玉器综评》,载于马志勇、唐士乾主编《齐家文化与华夏文明》,甘肃民族出版社 2015 年版,第 326—327 页。
④ 徐琳:《中国古代治玉工艺》,紫禁城出版社 2011 年版,第 24—69 页。

三、原始贸易

原始贸易是基于原始农业、手工业的发展而兴起的，贸易的出现也是社会经济高度发展的体现。各种社会产品的丰富以及与周边地区的交流和贸易往来，促成了兰州史前的"中心地位"。大量出土的特殊物品和研究资料表明，史前的兰州地区同样起到了沟通东西的桥梁作用，海贝、彩陶、铜器乃至于玉石等，都曾通过原始贸易在兰州汇集，并将先进的文化和生产技术更广泛地传播开来。

（一）海贝

兰州地区的新石器遗址中出土了若干海贝和类似海贝形制的仿制品，如兰州花寨子墓葬第 48 号墓中即出土陶贝形器一件，为白色黏土烧制而成，平面呈椭圆形，一面略平，一面呈弧形，中间磨出一半圆形凹槽，槽的周围刻有锯齿状纹饰，形似海贝，长 3.5 厘米、宽 3.4 厘米（图 2-31，1）。此外，同样的物品在兰州邻近地区也有一些发现，如大通上孙家寨马家窑文化墓葬中出现了海贝、蚌壳、骨珠等。乐都柳湾马家窑文化马厂类型墓葬中，也发现海贝 15 枚，[①] 并伴有 6 枚石贝（图 2-31，2、3）。仿制陶贝、石贝的出现，说明人们对这些稀有物品的珍视程度，并存在被作为交换媒介的可能。

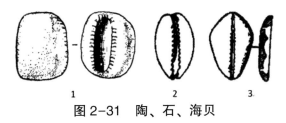

图 2-31　陶、石、海贝

1. 陶贝（花寨子出土）　　2. 石贝（柳湾出土）　　3. 海贝（柳湾出土）

---

① 青海省文物管理处考古队等：《青海柳湾——乐都柳湾原始社会墓地》，文物出版社 1984 年版，第 168 页。

史前交通较之历史时期尚不发达，海贝又是如何从暖海地区传到兰州地区的呢？在陕西临潼姜寨的仰韶文化遗存中，就已经发现了贝，兰州地区还发现了一些被制作成装饰品的绿松石珠，他们都应该是通过交换和贸易得来的。贝的出现也代表了新石器时期原始贸易的存在。渔猎采集、农业和手工业经济的发展，为最初的自然经济提供了较好的存在条件，不同聚落人群之间较少缺乏大规模的物品交流，因此"物物交换"式的贸易应该还是比较繁荣。商王朝手工业若干原料如锡之类可能自远处运来，只有在国家中心城市出现的贵重手工业产品（如青铜礼品和白陶之类）作为一份王或贵族赐给的礼物，则有时自中心区域回流到较为僻远的地带。由此推测，产地远在南海或东海的海贝优先流通于中原发达的政治经济中心，再由中原传向兰州地区。

（二）彩陶

从大地湾文化发现中国最早的彩陶，到中原地区仰韶文化的兴起，复在甘青地区马家窑文化时期达到中国史前彩陶发展的顶峰。马家窑文化与仰韶文化庙底沟类型存在大量相同元素，根据研究，马家窑文化彩陶更多是承袭庙底沟类型文化发展而来的。史前彩陶在中国中西部的文化乃至贸易过程中应当扮演了非常重要的角色，尤其兰州彩陶在史前"彩陶之路"中有着举足轻重的意义。[①]

川西北地区的彩陶风格明显具有马家窑类型的彩陶因素[②]（图2-32）。从科技考古实验结果显示，川西北地区的彩陶与甘肃彩陶成分基本相似，且川西北彩陶极可能不是产于当地，而更像是从甘青地区通过贸易等方式输入而来。[③]虽然目前无法得知川西北的居民是以什么物品交换来彩陶，但两地之间确实存在着密切的贸易往来。

[①] 段小强：《甘肃彩陶与史前彩陶之路》，《西北民族大学学报》（哲学社会科学版）2019年第6期。

[②] 成都文物考古研究所等编著：《川西北高原史前考古发现与研究》，科学出版社2018年版，第320—322页。

[③] 洪玲玉等：《川西马家窑类型彩陶产源分析与探讨》（第七辑），科学出版社2011年版，第1—58页。

图 2-32　川西北地区发现的马家窑类型风格彩陶

1、3、4. 营盘山遗址出土　2. 波西遗址出土

（采自《川西北高原史前考古发现与研究》，第 307 页）

　　同样，马家窑文化半山类型彩陶上面的锯齿纹与中地区亚彩陶的风格也有着非常多的相似性（图 2-33），不能排除彩陶在沟通中西交流和贸易活动中的桥梁作用。"彩陶之路"是早期中西文化交流的首要通道，是丝绸之路的主要前身，对早期中西方文明的形成和发展都产生过重要影响。①

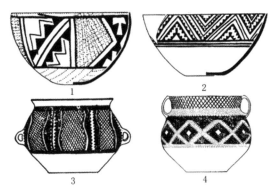

图 2-33　中亚锯齿纹彩陶与马家窑半山锯齿纹彩陶比较图

1、2. 纳马兹加文化　3、4. 半山类型

（采自《考古与文物》2018 年第 2 期，第 55—56 页）

---

　　① 韩建业：《再论丝绸之路前的彩陶之路》，《文博学刊》2018 年第 1 期；韩建业：《马家窑文化半山锯齿纹彩陶溯源》，《考古与文物》2018 年第 2 期。

（三）铜器

兰州地区作为欧亚草原与中原内陆重要的交流通道，是中国出土早期铜器最多的区域之一。国内外学者以考古发现为线索，明确指出该区域的早期铜器受到了外来文化的影响，[①] 也可以说，铜器的交流和贸易或许早在史前时期就已经开始了。

甘肃地区已发现新石器及稍晚时期的早期铜器有六百余件。目前发现时代最早的铜器出土于马家窑文化遗址中，如东乡林家遗址发现 1 件马家窑文化时期的青铜刀，该器为两范相合浇铸而成，刀身厚薄均匀，表面平整，短柄长刃，刀尖圆钝，微上翘，弧背，刃部前端因使用磨损而凹入，柄端上下内收而狭窄，有明显镶嵌木柄的痕迹（图 2-34，1）。经激光光谱分析，该青铜刀含锡量 6—10% 左右，另有少量的铁、银等，为锡青铜。[②] 在兰州及邻近地区还发现了大量的单刃铜刀（图 2-34，2—4），其渊源与伊朗高原较早的考古发现关系密切，[③] 这类铜刀也影响至中原及北方地区。兰州地区邻近的祁连山脉有着丰富的铜矿及其他有色金属矿，仰韶文化晚期、马家窑文化、齐家文化等出土铜器的遗址也大都位于这些矿区附近。铜器的出

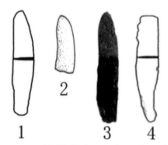

图 2-34　兰州及邻近地区出土铜刀

1. 林家遗址出土　2. 蒋家坪遗址出土　3. 磨沟墓地出土　4. 火烧沟墓地出土

（采自《南方文物》2017 年第 2 期，第 78 页）

---

① 李水城：《西北与中原早期冶铜业的区域特征及交互作用》，《考古学报》2005 年第 3 期。
② 孙淑云、韩汝芬：《甘肃早期铜器的发展与冶炼、制造技术的研究》，《文物》1997 年第 7 期。
③ 陈国科：《甘肃早期单刃铜刀初步研究》，《南方文物》2017 年第 2 期。

现代表了权利与身份，甚至蒙上了一层祭祀文化的神秘面纱。在外来文化与本土文明的影响下，又有大量的矿产资源作为基础，兰州地区出现早期铜器乃至于早期的铜器贸易，是极有可能的。

迄今为止研究所见，兰州及邻近地区发现的早期铜器与周邻地区，乃至更遥远的地区有着密切联系，无论是铸造技术，还是器物形态，在受到外文因素影响的同时，也渐次地在与这些地区互动、交流。先进的冶铜技术和早期铜器的传布过程，也可能参与了原始贸易活动，加快了不同地区间考古学文化的碰撞与融合。

第五节　社会结构与生活

兰州地区发现的新石器时代遗址，自仰韶文化庙底沟类型时期到马家窑文化的不同阶段，遗址数量和规模逐渐增多、扩大，可见人口数量在不断增长，同时建造房屋的技术水平也渐次提高，各类遗迹现象的功能分区日趋明显，这都显示了人们聚居状态的变迁。勤劳的兰州人通过自己的智慧和创造改变着社会生活，推动着史前社会结构的变化。在创造辉煌艺术成就的同时，逐渐迎来了文明的曙光。

一、社会结构

兰州地区是传说中伏羲、女娲早期活动的重要地区。当时的社会形态应处于新石器时代的氏族社会阶段，正孕育着人类文明社会。文献材料中的记载有利于我们更深层次地了解当时的社会发展状况，也揭示了从史前时期开始，兰州地区一直都是中华文明重要的诞生地和发展点之一。

史前兰州地区的地理环境与气候条件适合人类定居。定居的生活使得人们不再颠沛流离，稳固的生活也能进一步促进农业、手工业和畜牧业的发展。随着生产技术的不断进步，生产资料不断地增加，开始出现剩余产品。剩余产品的出现，也使私有制开始萌芽，贫富分化明显，这从根本上动摇了公有制所特有的公共产品的分配制度。到了新石器时代中晚期，随着农业经济的发展，男性在社会生活中起到越来越主要的作用，社会开始向父系社会过渡。在以男性为主导的社会中，社会分工更加明确，不仅表现在性别上，并开始出现明显的专业化生产，如骨器制作、铜器的冶铸等应成为手工业生产中的特有生产部门。这些特有产品以及一些稀有产品也逐渐被少数人所重视，逐渐成为彰显身份、社会财富的象征。

在母系社会早期，人们实行的还是传统的族外婚制度。随着母系社会发展，对偶婚开始出现，社会结构和人群关系也发生了巨大变化逐渐发展为一夫一妻制。随着婚姻形态的发展变化，社会也从母系氏族开始发展为父系氏族社会。男性社会地位的明显变化，不仅在社会生产分工中有所体现，考古发现的墓葬中也可见一斑。如墓地中出现成年男女合葬，男性多为仰身直肢葬，而女性多为屈肢葬或二层葬，男性一侧的随葬品数量明显多于女性一侧，整个墓葬中女性多处于从屈地位；且男性一侧随葬品中多会出现石质生产工具，而女性多以手工业工具（如纺轮）较多。足以说明男性处于整个社会的主导地位。母系社会向父系社会的过渡，也是人类史上一次意义重大的变革。

距今约五千年，黄河流域的一些氏族由母系氏族社会逐步进入了父系氏族社会。从黄河上游的马家窑文化遗存中，可以看到原始公社开始解体，阶级社会因素开始萌芽。青海柳湾遗址中①，部分墓有木棺，甚至有墓道；随葬品多寡悬殊，多者百余件，寡者一无所有，说明两极分化已十分明显，表现出明显的贫富分化。此时，私有制极可能已经确立，甚至出现了阶级对立。我们有理由相信，这一时期的社会结构具备了迈入文明社会的基本特征。

马家窑文化马厂类型墓地中，发现了一些夫妻合葬墓。所谓"夫妻合葬墓"，实际上是成年男女二人合葬墓，此时的"妻"具有亦妻亦奴的双重身份。从随葬品的数量来看，男性随葬品多为石斧、石锛、石刀等生产工

---

① 青海省文物管理处考古队、中国社会科学院考古研究所：《青海柳湾—乐都柳湾原始社会墓地》，文物出版社 1984 年版。

具，女性多为陶质和石质的纺织、缝纫工具。由此可知，男女间已分工明确，且男性随葬品比女性多，甚至在一些典型的墓地中，墓葬的大小形制也有了重要的差别。一些男性墓不仅规模较大，随葬品也比较丰富，这显示男性已经有了较高的社会，这种现象在马厂类型时期尤为明显，在某种程度上显示了私有制的萌芽和贫富不均的社会现象。在聚族而居的同时，族群关系和所处的社会发展的阶段已经发生了重要变化。这应该可以说明父系氏族社会已经产生，氏族成员的地位不再平等，男尊女卑的现象开始山现，女性地位开始变得低下，并逐渐成为男性的附属。同时，男女合葬反映了当时的婚姻形态已经出现一夫一妻制，按父系血统来计算世系并承袭父亲财产的情况应该已经出现，这是父系氏族公社的主要特点，父权制开始确立，但仍然存在母子合葬墓，应是由母系氏族社会进入父系氏族初期的残余。

父系氏族公社的确立即意味着父权制的确立。随着生产方式的改变，男子在生产活动中占主导地位，占有并享有大量的财富，而女子从事的生产活动局限于家中的劳务，只能依附于男子生活，因此由母系氏族转向父系氏族过程中，伴随着男女身份地位的转化，男尊女卑的社会关系最终确认，这也极大影响了这一社会阶段人们的社会生活。

兰州地区史前生业方式的形成是和人们的婚姻形态的变化密切相关的。在新石器时代早期的许多墓中盛行单身侧卧屈肢葬，这可能表明当时实行的是对偶婚。恩格斯曾指出，"在历史上出现的最初的阶级对立，是同个体婚制下的夫妻间的对抗的发展同时发生的，而最初的阶级压迫是同男性对女性的奴役同时发生的。"[1] 到了新石器时代中晚期，随着农业经济的发展，男子在社会生活中越来越起到主要作用，社会开始向父系氏族公社过渡，婚姻形态也从对偶婚向一夫一妻制过渡。在半山遗址和马厂遗址的许多墓葬中发现的成年男女合葬墓就是这种反映，但从土谷台的合葬墓中很明显

---

① ［德］恩格斯著：《家庭、私有制和国家的起源》，中共中央马克思恩格斯列宁斯大林著作编译局译，人民出版社 1999 年版，第 36—45 页。

地可以看出其过渡性，不仅女子有屈肢葬，而且男子也有屈肢葬，只是到了后期才有了不同。"一夫一妻制是不以自然条件为基础，而是以经济条件为基础，即以私有制对原始的自然产生的公有制的胜利为基础的第一个家庭形式。"① 到兰州新石器时代中晚期，这种家庭形式可能已经出现。当时可能已有了私有财产，人们之间有了贫富分化，私有制可能已经萌芽。半山遗址和马厂遗址中发现，同一墓地的墓葬中，随葬品相差非常悬殊，这种情况在花寨子墓葬群中也可以看到。兰州新石器时代农业经济的发展和社会分工的出现也为私有制的萌芽准备了条件。

随葬品不仅仅能体现当时的社会状况和生产力发展水平，也能比较真实地体现墓主人的社会身份地位。代表生产力上升的标志器物如各类精致的骨器、玉器、青铜器等，无疑是地位和财富的象征。"事死如事生"，人们的丧葬活动是集体社会意识的一种表现，是每一个时期的人们对当时社会生活习惯和处理逝去者的信仰，也体现出当时人们对待死亡的态度。② 马家窑文化中随葬品多寡现象非常突出，有些小墓葬只有一两件随葬品，甚至仅用残破陶器随葬，而有的大型墓葬随葬陶器则多达 90 余件，随葬品还有骨珠、海贝和石贝等。该时期的社会生业经济形态仍以农业生产为主，普遍种植旱作粟类作物。主要生产工具如斧、铲、刀、镰、锄等石器和骨器，制作都相当精致，且大多经穿孔磨光。骨器是用动物的肩胛骨和下颌骨等部位制成的，有的还带弯曲的柄，刃宽而锋利。先进的工具制作技术为农业发展提供了坚实的基础。

二、聚落建筑

以黄河为依托，及其支流所属的庄浪河、大通河、湟水、雷坛河和苑川河，以及马衔山东南麓，具有古人从事渔猎活动和早期农耕生产的有利条件，也为古人提供了良好的聚居场所，在河流沿岸和交汇之处的二级和

---

① ［德］恩格斯著：《家庭、私有制和国家的起源》，中共中央马克思恩格斯列宁斯大林著作编译局译，人民出版社 1999 年版，第 65 页。

② 张忠培、朱延平：《黄河流域史前葬俗与社会制度》（上），《文物季刊》1994 年第 1 期。

三级阶地上，往往发现有早期人类遗存的分布。属旧石器时代的岂坪沟遗址、深沟桥遗址和东乡下王家遗址都留有一些石器和化石的遗存。虽然旧石器时代的居址尚未发现，但也留下了兰州早期人类活动的鲜明证据。

（一）聚落

兰州地区的地貌以石质山地、土石或黄土山梁为主，适合先民居住的主要是山间断陷盆地和河谷盆地。黄河及其支流两岸的阶地是新石器时代聚落的最佳选址，其中苑川河谷、庄浪河谷、大通河谷地势开阔，自然条件优越，聚落分布数量也最多。

1. 聚落环境

苑川河属于黄河的一级支流，发源于临洮县站滩乡胡麻岭北麓的泉头村，上游称水坡河，高崖以下统称苑川河，接纳支流较多，有鬼谷河、兴隆峡河、曳木岔河等，干流长 75 千米，流域面积 1867 平方千米。苑川河谷主要指苑川河中下游，即高崖镇以下的甘草店、清水驿、金崖和来紫堡等乡镇的河谷地带，长约 50 千米，宽度一般为 1 千米左右，最宽处在接驾嘴至夏官营一带，宽达 2 千米左右，并在此与南部由苑川河支流冲积而成的兴隆山山前平原连成一片，平原南北长 14—16 千米，东西宽 5—10 千米①。苑川河谷内各级阶地与兴隆山山前平原成为马家窑文化时期人们选择生活的主要地区，河谷中发现马家窑类型遗址 13 处、半山类型遗址 37 处、马厂类型遗址 27 处。就本区域而言，东起小康营乡经城关镇、西至连搭镇的山前冲击平原地带是中心所在，不但各期遗址数量最大，且各期面积最大的遗址也都在这一带，先后有麻家寺遗址、林家窑遗址和卧牛山遗址等。

大通河古称浩亹水，亦称阁门河，发源于疏勒南山东段的沙杲林那穆吉木岭，自铁城沟口入甘肃省永登县境，汇合吐鲁沟、皮袋沟、水磨沟、大沙沟等支流，在红古区享堂峡注入湟水，全长 520 千米，流域面积 15126 平方千

---

① 兰州市地方志编纂委员会、兰州市自然地理志编纂委员会编纂：《兰州市志·自然地理志》，兰州大学出版社 1998 年版，第 130—131 页。

米，兰州市境内约65千米。从铁城沟北至连城，长约26千米，为峡谷段，河床宽50米左右，最窄处仅20米，两岸山高谷深，相对高差300—500米，局部达800米，峡谷一般宽为200—300米，谷内一、二级阶地明显可见，一般二级阶地高出河面10米左右。从天王沟口以下三级阶地保存较多，高出河面40米左右。从连城、河桥至红古区窑街为八宝川盆地，由断陷作用形成，全长31.2千米，河谷宽1.5—3.5千米，川道内发育有四级阶地。一级阶地高出河面8—10米，在河流东岸保存较好，宽500米左右；二级阶地高出河面20米左右，在东西两岸都发育良好，宽750米左右，最宽处在河桥镇一带，宽达1700米；三级阶地高出河面50—80米，局部保存较好，宽600米左右；四级阶地高出河面100—200米，多已被后期外力作用切割为梁峁状，但局部地带保存较好，称为"坪"，如河桥大坪、乐山坪等。从窑街至海石湾，为享堂峡，河道宽20—50米，峡谷宽100—150米，两岸相对高差300—500米，山崖巍峨陡峻，谷中水流湍急，水花怒溅，酷似雪花飞舞，有"浩亹雪浪"之称。大通河谷内发现马家窑文化遗址49处，其中马家窑类型9处、半山类型3处、马厂类型37处，绝大多数遗址分布在八宝川盆地，遗址的层级化现象比较明显，中心遗址先后是红板坪遗址和鳌塔遗址。

庄浪河，古称逆水，发源于祁连山冷龙岭东端的得尔山、抓卡尔山，流经天祝藏族自治县、永登县和西固区，在河口镇岗镇村注入黄河，全长190千米，流域面积4008平方千米，兰州市内长约96千米。从界牌至清水河村，长14.5千米，河谷宽350—750米，最宽处武胜驿约1000—1500米，两岸高差达200—300米，此峡谷段阶地均不发育，三、四级阶地仅残丘存在，在此发现马家窑类型遗址1处。从清水河村至徐家磨村，长约49千米，河谷宽1500—2000米，最宽处中堡镇一带为3500米，在红城镇、大同镇一带若将高阶地计算在内则可达4千米以上，四级阶地发育良好。一级高出河面2—3米，最宽处可达500米左右。二级高出河面约10—25米，最宽可达750米左右；三级高出河面35—45米，最宽约1000米；四级高出河面70—100米，宽度一般在500—1000米，最宽可达1700米。由于近东西向的沟谷较多，将四级阶地切割为梁峁状，不易大规模利用。这一段河谷在马家

112

窑文化马厂类型时期突然兴盛起来，发现遗址达 28 处之多，包括 4 处面积在 20 万平方米以上的超大聚落，这一地区在当时的繁荣程度可见一斑。自徐家磨村至周家庄，长约 25 千米，河谷宽在 1000—1500 米，仅发现马家窑类型遗址 1 处。周家庄至河口村为峡谷，长约 6.5 千米，河谷宽 300—800 米，两岸二级阶地较发育，最宽处约 500 米。目前，这一区域几乎没有发现新石器时代遗址。

2. 庙底沟时期的聚族而居

新石器时代早中期遗存在兰州地区尚未发现，榆中县西队村、郭家湾和常家庄遗址应是属于兰州地区较早阶段的遗存，时代在仰韶文化庙底沟类型时期。我们可通过史前人类居住的房址、埋葬方式，以及遗物、遗迹和它们之间相互关系的观察与研究，对当时人们的聚居情况作出合理推测。

兰州地区发现的庙底沟类型遗址较少，有文化层分布的两处，尚未经科学发掘。西队村遗址地处榆中县甘草店镇西队村西侧自然沟壑的二级阶地上，遗址面积约 4500 平方米，散布大量陶片和残石器，但没有文化层。[①]郭家湾遗址位于榆中县甘草店镇郭家湾村南，遗址西临九子沟，东依无名山，地理位置优越，面积约 15 万平方米，文化层厚度在 0.5—4 米，暴露的遗迹现象有灰坑、窑址、居址等，内涵非常丰富。从崖壁上暴露的灰层情况来看，可分为上下两层，下层包含物有石器、兽骨、陶片等，彩陶片以红陶为主，用赭红色勾画出弧线三角纹，属仰韶文化晚期遗存。[②]常家庄遗址位于榆中县高崖镇常家庄村东南侧的二级阶地上，该遗址西北依山，东临沙河，具有优越的地理条件，面积约 3000 平方米，在断崖上暴露有灰坑、窑址等遗迹现象多处，文化层厚度在 0.4—1.5 米，应属仰韶文化晚期

---

① 兰州市地方志编纂委员会、兰州市文物志编纂委员会编纂：《兰州市志·文物志》，兰州大学出版社 2006 年版，第 48 页。

② 兰州市地方志编纂委员会、兰州市文物志编纂委员会编纂：《兰州市志·文物志》，兰州大学出版社 2006 年版，第 48 页。

遗存。①

庙底沟类型时期的聚落选址仍符合新石器时代早中期人类选址的特点，即面向河流，背依大山，地形地势上有利于防御、狩猎采集和日常出入生活，可见榆中盆地及周边地区早期的自然环境优越，是古人生存发展的良好栖息地。这时期的人沿袭了旧有的选址特点，聚落整体具有扩大和渐行下移的态势，说明当时的自然环境在规律变化的同时，维持了整体良好的状态，聚落人口进一步增多；大聚落中存在若干地位相等的氏族分支，可称之为家族，甚至是家庭；从房屋的大小和建筑技术等方面来看，整个族群中具有较为明显的二级社会状态；居住、仓储、垃圾处理、制陶、埋葬区域等社会功能区划分明显。这时的氏族发展尚处于相对稳定的血缘宗亲阶段，人们通过渔猎和采集获取自然资源，大家共同劳动，共同生产，还没有出现显著的贫富分化和极为明显的社会阶层，整体处于文明社会降临的前夜。

3. 马家窑文化时期的繁荣

兰州地区发现马家窑文化遗址较为丰富，各类考古学遗存在兰州地区均有发现。土谷台②、花寨子③、曹家咀④、青岗岔⑤、西坡坬⑥、糜地岘⑦等遗址发掘资料的公布，都为我们研究兰州地区新石器时代的聚落特征提供了充实的材料。

马家窑文化早中期的聚落选址在绝对高度上有所下降，如曹家咀遗址位于黄河南岸，西果园南约1千米的沙滩磨村背后第二台地上。台地高出河

① 兰州市地方志编纂委员会、兰州市文物志编纂委员会编纂：《兰州市志·文物志》，兰州大学出版社2006年版，第48—49页。

② 甘肃省博物馆、兰州市博物馆：《兰州土谷台半山——马厂文化墓地》，《考古学报》1983年第2期，第191—222页。

③ 甘肃省博物馆等：《兰州花寨子"半山类型"墓葬》，《考古学报》1980年第2期，第221—238页。

④ 甘肃省博物馆：《兰州曹家咀遗址的试掘》，《考古》1973年第3期，第149—150页。

⑤ 甘肃省博物馆：《甘肃兰州青岗岔遗址试掘简报》，《考古》1972年第3期，第26—31页。

⑥ 甘肃省博物馆：《甘肃兰州西坡坬遗址发掘简报》，《考古》1960年第9期，第1—4页。

⑦ 陈贤儒、郭德勇：《甘肃皋兰糜地岘新石器时代墓葬清理记》，《考古通讯》1957年第6期，第7—8页。

床约 50 米，东临孙罗河沟，西靠山岭，遗址面积东西 250 米、南北约 300 米，文化层厚 2—3 米。西坡圻遗址位于西果园陆家沟村南约 400 米，在一处由北向南逐渐高起的台阶地上，东靠大沟，西以教场沟为界，南临路家咀村庄，北面以大沟、教场沟相汇处为边缘。遗址面积南北长约 400 米，东西宽约 250 米，文化层厚 0.5—2 米。红古下海石遗址位于海石湾镇东部七号路口的二级台地上，北靠宗家台山，南邻湟水，地貌南低北高，东西长 300 米、南北宽 200 米，地势平阔（图 2-35）。

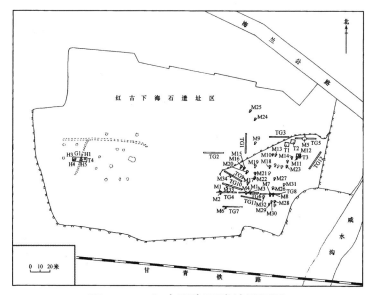

图 2-35　红古下海石遗址平面图

（据《兰州红古下海石——新石器时代遗址发掘报告》第 5 页，图三改绘）

这一时期的聚落内部有着明显的分区，如白道沟坪遗址，由园坪子、徐家坪和刘家坪三块台地组成，面积约 35 万平方米，其中刘家坪是墓地，徐家坪为窑场。青岗岔遗址的面积约 4 万平方米，包含马家窑文化半山、马厂类型和齐家文化的混合遗存，遗址内部既有居住区，又有专门的墓葬区，居住区发现半山类型的房址、窑址以及齐家文化的房址和墓葬。红山遗址和红板坪遗址群紧邻在一起，两处遗址面积合计 64 万平方米，是新石器时代兰州地区发现的面积最大的一处遗址群。红山遗址位于红古区窑街镇红山村东约50米的大通河东岸第二级台地上，面积约12万平方米，文化层厚0.5—1.2米，暴露有灰层、灰坑，采集有夹砂红陶片、泥质红陶片及少量灰褐陶片。蒋家坪遗址由上坪和下坪组成，上坪位于永登县河桥镇蒋家坪村北，面积约2万平方米，文化层厚约0.8米，包含有马家窑类型和马厂类型遗存；下坪遗址位于蒋家坪村南，面积约4.5万平方米，文化层厚0.5—1.5米，暴露有房址和灰坑，包含马家窑类型和马厂类型遗存。此外，遗址内部还有专门的仓储区和手工业区。灰坑多为是口小底大的袋状坑，形制极规整，穴深2米，底径2.45米，部分坑内堆积由粮食作物。窑址在兰州地区也屡有发现，如曹家咀遗址发现的陶窑，窑为横穴窑，火口向西。根据残存的情况可以看出，火道为东高西低的斜坡形，窑底部周围高、中间低，为一圆形锅底状，东西残长1.1米、南北宽1.4米左右，南部保存完好，北部稍有剥落。在火道与窑室相接处，突起两个半圆形的土堆，两堆之间相距40厘米，火道即由此与窑室相通。窑底及其周围都烧成红色，表面坚硬。另外，在师赵村遗址发现的陶窑系横穴式陶窑，由火膛、窑室、窑箅和火道组成。窑室平面呈椭圆形，直径1.2—1.4米。窑室可容纳多件陶容器，有一定的生产规模。在西坡坬遗址发现的2个窑址都是长方形的，结构由窑门、燃火坑、通火孔、残存的顶部及窑壁等五部分组合而成。窑门都向东北开，呈椭圆形（上部不存）。燃火坑居中，近圆形，底部似锅底状。通火孔现存的在左右后三面顶部边沿上共有六个，而中间火孔因顶部坍塌已不存在。根据整个火孔排列次序及位置看，很可能置于中间者还有三孔，合计有九孔，孔径8—12厘米不等。遗址中也有发现祭祀坑和卜骨等代表人类信仰的遗存，如兰州地区邻近的傅家门遗址房址和窖穴内发现带有阴刻符号的卜骨共5件。祭祀坑平面呈长方形，长1.9米、宽1米，坑内埋有猪的头骨和彩陶等，对研究这一时期的宗教祭祀活动和聚落功能分区等具有重要意义。

到半山和马厂时期，兰州地区发现大量的聚落，聚落面积从几千平方米到20万平方米不等，反映着当时氏族或部落的不同规模。生产陶器已有专门的制陶窑场，如在兰州白道沟坪遗址发现较完整的窑址12座，该窑场的遗存真实地反映了制陶中施彩和焙烧的生产过程。彩陶一般采用泥质红陶精心制作，其造型之精巧、构图之华丽、数量之众多，集中地反映出当时制陶业的兴旺和陶工们的高超技艺，展示了马家窑文化晚期人们多样的聚落生活。

（二）房屋建筑

新石器时代的兰州地区发现的房屋为半地穴式，墙壁垂直，壁面平整，四角整齐规划，建筑的地面经过火烤成硬面，有的甚至连墙壁也进行火烤成红色，面积小的不设柱，较大的会有立柱，屋顶可能是用木椽和茅草铺盖的，在盖茅草之后或者再抹上一层草拌泥，门道向东，灶坑正对门道，如青岗岔第4号房址（F4），平面为长方形，居住面距地表2.6米，长约4米，居住面平整，使用火烤，南、北、西三面墙壁亦火烤成红烧土面，表面坚硬，根据房址形状和灶址的位置，可复原为一种平顶的小屋（图2-36）。

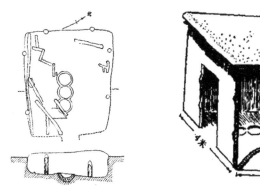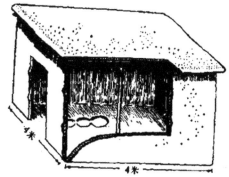

图2-36　青岗岔F4平剖面图和复原图

（采自《考古学集刊》第2集，第12页）

青岗岔遗址第1号房址（F1）规模较大，坐落于靠西向阳的山坡上，为长方形半地穴式，东西长7.4米，南北宽6.5米，面积约48平方米，屋内四周有8个柱洞。从柱洞内残存木炭上的痕迹分析，原来木柱的外露部分曾用草拌泥包裹着。屋顶可能是用木椽和茅草铺盖的，在盖茅草之后或者再抹上一层草拌泥。顶的形式中间部分大概是长方形南北为两面坡。东西两面可能是齐的，没有屋檐。门道向东，灶坑正对门道。由石板以外高出10厘米的情况来看，它的门道要高于屋内地面（图2-37）。

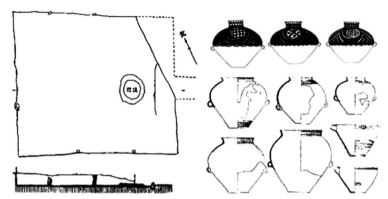

图 2-37　青岗岔 F1 平剖面图和出土陶器

（平面图：采自《考古》1972 年第 3 期，第 27 页，图三；

陶器：采自《考古》1972 年第 3 期，第 31 页，图八）

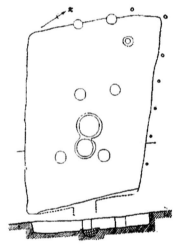

青岗岔第 5 号房址（F5），半地穴式建筑，平面为长方形，长 7.5 米、宽 6 米，木骨泥墙结构的墙壁，居住面东高西低，地面经过夯打，厚约 10 厘米，并用火烘烤成红色，灶坑位于房屋中间位置。据考古发掘者复原，应该为长方形平顶，南北两面坡状，可能略有出檐，房屋外无任何设施（图2-38）。这类房屋在修建时，先由地面向下挖成长方形竖穴的屋基，然后紧贴四壁，每边各树立边柱两根。室内中间当有四根主柱，和东西两壁的边柱处于两条大致平行的直线上。

图 2-38　青岗岔 F5 平剖面图

（采自《考古学集刊》

第 2 集，第 13 页）

兰州地区新石器时代遗址中还发现一

些特殊的"灰坑",① 大多剖面呈袋状,壁面和底部专门进行过修整,有些其中还残存有粮食、兽骨等,且往往在房屋附近,推测应该属于专门用来储藏的窖穴,如下海石第 1 号灰坑(H1),口仅能容纳 1 人,底部可供转身,壁面光洁,底部平坦,口径 0.7 米、底径 1.2 米、深 0.95 米(图 2-39)。

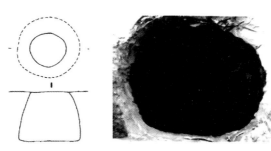

图 2-39 下海石窖穴(H1)平剖面图和照片

(左:平剖面图,采自《兰州红古下海石——新石器时代遗址发掘报告》,

第 15 页,图八

右:照片,采自《兰州红古下海石——新石器时代遗址发掘报告》,彩版一二)

三、丧葬习俗

新石器时代兰州地区先民的丧葬习俗特征鲜明,有专门的墓地,墓葬形制以土坑墓为主,次为土洞墓,石棺墓较少,土洞墓都有长方形或梯形墓道;葬者以单人葬为主,双人葬和三人葬次之;葬式以仰身直肢葬为主,俯身葬、侧身葬、二次葬次之;葬具有木制的棺(或椁)和垫板等。棺多由木板制成,也有用半圆木做成椁或棺盖的。男性随葬品多为石刀、石斧等农业生产工具,而女性则为纺轮等纺织工具,数量多则几十件,少则一两件。目前在兰州地区发现的新石器时代墓葬多属马家窑文化,属仰韶文化庙底沟类型的尚未见到。

---

① 灰坑是考古发掘中常见的遗迹类型之一。

（一）马家窑类型墓葬

兰州地区发现的马家窑类型的遗址有曹家咀、王保保城、西坡坬、雁儿湾、蒋家坪等，[①] 其中发现墓葬的有王保保城遗址等。较之其他地区的考古发现，兰州地区发现的马家窑类型墓葬类型较为单一，为竖穴土坑墓，无葬具，单人葬。1966 年 9 月在王保保城发现一座马家窑类型的墓葬，为长方形竖穴土坑墓，单人仰身直肢葬，随葬品放置在头部附近，随葬品有彩陶盆 1 件、彩陶钵 1 件、彩陶罐 2 件、彩陶壶 3 件、彩陶瓶 1 件、夹砂陶罐 2 件（图 2-40）以及少量的绿松石。[②] 王保保城这座墓葬出土的陶器与仰韶文化庙底沟类型的陶器在器型、纹饰上均较为相似。

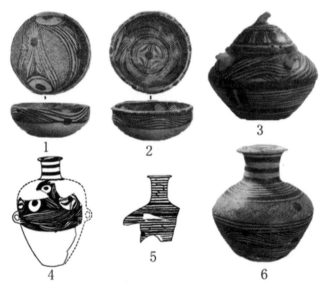

图 2-40　王保保城 M1 出土随葬品

1. 陶钵　2. 陶盆　3. 陶罐　4、6. 陶壶　5. 陶瓶

（采自《文物》1975 年第 6 期，第 76—80 页）

---

① 谢端琚：《甘青地区史前考古》，文物出版社 2002 年版，第 65 页。

② 甘肃省博物馆文物工作队：《兰州马家窑和马厂类型墓葬清理简报》，《文物》1975 年第 6 期。

（二）半山类型墓葬

兰州地区发现半山类型墓葬的遗址有花寨子、青岗岔、土谷台①、牟家坪、崖头、榆中关北、乐山坪墓地②以及邻近的地巴坪、③ 景泰张家台、④ 会宁牛门洞等。墓地所在地较为开阔，多为台地，如土谷台墓地位于湟水北岸的二级台地，墓地分布在东西并列的两个小山上，分属于半山类型和马厂类型，墓地中的墓葬基本不见叠压、打破的情况（图2-41）。墓葬类

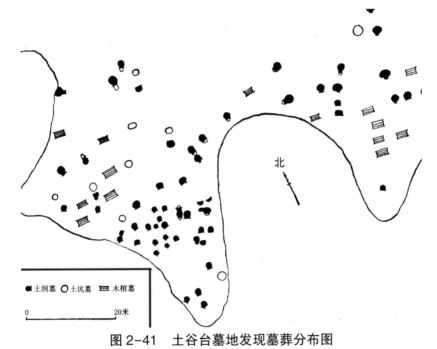

图 2-41 土谷台墓地发现墓葬分布图

（据《考古学报》1983 年第 2 期，第 192 页，图二改绘）

---

① 甘肃博物馆等：《兰州土谷台半山马厂文化墓地》，《考古学报》1983 年第 3 期。
② 马德璞、曾爱、魏怀珩：《永登乐山坪出土一批新石器时代的陶器》，《史前研究》1988 年，第 201—211 页。
③ 甘肃省博物馆文物工作队：《广河地巴坪"半山类型"墓地》，《考古学报》1978 年第 2 期。
④ 甘肃省博物馆：《甘肃景泰张家台新石器时代的墓葬》，《考古》1976 年第 3 期。

型有土洞墓、木棺墓、土坑墓和瓮棺葬四种，单人葬为主，二人合葬次之，另有少量的三人合葬，甚至多人合葬，其中瓮棺葬是未成年人专用的特殊埋葬方式。

1. 土坑墓

土坑墓是史前时期最常见的埋葬方式。兰州地区发现的半山类型墓葬中土坑墓所占比例较少，常见以长方形土坑墓为主，也有少量的圆形墓，其中长方形土坑墓的四壁垂直，平底，有些还有二层台，圆形墓的平面有圆形和椭圆两种。葬者多为单人仰身直肢葬，也有少量为二人合葬、多人合葬（图2-42）。随葬品较之土洞墓、木棺墓较少，多放置在葬者身体周围。

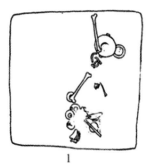

1　　　　　　　　　　2

图2-42　半山类型土坑墓

1. 花寨子M28　2. 花寨子M1

2. 土洞墓

兰州地区发现半山类型的土洞墓较多，仅土谷台墓地就有59座。① 这类墓葬在土谷台墓地发现较多，先挖一个圆形或方形的坑，然后向一侧挖偏洞作为墓室，墓室平面为圆形或椭圆形，顶部有弧形和平顶两种，有些墓道与墓室之间放置木板、木棍、石板或大型陶器作为封门（图2-43）。土谷台33号墓（M33），圆形墓室，直径1.6—1.8米、深0.85米，葬者为成年男性，葬式为侧身屈肢葬，随葬品有陶器5件、石斧1件（图2-44）。

---

① 甘肃省博物馆、兰州市文化馆：《兰州土谷台半山—马厂文化墓地》，《考古学报》1983年第3期。

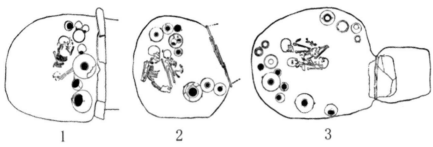

图 2-43　半山类型土洞墓

1. 土谷台 M42　2. 土谷台 M31　3. 土谷台 M84

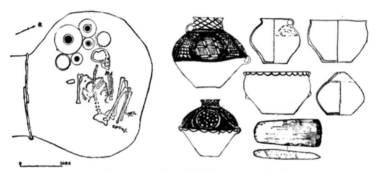

图 2-44　土谷台 M33 和随葬品

左：平面图　右：随葬品（陶器 6 件、石斧 1 件）

3. 木棺墓

兰州地区发现的半山类型木棺墓多为先挖一个长方形土坑，然后在坑中放置木板拼接成木棺，木棺与墓圹之间堆放夯实的填土，葬者多为侧身屈肢葬，有单人葬、双人合葬、多人合葬等（图 2-45）。土谷台 7 号墓（M7）为长方形墓室，长 1.9 米、宽 1.3 米、深 0.5 米，东西两侧使用木板，南北使用并列竖立木棍组合成木棺，葬者为二人，一男一女，均为侧身屈肢葬，随葬陶器 7 件（图 2-46）。

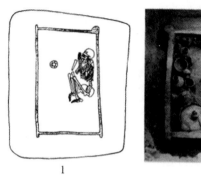  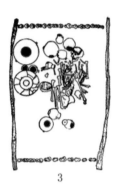

图 2-45　半山类型木棺墓

1. 花寨子 M3　2. 花寨子 M23　3. 花寨子 M6

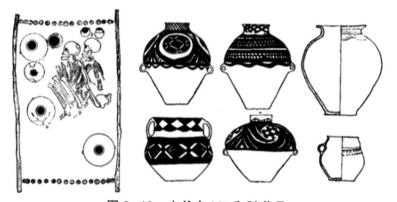

图 2-46　土谷台 M7 和随葬品

（采自《考古学报》1983 年第 2 期，第 198 页，图九）

4. 瓮棺葬

发现数量较少，如青岗岔 6 号墓（M6）瓮棺系一大双耳罐和陶盆组合而成，放置在一个深 0.8 米、直径 0.5 米的圆坑中。瓮棺内为一婴儿，墓葬填土后被压实，最上面使用红烧土地面覆盖。另外，如土谷台 79 号墓（M79），圆形土坑，坑口盖一石板，瓮棺使用陶瓮，棺内为婴儿，随葬品有陶器 3 件、石器 1 件。

（三）马厂类型墓葬

兰州地区发现的马厂类型墓地有白道沟坪、红古下海石、土谷台①、蒋家坪②、皋兰糜地岘③、花寨子，以及邻近地区的地巴坪、景泰张家台、柳湾墓地等。马厂类型时期的人们开始规划专门的墓地，与聚落地明显分别，有些墓地延续了半山墓地继续使用（如土谷台墓地），墓地多位于较为开阔的二级台地。墓葬类型有土坑墓、土洞墓等，其中土洞墓较之半山类型的规模更大，随葬品更加丰富。葬式有仰身直肢葬、屈肢葬、二次葬等，合葬墓有二人合葬、三人合葬和多人合葬。值得注意的是，马厂类型的儿童墓葬仍使用瓮棺葬，且有些儿童墓葬有"厚葬"习俗的葬具和随葬品。

1. 土坑墓

兰州地区马厂类型的土坑墓多为长方形土坑墓，葬者多为单人仰身直

图 2-47 红古山墓群 M1 平面图和随葬品

左：平面图　右：随葬品

（1. 陶罐　2. 陶壶　3. 谷物　4. 骨环　5. 绿松石珠）

（采自《文物》1975 年第 6 期，第 76—80 页）

---

① 甘肃省博物馆、兰州市文化馆：《兰州土谷台半山—马厂文化墓地》，《考古学报》1983 年第 3 期。

② 甘肃地方志编纂委员会、《甘肃省志·文物志》编纂委员会编：《甘肃省志·文物志》，文物出版社 2018 年版，第 71—72 页。

③ 陈贤儒、郭德勇：《甘肃皋兰糜地岘新石器时代墓葬清理记》，《考古通讯》1957 年第 6 期。

肢葬，如红古区1号墓（M1），为竖穴土坑墓，边角不甚规整，长2.05米、宽1.53米、深1.19米，葬者为单人仰身直肢葬，随葬品摆放在身体周围，有陶壶、陶罐、陶盆、绿松石珠、纺轮等[①]（图2-47）。

2. 土洞墓

马厂类型发现的土洞墓继承了半山类型土洞墓的特征，发现数量较多，绝大多数见于红古下海石墓地。墓室为圆形或椭圆形，弧形顶，墓室后部低于墓室门口，长方形竖穴墓道，部分墓葬的墓室和墓道之间有一较小的甬道连接，墓门口放置大型陶器或者使用竖立木棍封门，随葬品较之土坑墓多，以陶器为主，另有少量的石器、骨器等，如下海石27号为土洞墓（M27），墓道居于正中，前宽后窄，墓道长4米、宽0.7—1.9米、深1.2米，墓室平面为椭圆形，弧形顶，墓门处用一陶壶封门，葬者为侧身屈肢葬，男性，40岁，随葬陶器22件（图2-48）。

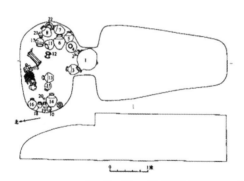

图2-48　马厂类型墓葬（下海石M27）

左：平剖面图（1—22.随葬陶器）　　右：墓道和墓门俯视图

（采自《兰州红古下海石——新石器时代遗址发掘报告》，

第43页，图二七；彩版一八）

下海石18号墓（M18），墓道位于墓室南部正中，为长方形竖穴土洞

[①] 甘肃省博物馆文物工作队：《兰州马家窑和马厂类型墓葬清理简报》，《文物》1975年第6期。

墓。墓室平面为椭圆形，墓顶为拱形，墓门使用一排木棍封堵，墓室长2.05 米、高 0.9 米，墓道长 2.5 米、宽 1.4 米、深 1.3 米，葬者为侧身屈肢葬，头向西，女性，50 岁左右（图 2-49）。

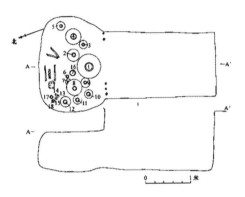 

图 2-49　马厂类型墓葬（下海石 M18）

左：平剖面图（1—18.随葬陶器）　　右：墓道和墓门俯视图

（采自《兰州红古下海石——新石器时代遗址发掘报告》，

第 51 页，图三四；彩版一六）

四、饮食服饰

旧石器时代晚期的兰州地区先民的生计以狩猎、采集为主。进入新石器时代，原始农业开始发展，狩猎、采集、畜牧等也是补充生活的主要来源，尤其是马家窑文化时期的人们已经熟练掌握纺织技术，常常会使用一些串珠、石环、蚌饰用以装饰。

（一）饮食

新石器时期的兰州先民种植物主要是粟，次为穈子。粟的种植历史悠久，穈子是一种籽实叫黍的草本植物，它耐干旱、耐盐碱性好，适宜在黄土地上生长，所以在北方地区考古发现较多。经考古鉴定，年代最早的粟和黍出土于秦安大地湾一期文化遗址。兰州附近的永昌鸳鸯池 134 号墓

127

（M134）出土的一件陶瓮内盛放的粟达66.9公斤，[1] 可以看出当时的农业发展水平相当之高。在兰州青岗岔遗址一座半山类型的房址（F1）内西壁2号彩陶罐底部灰土中，还发现有谷物（糜子）及其秸秆。红古区墓葬群内亦发现一些谷物，应是当时的主要粮食作物（图2-50）。由于粮食的富足，人们也会专门修整一些用来储藏粮食的窖穴，如下海石1号灰坑（H1）。饲养的家畜有猪、羊等，为人们的生活提供了肉食来源。红古下海石30号墓（M30）随葬的一件双耳彩陶罐中，发现了白色结晶和粉末状的晒制井盐，这是甘青史前考古中首次发现盐的遗存。[2] 兰州地区范围内并没有盐业资源，但青海省西部有数量众多的盐湖，甘肃省内的漳县、礼县也均有盐井，宁夏回族自治区的盐池县也有盐湖，采盐历史都比较悠久，下海石遗址的食盐应当是贸易的结果。

图2-50 红古古墓群出土谷物

（采自《文物》1975年第6期，第79页，图九）

兰州地区发现新石器时代的陶器数量丰富。除了大量的彩陶之外，还有泥质陶和夹砂陶，泥质陶胎中也有少量砂粒。器型以平底为主，有些器表涂抹细泥或打磨光滑，有些外表有附加堆纹、刻画符号、简单的彩陶纹样，器类有罐、盆、钵、壶、碗、杯等（图2-51），这些陶器多为生活实用器，用于饮食生活的各个方面。

---

① 谢端琚：《甘青史前考古》，文物出版社2002年版，第98页。
② 甘肃省文物考古研究所：《兰州红古下海石——新石器时代遗址发掘报告》，科学出版社2008年版，第178、219页。

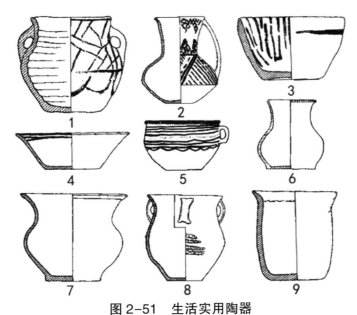

图 2-51　生活实用陶器

1—4、7—9. 红古下海石出土　5—6. 花寨子出土

花寨子遗址出土 8 件磨石，一种为长条形，红色砂岩；一种为不规则形，紫红色砂岩，一面磨平，一面较为粗糙。同时，还出土了两件研磨器，均为黑色硅质板岩磨制而成，质地坚硬，呈圆柱状，通体光滑，一端呈斜面状，应该为研磨谷物的工具（图 2-52）。花寨子还出土了 43 件细石器，

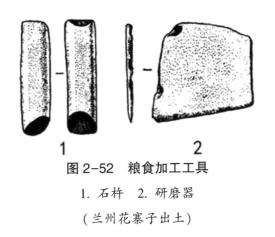

图 2-52　粮食加工工具

1. 石杵　2. 研磨器

（兰州花寨子出土）

均系使用水晶打制而成，有些石片镶嵌在骨柄中，骨柄系兽骨磨制而成，扁平长方形，一端较窄，一侧有凹槽，这种骨柄刀既工艺简单，又方便实用。

远程射杀、狩猎的工具有骨镞和弹丸等，如西坡坬出土的一件骨镞，三棱状，实心长铤（图2-53，1）。弹丸有石质和陶质两种，大小不一。石质弹丸的通体磨光，大多为圆球状，少量为椭圆形（图2-53，2）。陶质弹丸多为泥质，周身磨光，圆球状居多，有的表面饰指甲压印的纹饰（图2-53，3）。

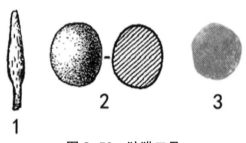

图2-53　狩猎工具

1. 石镞（西坡坬出土）　　2. 石球（下海石出土）　　3. 陶球（雁儿湾出土）

饮食工具如花寨子3号墓（M3）出土有一枚骨匕，系用兽骨磨制而成，两侧有镶嵌石刀用的凹槽，柄部钻有双孔，长18.5厘米、边槽宽0.3厘米（图2-54）。

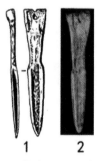

图2-54　花寨子M3出土骨匕

1. 线图　　2. 照片

（二）服饰

随着生产和生活的发展、进步，新石器时代的兰州地区拥有较为发达的纺织业，考古发现了很多与服饰有关的装饰品、服饰制作工具等。

花寨子、土谷台、下海石、华林坪、白道沟坪、蒋家坪等遗址都出土了数量不等的纺织工具，如纺轮、骨针等，其中陶纺轮数量丰富，形制多样，有的表面还有彩色装饰、几何图案等（图2-55），足见纺织业的发达。大多数的纺轮出自女性墓葬，男性墓葬则比较少见，表明当时纺织已有专门的制作者，社会劳动开始出现明显的性别分工。骨针、骨锥主要用来缝补服饰，如花寨子44号墓（M44）出土一件骨针，长7.4厘米。西坡坬出土的骨针有细长、粗短两种，孔眼处呈扁平，有些有二次开孔痕迹（图2-56，1）。

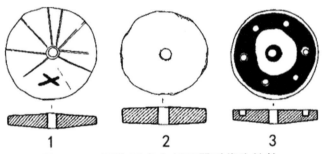

图2-55　下海石出土新石器时代陶纺轮

（采自《兰州红古下海石——新石器时代遗址发掘报告》，第159页，图一二一）

图2-56　兰州花寨子出土骨针和骨锥

1. 骨针　2. 骨锥

花寨子出土骨锥7件，使用兽类肢骨磨制而成，表面精细光滑，并保留了原骨关节，另一端磨出尖锋（图2-56，2）。西坡坬发现大量的骨锥，也是利用动物长骨制成，有些仅是端部磨成尖状，其余未加工，并保留了关节。

新石器时代的兰州先民十分重视对美的表达，考古发现了大量的装饰品，有骨笄、指环、骨珠、串珠、臂饰等，质地有石、玉、骨、陶等。下海石遗址22号墓（M22）出土的一件骨笄，中部残断，使用动物骨骼磨制而成，两端呈圆锥状，素面磨光，残断的两部分分别残长3.2厘米和5.3厘米，直径0.5—0.7厘米（图2-57，1—3）。西坡坬出土的骨笄有的两端尖，中间扁平略粗；有的平顶，呈圆柱状（图2-57，4）。串珠多为石料、绿松石、贝类等组合而成，一般放置于头、颈部，如下海石25号墓（M25：22）出土的串珠一组9枚，使用白色石料磨制而成，均为圆饼形，中穿孔，出土时位于葬者颈部；30号墓（M30：8）出土的串珠一组46枚，使用白色石料制成（图2-58，1、2）；13号墓（M13：9）出土的串珠手链由8枚白色石料、7枚绿松石珠、4枚海贝组合而成，其中绿松石珠呈不规则状及孔雀绿色，贝饰为自然海贝磨制而成（图2-58，3、4）。手链的制作和项链一样，出土时候位于死者腕部。①

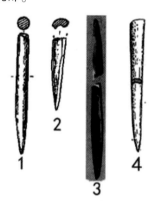

图2-57　骨笄

（1—3.下海石遗址出土　4.西坡坬遗址出土）

————————

① 甘肃省文物考古研究所：《兰州红古下海石——新石器时代遗址发掘报告》，科学出版社2008年版，第162—163页。

图2-58　下海石遗址出土装饰品

1—2. 项链（M25：22、M30：8）　　3—4. 手链 M13：12、M13：9)

（采自《兰州红古下海石——新石器时代遗址发掘报告》，彩版六七至六八)

除此之外，1956年皋兰县糜地岘出土马家窑文化马厂类型陶提梁铃1件，通高11.4厘米、底径4.8厘米，上有提梁，鼓腹中空，内置小陶丸或石子数颗，摇之叮当作响。1991年，广河县祁家集出土1件马家窑类型时期的陶铃，通高9.2厘米、底径3厘米，上部为曲柄，鼓腹中空，内盛有小石子。榆中县连搭镇代家窑村曾出土一件马厂类型时期的石磬，青石质，有磨制痕迹，体呈梯形，上部有一穿，供穿绳悬挂之用，通体素面，击之仍发出清脆悦耳的声音。①《尚书·益稷》载："予击石拊石，百兽率舞，庶尹允谐"，描写的就是原始部落祭祀活动中，击磬伴奏原始乐舞的场景。陶铃和石磬作为乐器，可用于日常生活，又可用于祭祀、集会、宴飨、驱邪、

<hr />

① 兰州市地方志编纂委员会、兰州市文物志编纂委员会编纂：《兰州市志·文物志》，兰州大学出版社2006年版，第209页。

祈禳等特定的礼仪活动。礼是我国古代社会特殊的文化现象，礼乐文化贯穿我国古代社会的始终。伴随着陶铃、石磬的出现和流行，传统的礼乐文化开始萌芽。

第六节　彩陶艺术

彩陶是将各种天然矿物颜料绘制到陶器上，形成纹饰图案用以装饰，从而增加了陶器的审美功能。在距今 8000 年左右的大地湾文化时期，人们就已经掌握了在陶坯表面进行彩绘的技术，渭河上游地区成为中国最早制作和使用彩陶的地区。[①] 兰州彩陶是史前彩陶的重要组成部分，萌芽于仰韶文化庙底沟类型时期，鼎盛于马家窑文化时期，彩陶的器型、纹饰和制作工艺等一脉相承，连贯发展，在不同的发展阶段中，也呈现出不同的艺术风格。[②]

一、庙底沟类型彩陶

兰州地区发现仰韶文化庙底沟类型彩陶的文化特征与关中、豫西地区有许多相似之处，但地域特点更加突出，呈现出别样的艺术风格。

（一）器型特征

兰州地区发现的庙底沟类型彩陶，陶质多为红陶，也有少量的橙黄陶，质地细密，器表光滑，均系入窑烧制前绘制纹饰，纹饰与陶胎紧密结合，融为一体，没有脱落现象。

庙底沟类型时期，彩陶选择的器类多是食器，还有少量水器，器体一般都不大。彩陶器类的选择颇有特点，最常选择的是钵和盆两类，其中对陶钵进行彩绘的数量最多。作为当时人们日常使用的食器，陶钵的器型有直口、敛口和弧腹、曲腹之分，且大小适宜捧在手中，非常便于进食。这样的陶

---

① 王仁湘：《中国彩陶文化起源新论》，《四川文物》2017 年第 3 期，第 28—34 页。
② 郎树德、贾建威：《彩陶》，敦煌文艺出版社 2004 年版，第 10 页。

钵由于器体较小，彩绘的纹饰大都比较简练，一般都没有太复杂的纹样组合。钵面多见圆弧形纹饰，有很少的直线、三角和网格纹组合，纹饰的构成方式以二方连续形式最为常见。器型稍大的盆类器，由于适宜彩绘的器腹面积较大，比起小巧的陶钵来，更易于发挥陶工的绘画技巧。庙底沟类型的彩陶器中最具特色的是曲腹盆，这类器物有高、矮之分，矮体盆的数量较多，彩色图案多绘在上腹部，个别的口沿部位也有彩绘，纹样以圆弧类为主，网格纹、三角纹、矩形纹等次之，[①] 彩绘纹饰构成以二方连续形式为主，以花瓣纹和旋纹最具特色，纹饰富于变化。曲腹盆上的彩绘，多数都比较精致，庙底沟类型最精美的彩陶纹饰都是来自曲腹盆（图2-59）。

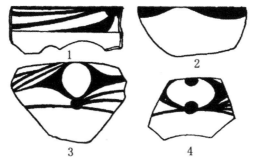

图2-59　庙底沟类型彩陶（马家窑遗址出土）

（采自《考古学报》1960年第2期，第14页）

（二）纹饰

庙底沟类型时期的彩陶以施黑彩为主，有少量的红彩和个别的白彩，有些施有白色或红色陶衣，更加艳丽。将点、线、面元素有机地进行组合，构图严谨规范，尤其后期的旋纹以不等距的定位点构成散点式流动的不对称图案，且在造型和纹饰中多用圆滑的曲线造型，以统一的造型和动势使图案纹饰具有流畅和谐的效果。[②] 纹饰多饰于器物外壁，内彩极为少见。施彩面积增

---

① 王仁湘：《史前中国的艺术浪潮：庙底沟文化彩陶研究》，文物出版社2011年版，第158页。

② 李琰、朱志荣：《庙底沟彩陶的审美特征》，《江南大学学报》（人文社会科学版）2007年第1期，第110—113页。

大，部位扩大到器物中、下腹部。纹饰构图方式除单独纹样外，多是连续图案，有二方连续、三方连续等，以适应器物形状的不同，还出现了适应纹样，即将一种纹样适当地组织在某一特定形状范围内，使之适应装饰的要求。

庙底沟类型彩陶的纹样主要有以下八种：

弧边三角纹是最常见的纹样，一般不单独使用，多与其他纹饰组合形成图案。单弧边，即两边为直边，一边内弧，多斜向两面相对，用于陶钵的腹部或盆口沿上，数量不多。双弧边，一般多双腰内弧，饰于盆、钵腹部及盆口沿上；有时与圆点、侧弧相配，绘于空白圆中构成较独特的纹饰；有时上下顶角相对，两组形成一个空白圆圈，圆内再填充其他纹饰。三边均弧的三角形，或斜向相对，或顶端相对。

回旋勾连纹是将弧边三角纹一角拉长延伸成钩状的弧线，再镶嵌圆点，连续使用。有学者认为这种图案表现的是玫瑰或菊花，圆点为花蕾，弯曲的勾叶是花瓣。

连弧纹是用弧线或弧形构图，数量多，变化大，有直接表现的，也有间接用地纹表现的，有连续的，也有间断的，有横向重叠排列的，也有纵向排列的，常饰于口沿或腹部（图2-60）。

圆点纹是单独使用的情况较少，多数时候与其他纹样构成组合图案，或是用于各类图案中的空白处，或填充于圆圈内，起到画龙点睛的作用，在钵上应用的较为广泛。

图2-60　连弧纹彩陶罐
（兰州市博物馆藏）

豆荚纹是两个单弧边三角形斜向相接处的底纹酷似豆荚，中饰一条对角斜线，并点缀圆点形的豆粒，多饰于盆、罐、钵等的腹部。

花瓣纹形似绽放的花朵，通常饰于器型较大的陶盆腹部。可分为两类，一类由彩绘实体纹组成，花瓣如半月形或橄榄形，由中心向周围展开，另一类是由多个弧边三角纹相接，空白处的底纹形成花瓣形状。

宽带纹通常绘在器物口沿外面，以钵最为常见，其他器类偶尔也能见到，宽度约 1 厘米左右。

网格纹一般作为方框、圆形和菱形等纹饰单元内的填充元素，由细密的斜行、横行、竖行直线交叉而成。①

二、马家窑文化彩陶

马家窑文化彩陶的器型之多样、纹饰之繁缛、构图之精美、艺术风格之独特，② 都达到了我国彩陶发展的巅峰。兰州地区发现的马家窑文化彩陶集中于马家窑、半山、马厂类型，目前未见石岭下类型彩陶。

（一）马家窑类型

马家窑类型的彩陶继承了庙底沟类型、石岭下类型彩陶的风格，③ 艺术上臻于成熟，形成了独特的艺术风格。

1. 器型特征

兰州地区马家窑类型彩陶按照地层关系和器物演变序列，可分为早、中、晚三期。早期以永登县蒋家坪遗址和东乡族自治县林家遗址下层为代表，中期以城关区雁儿湾、王保保城和七里河区西坡坬遗址为代表，晚期则以七里河区西坡坬遗址上层、永登县杜家台和榆中县麻家寺遗址为代表。

从整体来看，马家窑类型彩陶扭转了石岭下类型衰败的颓势，展现了新的辉煌。这一时期，彩陶器类选择性似乎不太明确，基本上是能绘彩的都会绘彩，不论器大或器小，有些器物绘好彩后直接被埋入墓葬，或许是专门用于随葬的明器。数量增多，在陶器中所占比例可达 20%—50%，器型丰富多样，比例更加匀称，纹饰精美，线条流畅，图案明丽。随着社会的稳定发展，陶器器类也发生了一定变化，仍以盆、钵、碗等饮食器为主，但贮藏器瓮、罐、瓶逐渐增多。早期彩陶的主要器型都承袭石岭下类型，以

---

① 郎树德、贾建威：《彩陶》，敦煌文艺出版社 2004 年版，第 80—86 页。
② 李水城：《半山与马厂彩陶研究》，北京大学出版社 1998 年版，第 2 页。
③ 谢端琚：《甘青地区史前考古》，文物出版社 2002 年版，第 67 页。

盆、钵、碗为主，还有罐、鸟形器、壶、长颈圆腹瓶、筒腹平底及尖底瓶等。
中期彩陶中，盆、钵、碗仍占很大比例，壶成为主要器型。晚期彩陶以壶、
瓶、盆、钵和瓮为主，还有大口浅腹罐、勺、束腰罐等（图2-61）。

图 2-61　马家窑类型彩陶

1. 王保保城 M1 出土　2. 红山大坪出土　3. 兰州小坪子出土

4. 永登县杜家台出土　5. 永登县蒋家坪出土　6. 榆中县马家堳出土

2. 纹饰特征

通观马家窑类型彩陶的颜料，白色颜料以石膏和方解石为主，黑色颜
料以锌铁尖晶石、磁铁矿以及黑锰矿为主。[①]

早期阶段，多以较稀的黑彩在橙黄陶上绘制纹饰，以几何纹样为主，
有大锯齿纹、涡纹、叶形纹、弧边三角圆点纹和网格纹。盆沿上的花纹由
简单变为复杂，常间隔地绘出反向的弧边三角纹，也有在弧边三角纹的间
隙中填以网格纹。盆上腹常绘四组中为杏圆形网纹而两边为斜对弧边三角

---

① 陈晓峰等：《马家窑类型彩陶黑、白颜料的 X-射线衍射分析》，《兰州大学学报》（自然科
学版）2000 年第 2 期，第 54 页。

纹组成的二方连续纹图案，弧边三角纹中有圆点。钵和碗的腹上部多绘由变体侧面鸟纹演变成的二方连续的垂弧纹，有的在垂弧纹之间画着原先表示鸟头的圆点纹或爪形纹。盆、钵、碗中的内彩作风开始盛行，但内彩纹样比较简单，常在器内画一个十字形纹，或以十字为结构的简单图案。喇叭口长颈的平底彩陶瓶增多，图案多分层排列，颈的上半部很少画纹饰。深腹罐腹部上横向分层排列的纹饰，多用平行线作间隔。中期阶段，图案构成复杂巧妙，取材范围宽广，纹样多有创新，变化多端，具有奔放动人的风姿。这一阶段的彩陶多用浓亮如漆的黑彩绘在细腻光洁的橙黄或米黄色陶上，散发出闪亮的色彩。器内绘彩的作风很兴盛，纹样繁复多变，多以柔美流畅的弧线构成各式旋动图案，旋纹成为这时期主要图案之一。除有几何形图案外，还有一些被神化了的动物图案，如双足蛙、无头变形鲵鱼、双头六足兽、双足虫等，也有少量写实的动物图案，如网中的双鱼、成对展翅的飞鸟、跳跃的蛙等。壶和瓶的图案分层排列，图案常以多道均匀的并行弧线和横线组成，还出现了通体满绘彩纹的做法。晚期阶段，除单独绘黑彩外，还出现了黑、白两色并用的彩绘方法，白色多镶于黑色的周边，也有在黑底上缀以白点的，黑白映衬，对比鲜明而又清新。纹样绝大多数为几何形花纹，象生性花纹很少见，花纹趋于程式化。壶和瓶颈部绘满平行条纹，肩部多绘以斜网格纹带、弧边三角和圆形十字纹组成的二方连续图案。

　　装饰手法有了进一步的发展，通体彩绘的器物较之前增多，盛行内彩和口沿繁彩。图案布局多与器型相辅相成。壶、罐、瓶等大型器物，多在腹部以上施彩，盆、钵、勺等小件器物则大多数为内外绘彩，窄长的瓶、壶，图案多作横分层和散点式的排列。绘制的技巧精湛熟练，绘画线条多用柔美的弧线，用笔飞动流畅。在有的陶盆内，陶工信手自如地画出二十几条同心圆和弧形三角纹，精确匀称地布满盆中，表现了久经锤炼的高超技艺。

　　图案结构具有旋动的特点，或往来反复，或盘旋回转，或交错勾连，旋动的格式丰富多样，使人感到变化无穷。由于有深思熟虑的图案定位方法，虽旋动多变，但组织得相当严密。有以陶器各部分的分界处或对称点来定位，也有以图案结构中横分层或竖分割的界线来定位，还有一种较为复杂的定位法，即在器形中心点的对称各方，再设辅助定位点，将各点相连，形成图案的主次结构线，依次展开多元的图案花纹。这种卓越的图案定位法，显示出陶工们在长期的艺术实践中，对图案构成规律的深刻理解。

纹饰以几何纹为主，也有动植物纹样，常见的有旋纹、水波纹、弦纹、弧线三角纹、勾叶圆点纹、网纹、带纹、圆圈纹、锯齿纹等（图2-62）。旋纹结构均衡严谨，笔锋流利生动，具有流线的韵律和强烈动感。水波纹分合有序，流畅自如，有的点缀上圆点或勾绘白彩，似河水翻卷，技巧娴熟，纹饰优美，表达了人们对黄河母亲的无比热爱，黄河也为彩陶注入了无穷的艺术魅力。弦纹距离一律，粗细匀称，若非细心观察，很难发现笔锋起落所在，技术相当稔熟。上述纹饰代表了马家窑类型彩陶几何纹图案的细致柔和、均匀对称等主要构图特点。动植物纹样较多，写意手法较浓也是一大特色，伫立守望之犬以及构图新颖、手法大胆的舞蹈纹彩陶盆是突出代表。①

图2-62　马家窑类型彩陶

1—3. 王保保城出土　4. 柳沟大坪出土　5. 牟家坪出土　6. 榆中关北出土

（采自《文物》1978年第10期，第67—68页）

---

① 甘肃省博物馆编：《甘肃彩陶》，文物出版社1979年版，第5页；张朋川：《中国彩陶图谱》，文物出版社2005年版，第53—57页。

（二）半山类型

兰州地区发现的半山类型彩陶数量最多，有的遗址中彩陶占全部陶器的85%，最高达90%，且造型美观，纹饰华丽精美，彩陶发展到了鼎盛时期。

1. 器型特征

半山类型彩陶继承了马家窑类型彩陶的部分特征[①]（图2-63）。虽然而半山类型的彩陶陶质较马家窑类型粗糙，但器型丰富多样，形体匀称，高低、宽窄比例协调，部分器物颈部上端有对称的鸡冠状耳。壶、罐、盆等成为最主要的彩陶器类，尤以壶最多，造型特点是直口、长颈、广肩。新出现的鸟形壶造型新颖，腹部有双耳，代表双翼，尾部有一小鋬，代表尾翼。器型饱满凝重，曲线优美柔和，重心降低，最大径在腹部，直径与高度基本相等，器表打磨得很光滑，制陶技术有了显著提高。作为主要器类的壶、罐腹部，向外作最大弧度的膨圆，近似球形。在俯视时，能看到以口部为中心而展开的圆形填充图案；平视时，腹部图案填充在半圆形里。立体设计非常卓越，在俯视或平视彩陶器时，都能看到完整而美丽的花纹。

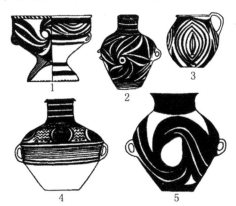

图2-63　马家窑类型向半山类型过渡的彩陶

1—3、5. 兰州小坪子出土　4. 兰州华林坪出土

（采自《文物》1978年第10期，第70页，图九）

[①]　严文明：《甘肃彩陶的源流》，《文物》1978年第10期。

2. 纹饰特征

半山彩陶的彩绘非常精致富丽。在橙黄色陶地上，黑、红二色间隔并用，呈现出热烈鲜明的色调，还经常以红色线纹和黑色锯齿状纹合镶在一起，使原本呆板的平行线条，变得生动精美。半山彩陶的装饰部位及其特点是口沿内一般绘简单的纹样，多复道垂弧纹和锯齿纹，还有带纹、波折纹等；颈部常见的纹饰有菱形网纹、锯齿纹、折角纹、波纹和斜十字纹等；肩、腹部饰主体花纹，内容丰富多样，构图规整，线条流畅，多组合纹样，时代特征明显，常见的纹饰有旋纹、锯齿纹、葫芦网纹、菱形纹及其变化纹样和神人纹等；① 内彩一般装饰于盆、钵内，内容比较单一，主要有旋纹和神人纹。用笔的技巧更加丰富，以尖细笔和宽笔的各种笔法交替使用，画出形状各异的点、线、面，用相错、重置、间镶等手法，复杂地组合在一起，交织成绚丽缤纷的画面。纹饰以锯齿纹、涡纹、葫芦纹和四大圆圈纹最为常见，还有带纹、网纹、方格纹、弦纹、波折纹、圆点纹、连弧纹和平行线纹等（图2-64）。

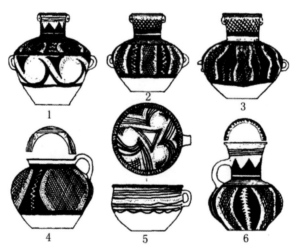

图2-64 花寨子出土半山类型彩陶

（采自《考古学报》1980年第2期，第229—233页）

---

① 郎树德、贾建威：《彩陶》，敦煌文艺出版社2004年版，第117—118页。

锯齿纹是半山彩陶最常见的纹饰，常在器物的口、颈部或作为腹部主体纹饰的辅助纹饰出现。锯齿纹的源头可能在中亚地区。[1]

涡纹是半山类型彩陶最具有代表性的纹饰，多施于壶、罐等大型器物的腹部，一般由四个以上的涡纹勾连，呈左右二方连续，其构图规律通常是中心一带红彩，构成涡纹的基本骨式，上下陆续填绘黑红彩带纹，直到布满器腹为止。黑彩较宽，必带锯齿纹，锯齿嵌入红彩。若红彩收笔，黑彩两翼均带锯齿；倘黑彩收笔，一般说来则上下最末两带黑彩仅有内向锯齿。

葫芦纹用红彩描绘轮廓，黑彩锯齿镶边，葫芦形内多填充网纹。

四大圆圈纹是半山彩陶流行纹饰之一，构图类似涡纹，唯四圆圈稍大，已占据图案中心部位，成为主体纹饰。四圈内填充多种纹样，但以方格纹和十字圆点纹最为常见，且四圆圈内纹饰划一。[2]

半山彩陶的图案以繁密为特色。丰盛的图案与饱满的造型浑然一体，使彩陶显得更加绚烂华丽。在构图上运用对称的手法，将繁复的图案匀称地组合在一起，具有很强的装饰性。对称的格式很多样，如有的用二方连续的旋纹横贯器腹，也有以主题花纹直列腹中，将次要花纹对称地饰于两边，还有一种富有特色的对称格式，是以四方连续的菱形方格纹布满腹部。由于运用了对称手法，使图案繁而不乱，有条不紊。虽然半山彩陶图案大多很繁密，但并不使人感到沉闷，其主题花纹常饰于疏朗的几何形陶地中，又用周围大面积的繁密的花纹来衬托，运用疏密、虚实的对比，鲜明地突出了主题花纹。这种密中求疏，以实显虚的艺术手法是很出色的。[3]

半山类型彩陶由于普遍采用黑红两彩合镶的手法，色彩对比强烈，往往和陶器的底色构成红、黄、黑三彩交织的绚丽图案，别有趣味，其严谨规整的作风、对称均衡的构图以及细腻熟练的手法，都表现了陶工的高超技艺。花寨子遗址就出土了一件彩陶瓶，泥质橙黄陶，器身施黑、红彩，

①　韩建业：《马家窑文化半山期锯齿纹彩陶溯源》，《考古与文物》2018 年第 2 期。
②　青海省文物考古队编：《青海彩陶》，文物出版社 1980 年版，第 2—3 页。
③　甘肃省博物馆编：《甘肃彩陶》，文物出版社 1979 年版，第 5—6 页。

颈部绘黑色网纹，肩、腹部先用红色绘葫芦轮廓，外绘黑色锯齿带纹，葫芦内填细密整齐的网纹（图2-65，1）。1976年在兰州关庙坪出土一件彩陶壶，泥质橙黄陶，以红黑相间的宽带在上腹部绘出六个旋涡纹，下腹部则为平行宽带纹（图2-65，2）。兰州市沙井驿出土一件双耳罐，器身施红、黑彩，口沿内绘一周垂弧纹，颈部绘一周锯齿纹，腹部饰黑彩菱格纹，中间以两道黑彩宽带加红彩及锯齿纹相隔（图2-65，6）。

图2-65　半山类型彩陶

1、4. 花寨子出土　2. 关庙坪出土　3、5. 土谷台出土　6. 沙井驿出土

　　兰州地区还发现了一些半山类型的彩陶鼓，形制特殊，纹样丰富，当属这一时期彩陶的典型，如永登县河桥镇乐山坪出土的陶鼓为泥质橙黄陶，一端呈大喇叭形口，另一端微侈口，颈部内收，腹部中空；两口外侧各有一环形耳，可系绳索；大喇叭形口沿外有七个小乳钉，可用于固定鼓皮。施黑红复彩，小口内绘黑色水波纹，口沿外绘网格纹，鼓身绘红色条带纹、黑色锯齿纹，红黑相间，规整有序；喇叭口外壁以红色条带、黑色锯齿带组成两个大旋涡纹；长30厘米，大口径22.5厘米，小口径9厘米（图2-66）。

图2-66　半山类型彩陶鼓

（永登乐山坪出土，现藏于兰州市博物馆）

（三）马厂类型

兰州地区发现的马厂类型彩陶的数量较多，但器型不及半山类型彩陶规整，制作粗糙，纹饰简单，已难同半山类型的鼎盛时期相比，主要发现于白道沟坪、红古山、土谷台、下海石、皋兰阳洼窑、蒋家坪等遗址。[①]

（1）器型特征

彩陶制作略为粗糙，器型多脱胎于半山期，以腹耳壶、双耳罐最为常见，也新出现了一些器型，最具代表性的是单耳带錾的筒状杯。早期器表打磨较光，晚期只有个别的经过打磨，大部分未经磨光，器表比较粗糙。大量出现红色陶衣，也有少量的白色陶衣。

（2）纹饰特征

纹饰以黑彩为主，亦有红彩，以四大圆圈纹、变体神人纹、波折纹、回形纹、卦形纹、菱格纹和三角纹多见，构图松散（图2-67）。

---

① 李水城：《半山与马厂彩陶研究》，北京大学出版社1998年版，第100—103页。

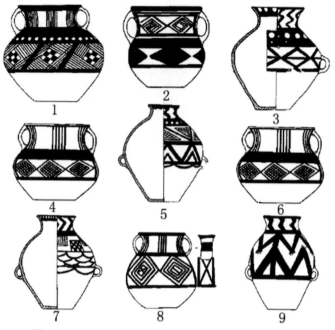

图2-67　红古下海石遗址出土马厂类型彩陶

（采自《兰州红古下海石——新石器时代遗址发掘报告》，第58—154页）

　　马厂类型早期的彩陶保留着半山类型彩陶纹饰华丽的传统，但又有许多创新和发展，图案逐渐变得简练，表现手法多样，形成了粗犷豪放的艺术风格。彩绘技法也出现了变化，除了黑、红两色相间使用外，还出现了在红色宽带纹上再加绘一条黑色窄带纹的现象，到中晚期出现了红色陶衣，个别的还有白色陶衣。马厂类型中期彩陶壶数量大增，双耳彩陶罐减少。彩陶壶的造型变得瘦高，颈部加长，下腹内收，主要纹饰为四大圆圈纹和变体神人纹。马厂类型晚期彩陶纹饰趋于简化，施红色陶衣，以黑色绘波折条带纹（图2-68），如西固区土谷台出土的一件陶罐，器身上部施黑、红彩，口内绘一圈带纹和连弧纹，颈部绘菱格纹，肩腹部用黑红两色绘二方连续的四大圆圈纹，圆圈内填方格纹，腹中部绘黑色带纹和一圈水波纹（图2-68，1）。永登蒋家坪出土的一件彩陶罐，高52.2厘米，号称"彩陶王"，施黑、红彩，绘四方连续螺旋纹（图2-68，2）。兰州华林坪出土的一件鸟形壶，泥质黄陶，口内绘垂弧纹，腹部用黑红彩绘变体神人纹和大圆圈纹（图2-68，3）。兰州市杏核台出土鼓腹罐，口沿内绘红色带纹和复线垂弧纹一周，颈部绘圆圈纹，肩部绘红色带纹，腹部在两条黑色带纹之间绘二方连续的八圆圈纹，内填网线纹（2-68，4）。兰州市皋兰县糜地岘出土一件陶铃，泥质橙黄陶，铃身微鼓，上有用于系挂的环钮，中空，内置数粒小陶丸或石子，通体施黑彩，腹部绘五组网纹，底部绘十字折线纹，器型独特，线条粗放、流畅（图2-68，5），应是摇响类乐器或是儿童玩具。

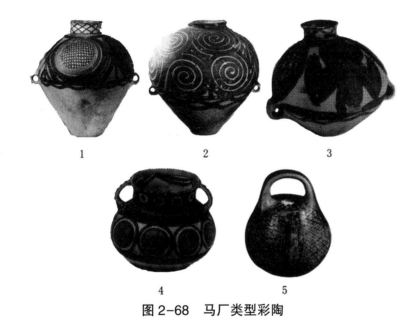

图2-68　马厂类型彩陶

1. 土谷台出土　2. 永登蒋家坪出土　3. 华林坪出土

4. 杏核台出土　5. 皋兰糜地岘出土

马厂彩陶上出现了大量的墨绘符号，一般绘制在器物的下腹部无纹饰处，常见的有"〇""×""+""-""卍"等形状，这些符号可能是当时一些氏族部落的记号，也可能是文字的前身。①

───────────────

① 唐兰：《在甲骨金文中所见的一种已经遗失的中国古代文字》，《考古学报》1957年第2期；郎树德、贾建威：《彩陶》，敦煌文艺出版社2004年版，第125页。

史前兰州地区基本具备形成文明社会应有的物质基础和精神条件，兰州地区和黄河流域、长江流域应是大致同时临近了文明社会的大门，并以自己的独特风貌参与了各主要地域文化相互作用的大网络，为新石器时代后期多元结构的文化谱系融汇，为中华文明的起源作出了重要贡献。

第 三 章

夏商西周时期的兰州地区

在公元前 2070 年至公元前 771 年的 1300 余年间，随着夏、商、西周三个王朝的依次更迭，中国西北地区呈现出与中原地区不同的文化面貌。青铜时代的兰州地区先后历经齐家文化、辛店文化、董家台类型、寺洼文化等四支考古学文化，这一时期成熟的冶金技术等让兰州地区在中华文明史上留下了绚丽多彩的篇章。

第一节 古史传说

古籍文献中几乎不见关于兰州地区青铜时代的记载，鲜有的几段英雄故事和先王传说，足以说明兰州先民在历史进程中的贡献。作为一种遥远的历史记忆，见证了中华文明的多元一体。

一、大禹导河积石

《尚书·尧典》载曰："汤汤洪水方割，荡荡怀山襄陵，浩浩滔天。下民其咨，有能俾乂？"这次规模空前的洪水灾害范围广，持续时间长，破坏力大。青海喇家遗址、山西周家庄遗址、河南洛阳矬李遗址、偃师二里头遗址等考古发现证实了距今四千年左右中华大地上的大洪水灾难。这一时期大致相当于文献记载的尧舜时期。相传尧先任命鲧治理水患，鲧耗时 9 年之久，仍未能阻止泛滥的洪水。鲧治水的失败引来杀身之祸，舜命鲧之子禹继续治水。禹接受舜帝的任命后，严明治水纪律，严惩违犯者以儆效尤。禹带领众人一边治理水患，一边考察各地山川地貌。在皋陶、伯益等人的协助下，改变鲧在治水中采取的"壅防百川，堕高堙卑"的错误方法，改堵为疏，充分依据山川地势，采取"疏川导滞，钟水丰物"的方法，疏通河道，导洪泄淤，将河水导流至大海。

《禹贡》记载："导河积石，至于龙门，南至于砥柱，又东至于孟津。东过洛内，至于大伾，北过降水，至于大陆，又北，播为九河，同为逆河，入于海"，足见大禹治水的区域是沿着黄河所流经的地区。黄河因受积石山的阻隔，禹故导之。积石，即今临夏积石山，属祁连山延伸部分，南起土门关，北至黄河边，今小积石山的北段被黄河拦腰截断，形成了一条长二十多千米的峡谷，即积石峡。相传，积石山原本没有这一段峡谷，每逢雨季，黄河水流遇阻无法继续向前，只能四处漫延，泛滥成灾。禹通过察看地势后，决定带领大家挖山削崖，开凿峡谷以导洪水。距积石峡不远的喇家遗址，是一处大型灾难遗址，保留了地震、洪水、泥石流等自然灾害的痕迹①，也有学者推测该遗址与大禹治水存在某种联系②。

禹治水的成功，将万民从洪水的灾害中挽救出来，也使其个人威望达到了巅峰，《左传》记载禹"合诸侯于涂山，执玉帛者万国"，说明禹已拥有了天下共主的地位，"万国"来朝。

二、大禹划分九州

黄河蜿蜒穿兰州城而过，城北有一处高地，平坦宽阔，登之可远观，即九州台。《大明一统志》载："九州台山，在兰县黄河北五里，其形峭拔直上如台，登之可以望远"。相传，禹为了更好地查看山川形势，登上此处高台，并下令部众在此安营扎寨，作为治理水患的指挥中心。禹治水成功后，在这里筹划天下百姓的生产生存空间——九州，即

---

① 于孟洲等：《喇家遗址齐家文化聚落的发现与思考》，《青海社会科学》2017年第3期。
② 鲍义志：《喇家遗址与大禹治水》，《中国土族》2006年秋季号。

冀、兖、青、徐、豫、扬、荆、梁、雍，并征集天下青铜，铸造象征九州的九鼎。《尚书·禹贡》载："禹别九州，随山浚川，任土作贡。疏：郑注《周礼·载师》云：'任土者，任其力势所能生育，且以制贡赋。'"《汉书》卷24《食货志上》亦载"禹平洪水，定九州，制土田，各因所生远近，赋入贡棐，楙迁有无，万国作乂。"九州的各州土地、物产各不相同，禹任土作贡、差地设征，初具国家形态，为夏朝的建立奠定了基础。为了纪念大禹的卓越功绩，后人将此地命名为九州台。九州台东边存有禹王庙，庙内有一通石碑，系酒泉侯建功从湖南长沙岳麓山摹刻而来，现存于白塔山慈恩寺内，碑刻文字似篆非篆，似虫非虫，难以辨认，当地民众称之为蚯蚓文。[1] 相传该碑为《禹王岣嵝山铭》，记载了大禹治水的伟大功绩。

今兰州地区属于九州之雍州，雍州的土壤属于黄壤，田地等级分为上上一等、中下六等，进贡的物品有璆、琳、琅玕等，均与玉石有关。1924年，瑞典学者安特生在甘肃广河县发现齐家坪遗址，以其为代表的物质遗存命名为齐家文化。齐家文化发现用硬度较高的玉石制作的斧、锛、凿等工具，此外还有大量的玉琮、玉璧等礼器。地质学研究显示在兰州附近的马衔山地区发现丰富的玉矿，雍州以玉器为贡物在情理之中。

三、氐羌致鸾鸟

商朝末年，纣王荒淫残暴，连年征伐，危机四伏。偏安于渭水中游地区的周，在太公望等人的辅佐下，周武王姬发联合饱受商朝压迫的部族，掀起了反抗商纣王的战争。公元前1046年，周武王率大军在孟津渡黄河，与各地赶来的诸侯会师，向商朝都城朝歌进发。两军在牧野相遇，商军涣散，战斗力弱，很快就被击溃，周军以少胜多。《诗经》载曰："牧野洋洋，

檀车煌煌，驷骡彭彭。维师尚父，时维鹰扬。凉彼武王，肆伐大商，会朝清明。"周朝建立后，周武王封武庚于商朝故地，命其管理商朝遗民。为了更好地管理中原地区，武王亲自坐镇镐京，以防范西方戎族。

夏、商、西周时期，兰州地区为羌戎之地。①《逸周书·王会解》中记载了"氏羌以鸾鸟"的历史。鸾鸟是古代传说的神鸟，因生活在鸾州而得名，也是祥瑞的象征。商时，以鬼方为代表的氏羌势力就已十分强大。周初，氏羌仍然威胁着周朝边地安全。武王灭商后，曾将鬼方部族放逐到泾洛一带，命其按时向周王朝纳贡。周武王去世后，成周发生了武庚之乱，周公率军东征，西北防御空虚，鬼方乘机侵扰周朝边地。周平王为了彻底解决西部隐患，对西方氏羌的大规模征伐，氏羌部族伤亡惨重，再也无力向周朝发动军事攻势，不得不向周天子称臣纳贡，"氏羌以鸾鸟"来献正是边地部族惧于周朝强大军事势力的一种臣服态度。

四、穆天子西巡

穆天子西巡的事迹最早见于汲冢古书。西晋初年，汲县人不准盗掘了战国魏襄王的墓，其中包括一批竹简古书，后人称之为"汲冢古书"。晋武帝命人对竹简进行整理、考订，整理出先秦古书十余种。其中的《穆天子传》以人系事，详细记录了穆天子巡游过程中的所见所闻。②穆天子名姬满，受到河伯的提醒，指引他远赴昆仑山封禅。尽管穆天子西行的路线存在诸多争议，③一般认为穆天子从宗周出发，北经由蠲山、溯漳水、经磐石到达铘山脚下，沿溥沱河之北而上，抵达恒山，并讨伐犬戎。出雁门山，入河套，并往郦人封地；沿阴山西行，达河套乌加河，④北至科布多河流域，再西至斋桑泊，并在斋桑泊附近与西王母相会。穆天子与西王母会见

① 兰州市地方志编纂委员会、兰州市文物志编纂委员会编纂：《兰州市志·文物志》，兰州大学出版社 2006 年版，第 2 页。

② 顾颉刚：《穆天子传及其著作年代》，《文史哲》1951 年第 2 期。

③ 李崇新：《〈穆天子传〉西行路线研究》，《西北史地》1995 年第 2 期。

④ 余太山：《〈穆天子传〉所见东西交通路线》，《传统中国研究集刊》（第 3 辑），上海人民出版社 2007 年版，第 202—216 页。

后东归，经玉门关或者古阳关进入河西走廊，经兰州向东南行，经渭河河谷进入关中平原地区，返回宗周。

《穆天子传》明确指出穆天子西行目的就是前往昆仑春山寻宝，①《穆天子传》中出现与玉石有关的名称词语多达五十余次，其中仅玉字就出现了24次，因此将穆天子西巡之路称为寻玉之路也不为过。兰州及周边地区定西、临夏发现了许多齐家文化时期的玉器。② 穆天子每到一处，当地的部族首领皆贡献地方特产，表达臣服之意。在接受沿途诸民族部落贡品的同时，穆天子也向这些部族首领们赠送赏赐，有金银器、珍宝、漆器、朱砂、姜桂、丝绸等，展示了中原较高的物质文化水平。西行沿线部落民族的贡献和穆天子的赏赐回赠，密切了中原和西域各民族的联系，同时也将中原地区先进的手工业技术和文化知识带入西域地区，促进了双方的经济文化交流。

第二节　青铜时代文化

夏、商、西周时期的兰州地区历经齐家文化、辛店文化、董家台类型、寺洼文化，这些青铜文明大多脱胎于新石器时代文化，典型的中心聚落、熟练的冶金技术、发达的农业以及独具特色的玉器，表明此时的兰州地区已经跨入了文明社会的门槛，③ 迎来文明的曙光。

一、齐家文化

瑞典学者安特生（J. G. Andersson）以广河齐家坪遗址为代表的遗存命名为齐家期，安氏认为其时代早于仰韶文化。④ 后夏鼐根据阳洼湾齐家文化墓葬填土中发现的马家窑文化彩陶片，得出齐家文化晚于马家窑文化的结

---

①　王贻梁、陈建敏选：《穆天子传汇校集释》，华东师范大学出版社1994年版，第18—19页。
②　叶舒宪：《齐家文化与玉器时代》，《西北成人教育学院学报》2008年第1期。
③　王巍：《甘肃古代文化与中华文明的形成》，《光明日报》2013年4月11日第11版。
④　［瑞典］安特生著：《甘肃考古记》，乐森璕译，文物出版社2011年版，第18—19页。

论，以考古地层学的依据纠正了安特生的错误观点。① 齐家文化早期局限于甘肃东南部，主要分布在黄河上游、渭河、湟水流域，波及中原、北方、中亚等地区，② 兴盛时期东起甘肃东部和陕西西部，西至青海湖北岸沙柳河，北达内蒙古阿拉善左旗，南抵甘肃文县，地跨陕、甘、宁、青、蒙，分布范围广泛，文化特征突出。典型遗址有武威皇娘娘台遗址③、大何庄遗址、秦魏家遗址④、师赵村、西山坪遗址⑤、柳湾墓地⑥、磨沟墓地、喇家遗址⑦等。齐家文化盛行白灰面为主的居室建筑、"石圆圈"祭祀，墓葬中大量使用动物下颌骨随葬，有独具风格的铜器和玉器，彩陶较之马家窑文化有所衰落，⑧ 其绝对年代在公元前 2100—前 1600 年，与中原地区的夏王朝大体同时。

（一）考古发现

兰州地区发现的齐家文化遗存分布较广，其中榆中县发现最多，代表性的遗址有青岗岔遗址、二十里铺大坪遗址、土门墩上坪遗址、牟家坪遗址、西柳沟大坪遗址、红崖头、红寺、转嘴子等 37 处（图 3-1）。

---

① 夏鼐：《齐家期墓葬的新发现及其年代改订》，《中国考古学报》第三册，1948 年。

② 韩建业：《齐家文化的发展演变——文化互动与欧亚背景》，《文物》2019 年第 7 期。

③ 甘肃省博物馆：《甘肃武威皇娘娘台遗址发掘报告》，《考古学报》1960 年第 2 期。

④ 中国科学院考古研究所甘肃工作队：《甘肃永靖大何庄遗址发掘报告》，《考古学报》1974 年第 2 期。

⑤ 中国社会科学院考古研究所：《师赵村与西山坪》，中国大百科全书出版社 1999 年版。

⑥ 青海省文物管理处考古队等：《青海柳湾》，文物出版社 1984 年版。

⑦ 中国社会科学院考古研究所甘青工作队、青海省文物考古研究所：《青海民和喇家遗址发现齐家文化祭坛和干栏式建筑》，《考古》2004 年第 6 期。

⑧ 谢端琚：《甘青地区史前考古》，文物出版社 2002 年版，第 114—115 页。

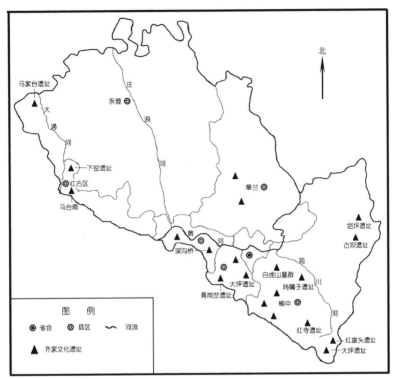

图3-1　兰州地区齐家文化遗址分布示意图

1. 青岗岔遗址

青岗岔遗址位于七里河区西果园镇青岗岔村西面的岗家山。岗家山是一道由南向北伸出的黄土山岗，东有大山相对峙，甘川公路由山下经过，南有七道梁横列，与洮河分界；西与湾沟深谷相隔；村的东面，沟底有溪水，岸边有清泉。青岗岔河和庙儿沟河自南而来，汇于村东，北流至西果园，与孙罗沟河相汇，再往北经柴家河、韩家河、七里河注入黄河。岗家山山巅地势平缓，梯田、阶地层层相望，片片相连。遗址分布范围，东至达连地东端，西到九垧地西限，南至九垧地南端，北到达连地尽头，面积8万平方米。在梯田崖壁上，暴露文化遗址较为丰富。发现的半山类型遗存，主要分布在八垧地、达连地，遗迹较多，面积较大。马厂类型遗存仅见于达连地东面北端和九垧地西面，齐家文化只见于六垧地。1963年，北京大学历史系考古专业与甘肃省博物馆共同试掘了青岗岔遗址，发现房址1座（F2）、墓葬2座。房址为前室长方形、后室圆形的半地穴式双室房子，形制同陕西省西安市长安区客省庄遗址二期文化的98号房址近似。屋内出土陶片有泥质篮纹罐和夹砂绳纹罐（图3-2）。墓葬都是竖穴土坑墓，仰身直肢葬。2号墓人骨头向东，坑口长1.81米，东端宽0.61米，西端宽0.42米，坑深1.75米，填土内含有半山类型的彩陶片。3号墓人骨头向西，坑口长1.99米，宽0.61米，深1.75米，随葬绿松石小饰物4件。根据墓坑的形状及葬式推断，两墓皆属于齐家文化。①

图 3-2　青岗岔遗址 F2 出土陶片

（采自《考古》1972 年第 3 期，图五）

2. 二十里铺大坪遗址

二十里铺大坪遗址位于七里河区花寨子乡政府南侧的第二级阶地上，阶地依山傍水（水磨沟水），自然高度50米，西依大煤山，南临阿干河，东为兰阿公路。1962年文物普查时发现。遗址面积约33.5万平方米，文化层厚度为1.5—2米，距地表深0.3—1.8米。1968年平整田地时，挖出双大耳细泥红陶罐、双耳篮纹细泥红陶罐、侈口溜肩深腹夹砂罐、夹砂鬲、石凿、石锛、骨锥、兽骨以及少量的锯齿纹彩陶片等物。正中地层发现有

---

① 甘肃省博物馆：《甘肃兰州青岗岔遗址试掘简报》，《考古》1972 年第 3 期，第 29 页。

灰坑、灶坑及白灰层。1986年文物普查中，采集的标本仍以细泥红陶篮纹陶片为主，可辨识的器型有双大耳罐、高领折肩罐、单耳杯等。属于以齐家文化为主，马家窑文化半山类型与齐家两种文化共存的遗址。出土1件残陶鬲，现藏于兰州市博物馆。① 2016年发掘600平方米，发现灰坑和房址。②

3. 土门墩上坪遗址、牟家坪遗址、西柳沟大坪遗址

1956年8月，甘肃省文管会普查组在兰州市附近进行普查工作，发现齐家文化遗址3处。这3处遗址分布在土门墩、牟家坪北部边沿和西柳沟大坪西北边沿。土门墩上坪遗址在该坪东部坡地上，与土门墩马家窑马厂类型遗址相距200余米，高距河岸80米。牟家坪遗址在该坪北部边沿，北临崔家崖村，东、西临沟，遗址南北长50米，东西宽30余米。西柳沟大坪遗址在柳沟新村之西北，坪的西北边沿。这一遗址内采集到彩陶片21片，从其陶质、形制、纹饰方面观察，是为甘肃马家窑文化马厂类型的遗物。按所含遗物总的情况观察，齐家文化的遗存较为丰富，所以定为齐家文化遗址。发现的两处灰层都很薄，内含遗物也很少。

以上3处遗址均在黄河南岸第二台地的边沿。采集的泥质红陶片，素面最多，篮纹次之，绳纹陶为数很少。素面陶片内有喇叭口平底器，折唇平沿，沿宽3厘米。另一种为敞口平底器，也是折唇平沿，沿宽1.5厘米。此外有双耳罐，陶色较红，胎较薄。篮纹陶片多似高腰的陶罐，腹部有折角，篮纹施于折角之下部，腹两侧具环耳，有的耳上饰圆钮。绳纹陶片亦似为高腰的陶罐，纹较细密。另有划纹陶器，制作精细。夹砂红陶片多素面，表面抹平，绳纹的含量较少。夹砂灰陶片采到很少，其中一种绳纹较深，分布稀疏，另一种绳纹不整齐，分布细密。此外，在3处遗址内均发现夹砂白色的绳纹、素面陶片，有的外部被烟炱熏黑，两片为器物的腹下部，胎厚0.8厘米，5片为素面，均为敞口器的口部，表面抹平，口部似加涂一层

---

① 兰州市地方志编纂委员会、兰州市文物志编纂委员会编纂：《兰州市志·文物志》，兰州大学出版社2006年版，第64—65页。

② 王山、岳晓东、俄钦淇：《兰州市二十里铺大坪齐家文化遗址》，载于《中国考古学年鉴（2017）》，文物出版社2017年版，第469页。

较细的泥，显得唇厚，颈肩间尚有显著的节痕。

石器多为残石斧，分长方形和锥形两种，均为磨制。另 1 件经过打制，尚未加工，视其现状，刃部系利用石的薄边部。磨制石刀 2 件，1 件完整，较粗糙，1 件残，中有孔，现留孔之一半，孔由两面钻通，刃在宽边。①

4. 马家台遗址

马家台遗址位于红古区王家口村北约 100 米处湟水北岸的第三级阶地上，东临大砂沟，南临普阁台，相对高度约 60 米。1987 年文物普查时发现。遗址面积约 3 万平方米。地面散布的石器、陶片等遗物十分丰富，未发现文化层等遗迹。采集标本中，泥质红陶多饰篮纹。可辨识的器型有双大耳罐、敞口钵、鬲等。②

5. 转嘴子遗址

转嘴子遗址位于榆中县定远镇转嘴子村西北约 500 米处南北向山梁东麓的缓坡上，西南依荒山，东临大岔沟，相对高度约 40 米。1974 年文物普查时发现。遗址面积约 9000 平方米。暴露遗迹有灰层等，文化层厚 0.3—0.8 米，距地表深 0.5—1 米。采集陶片中，彩陶多饰变体蛙纹、折线纹、回纹、圆圈网纹等，泥质红陶多饰篮纹。主要器型有罐、壶、钵及双大耳罐等。属马家窑文化马厂类型和齐家文化共存遗址。③

6. 榆中大坪遗址

大坪遗址位于榆中县龙泉乡大坪村东北侧，西依野狐山，南临大河，相对高度约 60 米。1986 年文物普查时发现。遗址面积约 4.8 万平方米。地表散布的陶片及残石器等十分丰富，暴露遗迹有灰坑、灰层、居址面等，文化层厚 0.7—1.3 米，距地表深 0.9 米。采集标本有石刀、石凿、石锛、陶刀、陶纺轮和大量的陶片等。陶片分泥质红陶、夹砂红陶两种，泥质红陶

---

① 甘肃省文物管理委员会：《兰州市几处新石器时代遗址调查》，《考古》1959 年第 7 期，第 325 页。

② 兰州市地方志编纂委员会、兰州市文物志编纂委员会编纂：《兰州市志·文物志》，兰州大学出版社 2006 年版，第 65—66 页。

③ 兰州市地方志编纂委员会、兰州市文物志编纂委员会编纂：《兰州市志·文物志》，兰州大学出版社 2006 年版，第 64 页。

多饰篮纹，夹砂陶多饰绳纹。主要器型有大耳罐、高领折肩罐、单耳鬲等。

7. 红崖头遗址

红崖头遗址位于榆中县高崖镇红崖头村西南约600米处，西依荒山，东为高龙公路，公路东临大河，相对高度约25米。1986年文物普查时发现。遗址面积约1500平方米。东侧断崖上暴露有灰层等遗迹，文化层厚0.6米，距地表深0.25米。采集标本有石斧、石纺轮、陶片等物。细泥红陶多饰篮纹，夹砂陶多饰绳纹。主要器型有双大耳罐、侈口罐等。

8. 红寺遗址

红寺遗址位于榆中县小康营乡红寺村西北约200米处的山坳东南麓缓坡上，南、西、北三面环山，东临老庄沟，相对高度约25—60米（图3-3）。1986年文物普查时发现。遗址面积约60万平方米。暴露遗迹有居址、灰层、灰坑、窑址、墓葬等，文化层厚0.2—2米，距地表深0.5—2米。陶片、石器等随处可见。采集标本有石凿、石刀、石斧、陶纺轮、陶尊、双大耳罐、夹砂侈口罐及大量的陶片等物。[①]

图3-3 榆中县红寺遗址

（采自《兰州市志·文物志》，图4）

---

① 兰州市地方志编纂委员会、兰州市文物志编纂委员会编纂：《兰州市志·文物志》，兰州大学出版社2006年版，第64页。

9. 胡家湾遗址

胡家湾遗址位于榆中县连搭镇肖家嘴村胡家湾社南约 50 米处的南北向山梁顶端，北依白虎山主峰，西临雅儿沟，相对高度约 180 米。遗址面积约 1500 平方米。1983 年平整田地时，挖出竖穴土坑墓 2 座，墓呈长方形，头向偏东，距地表深 0.8 米。出土文物有双大耳细泥红陶罐、夹砂绳纹罐、圆底双耳彩陶罐以及石锛、石凿、陶纺轮等。①

10. 古坝遗址

古坝遗址位于榆中县贡井镇苍窖村东南约 300 米处的南北向山梁西北麓缓坡上，西接贡垱公路，越公路西北约 250 米临苍窖沟，相对高度 200 米。1986 年文物普查时发现。遗址面积约 1 万平方米。地面散布的石器、陶片等十分丰富，暴露有灰层、红烧土等少量遗迹，文化层厚 0.4—1.3 米，距地表深 0.7—1.8 米。采集标本中，细泥红陶多饰篮纹，夹砂陶分素面和加饰绳纹两种。器类有高领折肩罐、双大耳罐、单耳鬲等。②

11. 垲坪遗址

垲坪遗址位于榆中县中连川乡垲坪村北侧，西北依山，东南临垲坪沟，相对高度约 20 米（图 3-4）。1986 年文物普查时发现。遗址面积约 5000 平方米。暴露有灰层、灰坑和"白灰面"居址等遗迹。文化层厚 0.2—0.4 米，距地表深 0.6—2 米。采集标本中，细泥红陶多饰篮纹。征集到的 2 件陶器，均为细泥红陶素面双大耳罐。

---

① 兰州市地方志编纂委员会、兰州市文物志编纂委员会编纂：《兰州市志·文物志》，兰州大学出版社 2006 年版，第 65 页。

② 兰州市地方志编纂委员会、兰州市文物志编纂委员会编纂：《兰州市志·文物志》，兰州大学出版社 2006 年版，第 65 页。

图3-4　榆中垲坪遗址

（采自《兰州市志·文物志》，图5）

12. 白虎山墓葬群

白虎山墓葬群位于榆中县连搭镇与三角城乡交界处东北—西南走向的白虎山山梁上，西北距连搭镇王坝湾村约300米，东南距三角城乡范家窝社约400米。墓地未发现灰层、居址等遗迹，根据陶片的分布，墓地面积约1万平方米（图3-5）。1983年被公布为县级文物保护单位。1982年修建电视差转台时曾挖出竖穴土坑墓近30座。据调查得知，墓口距地表深0.8—1.3米，墓与墓的间距约1米，平面呈长方形，七八座墓为一组，墓群分布略呈环形，均单人侧身屈肢葬。出土的陶器多为双大耳罐、高领篮纹罐、双耳侈口罐等，工具有陶刀、石刀、石斧等。个别墓中出土有玉环、玉玦等。①

---

① 兰州市地方志编纂委员会、兰州市文物志编纂委员会编纂：《兰州市志·文物志》，兰州大学出版社2006年版，第136页。

图3-5 白虎山墓群

（作者拍摄，由西南向东北）

兰州地区齐家文化遗址除了资料相对丰富的以上14处外，根据《兰州市志·文物志》统计，目前还发现有23处，分别为西固区前山遗址、小金沟遗址、马家山遗址、青石台遗址、深沟桥遗址，皋兰县蔡河遗址，榆中县大涝池遗址、卧牛山遗址、李家坪遗址、韩家湾遗址、水波遗址、营盘山遗址、石堡子遗址、王家庄遗址、大坡坪遗址、岳家庄遗址、洪亮营遗址、堡子湾遗址、庙尔沟遗址、麻家沟遗址、王保营遗址、范家岘子遗址和猪头岘子遗址。

（二）文化特征

齐家文化可以分为东、中、西三区，分别为甘肃东部地区（泾水、渭河、西汉水上游）、甘肃中部地区（黄河上游及其支流洮河、大夏河流域）、甘肃西部和青海东部地区（青海境内的黄河上游及其支流湟水和河西走廊）。① 尽管兰州地区尚未有大面积揭露的齐家文化遗址，根据已有考古发现显示，兰州地区的齐家文化遗存具有明显的区域性特征。

---

① 谢端琚：《甘青地区史前考古》，文物出版社2002年版，第115—120页。

兰州地区目前发现的 37 处齐家文化遗址，总体反映出两个特点。其一，遗址规模大小不等，小型遗址居多，但层级化明显。5 万平方米以下的小型遗址有 30 处；30 万平方米以上的大型聚落有 3 处，其中面积在 60 万平方米以上的红寺遗址和洪亮营遗址都位于榆中县小康营乡的苑川河流域。其二，从遗址分布来看，集中在兰州西南至东南一带，特别是兰州东南角的榆中县分布最密集，多达 26 处。其他各县区如七里河区 5 处、西固区 4 处、红古区 1 处、皋兰县 1 处，而位处兰州东北角的永登县，目前尚未有齐家文化遗址发现。

兰州境内出土的齐家文化彩陶中，有一些颇具特色的精品，如榆中县博物馆藏齐家文化条带纹双大耳彩陶罐（图 3-6，1）。1984 年榆中县清水驿乡祁家崖湾出土，器型完整，高 17.6 厘米、口径 11.4 厘米、底径 5.2 厘米、细泥红陶，侈口长颈，斜肩鼓腹，平底，口沿至肩置对称的大双耳，耳上部有三角形镂孔。纹饰较简单，仅在颈部上下各饰一周红彩条带纹，条带纹主要由平行线组成，平行线内填充短斜线，构图简洁大方。器物上大下小，造型独特，双耳夸张，线条洗练，突显了齐家文化彩陶的鲜明特点。

兰州市博物馆藏折线纹双耳圜底彩陶罐（图 3-6，2），榆中县出土，泥质红陶，高 25 厘米、口径 10.5 厘米。器物的特征为大侈口，溜肩，圆腹，圜底，口沿至肩有对称的宽带耳。通体施红彩，在口沿处绘红色竖线纹，肩饰波浪纹，腹至底部彩饰多条竖线折线纹。

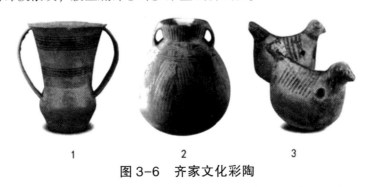

1　　　　　　2　　　　　　3

图 3-6　齐家文化彩陶

1. 条带纹双大耳彩陶罐　2. 折线纹双耳圜底彩陶罐　3. 鸟形器

兰州彩陶艺术博物馆藏有一件齐家文化鸟形器（图3-6，3），器型完整，直径10厘米，高8厘米，鸟形首，鼓腹，颈部有一孔，平底，翘尾。红色彩绘，头部以圆点及圆圈突出表现了双眼，背部和尾部有简单的线条，造型稚拙，富有意趣。

二、辛店文化

辛店文化最早由安特生在临洮县辛店遗址发现，遂以这批考古发现命名为"辛店期"。① 后来，在此地及其周围地区的考古发掘与调查中，也发现类似遗存，如灰嘴岔、裴家湾、辛店北、辛店南、新添堡、王家坪、② 张家咀、③ 莲花台、④ 姬家川、核桃庄小旱地遗址⑤等，于是将这类遗存以安氏首次发现地命名，称为辛店文化。辛店文化主要分布在黄河上游及其支流甘肃省渭河、洮河、大夏河和青海湟水等流域，各地分布疏密不同，其中彩绘双勾纹（羊角纹）的双耳彩陶罐和瓮是最典型的器物，也是辛店文化的重要标志。⑥ 辛店文化的绝对年代为公元前1400—前700年，相当于中原商王朝中期及西周时期。

（一）考古发现

兰州地区发现的辛店文化遗存较少，共调查发现遗址24处，此外还有一些在地表采集的陶器。这些遗存往往与马家窑文化马厂类型共存，集中分布在兰州的西北区域，其中永登县最多，发现了15处，而且遗址面积也相对比较大，12万—20万平方米的中型遗址达到6处（图3-7）。

---

① 安特生在《甘肃考古记》中误书"辛甸"为"辛店"，被学术界沿用至今。

② 裴文中：《裴文中史前考古学论文集》，文物出版社1987年版。

③ 中国社会科学院考古研究所甘肃工作队：《甘肃永靖张家咀与姬家川遗址的发掘》，《考古学报》1980年第2期。

④ 中国社会科学院考古研究所甘肃工作队：《甘肃永靖莲花台辛店文化遗址》，《考古》1980年第4期。

⑤ 张学正、蒲朝绂：《永靖县马路塬和临夏县莲花台辛店文化遗址》，载于《中国考古学年鉴》（1985），文物出版社1985年版。

⑥ 谢端琚：《甘青地区史前考古》，文物出版社2002年版，第173—174页。

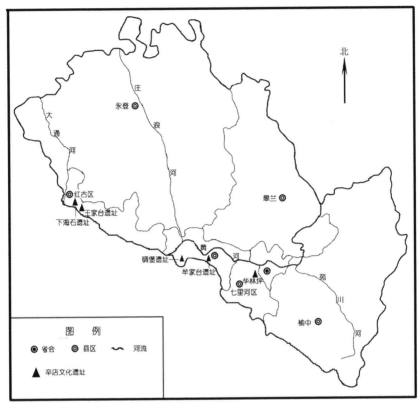

图 3-7 兰州地区辛店文化遗址位置示意图

1. 红古区下海石遗址

红古区下海石遗址和墓葬与青海省民和县马场塬遗址隔湟水相望，它们当属同一部族不同部落或同一部落不同聚落的文化遗存。20 世纪 70 年代，在农业学大寨的农田基本建设中，就曾在下海石遗址出土过较多的马家窑文化马厂类型的土洞墓和辛店文化的石棺墓，可见这一带曾是辛店文化的一处墓葬区。由于当时的文物保护意识差，出土的大量陶器等遗物均被破坏。

1992 年，甘肃省窑街矿务局在海石湾建筑工地发现两座石棺墓。墓葬距地表深 5.8 米，两墓相距 4.5 米，均系竖穴石棺墓，墓底长 1.8 米，宽 0.6 米。1 号墓（M1）用石板铺底，木板为框，石板盖顶。2 号墓（M2）

165

用石板横立砌边，石板盖顶，未发现棺底。石板均稍经加工，厚6—8厘米，宽60×70厘米或45×55厘米。葬式均为仰身直肢葬，随葬品放置于死者头部上方或两腿之间。出土双耳圜底罐、单耳圜底罐、鸡冠錾耳圜底钵、青铜刀、青铜匙、青铜佩饰各1件，陶器均为夹砂红陶，属辛店文化早期遗存。①

2004年建设施工中，下海石遗址再次发现大量墓葬与陶器。2005年甘肃省文物考古研究所正式组织人员对该遗址进行考古发掘。此次发掘中发现位于遗址东南部的1号墓（M1）是唯一的一座辛店文化墓葬。1号墓（M1）是一座东西向长方形竖穴土坑石棺墓（图3-8，3、4），其东端打破了马厂类型墓葬即2号墓（M2）的北部。墓室长2.1米、宽0.7—0.8米、深0.4米，墓室及死者头部方向为110度。墓室周边用大小不等的12块石板（左侧6块、右侧4块、两端各1块）竖立成棺帮，墓底用杂花的红、绿色碎砂石铺成1厘米厚的底，又用宽窄不等的8块条形石板并排盖顶（图3-8，1），构成一个简易的石棺。死者头东脚西，仰身直肢葬式，保存较好，为45岁左右的男性。随葬品共有3件（图3-8，2），头侧放1件绳纹双耳罐，足部放有1件双钩纹双耳罐和1件单耳罐，保存都比较完整。

---

① 兰州市地方志编纂委员会、兰州市文物志编纂委员会编纂：《兰州市志·文物志》，兰州大学出版社2006年版，第138页。

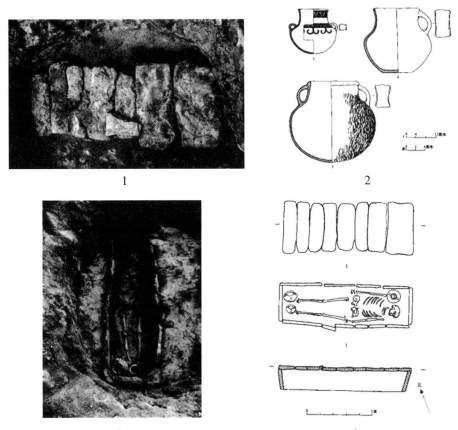

图 3-8　辛店文化石棺葬（下海石 M1）

1、3. 墓葬照片　2. 出土器物　4. 墓葬平剖面图

（1、3. 采自《红古下海石》彩版二〇；

2. 采自《红古下海石》，第 167 页，图一二五；

4. 采自《红古下海石》，第 166 页，图一二四）

其中，双耳罐 1 件，标本 M1：1，微侈口，圆唇，直高颈，溜肩微折，鼓腹，圜底，双肩耳，上颈部绘一条紫红色彩带，彩带上加绘黑色平行线和折线纹，肩部于紫红色彩带上绘两条黑色平行线，彩带下黑彩绘一周双钩纹。夹细砂橙黄陶，表面打抹光滑。口径 13 厘米，高 19.2 厘米。单耳罐 1 件，标本 M1：2，侈口，圆唇，高颈，鼓腹，小平底，单颈耳，器表原有绳纹被抹平。夹砂橙红陶。口径 10 厘米，底径 6.5 厘米，高 13.7 厘米。双耳罐 1 件，标本 M1：3，直口，圆唇，颈较高，鼓腹，圜底，双颈耳，通体饰交叉形绳纹。夹砂黑灰陶。口径 11 厘米，高 17.4 厘米。

关于这处辛店文化墓葬的年代，从双钩纹彩绘双耳罐及绳纹夹砂双耳罐均为圜底的造型特征和花纹，与相邻地区的青海乐都柳湾、民和核桃庄山家头、民和核桃庄小旱地、甘肃永靖张家咀与姬家川、临夏盐场等墓地的同类文化遗存相对比来看，这类辛店文化的直高颈、鼓腹、圜底或近圜底、器身偏矮的陶器特征，在辛店文化中属于早期阶段的山家头类型。山家头类型陶质多以夹砂橙黄陶为主，泥质陶极少见。一般多为素面或细绳纹，部分饰有附加堆纹，施彩陶数量较少，偏早的多见用红彩绘制出"人"字形纹或波折纹等，偏晚些则也见有施红色陶衣绘制黑彩的现象，一般绘制的花纹有"人"字形纹、交叉纹、双钩形纹等。根据当地群众反映，这类石板拼棺的墓葬在 20 世纪 60 年代平田整地时期这里曾挖出很多，但当时不知其重要性，全被打碎和掩埋了，可见该遗址中原包含有较多的辛店文化墓葬，说明马厂类型之后的辛店文化时期也将此地作为其墓葬区。按辛店文化碳 14 年代测定数据推测，该墓地山家头类型遗存当为距今 3500 年左右。[①]

2. 其他遗存

兰州地区发现的辛店文化遗址，除了正式发掘的红古区下海石遗址和墓葬群外，还有 23 处考古调查发现的遗址，分别为西固区马耳山遗址、范家坪遗址、庙公匹遗址，红古区老鼠坪遗址、无量殿台地遗址，永登县乐山山岑坪遗址、大沙沟口遗址、龙家湾遗址、贾家场遗址、徐家槽沟遗址、上山沟坪遗址、杨家营遗址、柴家坪遗址、葛家沙沟遗址、大坪遗址、朱家沙沟遗址、满城东坪遗址、红沙川遗址、前坪子遗址、把家坪遗址，以

---

① 甘肃省文物考古研究所：《兰州红古下海石——新石器时代遗址发掘报告》，科学出版社 2008 年版，第 165—168 页。

及皋兰县东湾东根遗址、九步台遗址、奎星坪遗址等。①

（二）文化特征

辛店文化可以分为山家头、姬家川、张家咀三个类型，其中山家头类型主要分布在黄河上游及其支流洮河、大夏河、湟水流域，张家咀类型主要分布在黄河上游及其支流大夏河与湟水流域，姬家川类型的分布范围几乎超出甘青地区，东达陕西宝鸡地区。②

兰州地区发现的辛店文化遗存经过考古发掘的仅有少量的墓葬，且均为石棺葬，属于"无底石棺"，墓葬结构简单，这类特殊的埋葬习俗广泛流行于长城沿线自东北向西北再折向西南这条弧状地带上。③ 许多学者把辛店文化同文献记载中的羌族相联系，认为它很可能就是古羌族最早的文化遗存。辛店文化的分布范围和存在时间，正好与古羌族的活动地域、活动年代相一致。此外，从文化内涵上说，辛店文化以畜羊业为主要经济形态，其彩陶上的双钩纹乃羊崇拜的图案符号，而这同文献记载中明确透露的羌族以羊为图腾的信息相吻合。从文化传播角度看，辛店文化是关中西部刘家文化的源头之一，被视为羌戎文化代表性器物的高领乳状袋足分裆鬲，在辛店文化和刘家文化中清晰地表现出一脉相承的关系，刘家文化早期陶器上常见的细密绳纹也和辛店陶器上的绳纹风格完全一致。刘家文化有可能是辛店文化东向发展的一支。辛店文化从姬家川类型开始，即已向陕西宝鸡地区伸展，宝鸡市郊的石嘴头、晁峪、姬家店等处均发现了辛店文化的遗存。也有学者主张辛店文化和刘家文化都起源于齐家文化，齐家文化在甘肃境内演变为辛店文化，而向东扩展则演变为刘家文化。刘家文化的主人就是与周部族融合，结成婚姻联盟的姜姓部族，而姜姓部族和古羌族

---

① 兰州市地方志编纂委员会、兰州市文物志编纂委员会编纂：《兰州市志·文物志》，兰州大学出版社 2006 年版。

② 谢端琚：《甘青地区史前考古》，文物出版社 2002 年版，第 174—178 页。

③ 罗二虎：《文化与生态、社会、族群：川滇青藏民族走廊石棺葬研究》，科学出版社 2012 年版，第 2—3 页。

同源，这早已是古史学界的共识。既然刘家文化与辛店文化存在渊源关系，那么辛店文化是古羌族的文化便是合乎逻辑的推论。

兰州及其邻近地区出土的辛店文化彩陶中，有颇能代表这一时期彩陶艺术成就和反映社会生活的精品。辛店文化鹿纹双耳彩陶罐（图3-9，1），1987年东乡县达板乡卓子坪出土，临夏回族自治州博物馆藏。器型基本完整，口径10.6厘米，腹径16.4厘米，高18厘米。大敞口，束颈，双肩耳，圆折腹，下腹渐收，小凹底。口沿内外饰黑宽带纹，颈、腹部以竖宽带分隔，对称分布四只头部高昂的鹿，每只鹿的上下各绘两条水波纹。该图案描绘出野鹿警惕张望的瞬间形态，生动传神，堪称精品。辛店文化狩猎纹四耳彩陶罐（图3-9，2），1985年东乡县那勒寺郭泥沟征集，现藏临夏回族自治州博物馆。器型基本完整，口沿略残，口径11厘米，高26.6厘米。口微侈，直径斜肩，弧腹，近圜底，四耳。颈肩部有小耳一对，腹部两耳较大。黑彩，由颈至腹部构图丰富，画面广阔。颈部一侧绘两个螺旋纹，另一侧绘有两个手持物件、大步流星的人物以及4只有角的动物，其中一人用绳索拖拽一只动物。肩部绘有一张开双臂的人物，两侧有姿态不同的5只动物，其中一只的角呈枝杈形，当属鹿科动物。周围还绘有螺旋纹和形状如山的纹饰。整个画面人物姿态灵动，表现手法朴拙，描绘出先民生动活泼的狩猎场景。

1   2

图3-9 兰州邻近地区发现的辛店文化彩陶

1. 鹿纹双耳彩陶罐　2. 狩猎纹四耳彩陶罐

（采自《甘肃彩陶研究与鉴赏》，第137—138页）

此外，兰州以西黄河上游及湟水流域的卡约文化与兰州以东的寺洼文化，大致与辛店文化同时，因此分别与辛店文化有过相互交流与影响，特别是辛店文化与卡约文化。因两者分布区域比较接近而互有交叉，在文化面貌上有一些共同点，如两者均常见双耳罐和双大耳罐，罐的底部内凹或类圈足状，而这种特征的陶器不见于其他文化遗存，只见于辛店文化和卡约文化中，说明它们之间有着密切的文化交流。

三、董家台类型

　　董家台类型因最早见于天祝董家台遗址而得名，主要分布在庄浪、武山、甘谷、天水、会宁等地。尽管发现遗存较少，尚未得到学术界的完全认识，却是异于辛店文化和沙井文化的一类特殊遗存。这类遗存在兰州附近也有少量发现。

（一）考古发现

　　兰州地区发现的董家台类型遗存较少，且未有完整的揭露，主要发现地点有榆中县的朱家沟、白崖沟、黄家庄等（图3-10）。

　　1953年，兰新铁路修筑至甘肃省天祝藏族自治县时，在该县的董家台遗址发现了一批古墓葬。在当时被抢救出的部分遗物中，有一件夹细砂的橙黄陶彩罐。该器小口、长颈、圜底，颈肩处有双小耳，器口缘外和颈肩处绘两组红褐彩菱格条带纹，颈部、腹部绘两组并列下垂的细长三角条纹，肩部绘上下相对的等边三角纹、细线网格纹，器底印有疏浅的细绳纹。当时，在该址出土的还有几件单耳圜底绳纹罐。有关这批墓葬的形制、葬式、随葬品组合等细节均已无从查考，特别是由于缺乏对比资料，长时期以来，这批陶器一直被当作沙井文化的典型器。①

---

① 李水城：《论董家台类型及相关问题》，《考古学研究》（三），科学出版社1997年版，第95—102页。

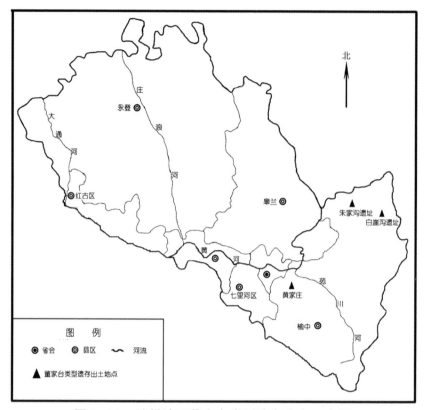

图 3-10　兰州地区董家台类型遗存分布示意图

1970 年，在甘肃省武山县洛门镇发现一件夹细砂橙黄陶腹耳彩陶壶。该器小口长颈，卵圆腹，圜底，器表绘红褐彩花纹，图案与董家台的彩陶罐几乎如出一辙。器耳上绘有竖列的菱格纹，器底拍印疏浅的细绳纹。

1976 年，甘肃榆中县朱家沟出土一件夹细砂橙红陶双耳彩陶罐（图 3-11，2），高 15.2 厘米，口径 8.4 厘米，小口长颈，器形矮胖。通体绘红褐彩花纹，图案与董家台彩陶罐大同小异。

1978 年，榆中县白崖沟出土一件夹细砂橙红陶双耳彩陶罐（图 3-11，1），现藏甘肃省博物馆，高 15.4 厘米，口径 8.3 厘米，口部较大，圜底，器形较高胖，通体绘红褐彩菱格条带和并列下垂的细长三角条纹。

1979 年，榆中县黄家庄出土一件夹细砂橙黄陶双耳彩陶罐（图 3-11，

3），现藏甘肃省博物馆，高 11 厘米，口径 7.2 厘米，通体绘红褐彩花纹，图案为三组上下叠置的下垂三角条纹。

图 3-11　董家台类型彩陶

（采自《中国彩陶图谱》，图 1251、图 1252、图 1253）

1986 年，北京大学考古系与甘肃省文物考古研究所在甘肃省民勤县进行考古调查时，在当地文管所收藏的标本中发现一件绘红褐彩花纹的陶器口沿残片，其图案风格与上述所列诸器完全一致，应属同类遗存。

总之，这批陶器形态独特，特别是彩陶花纹新颖别致，判然有别于甘青地区以往所见的任何一支含彩陶因素的文化或文化类型。尽管这些陶器多数为采集品，但它们所拥有的独特风格已具备了构成一种新的考古学文化类型的条件。鉴于天祝董家台遗址发现的时间最早，且彩陶、素陶具备，有一定的代表性，有学者建议将这组陶器以该址为代表命名为董家台类型遗存。① 此后，随着对西北史前考古调查工作的进一步展开，董家台类型遗存被认为是一种新的文化因素，进而被直接称为"董家台类型"。

（二）文化特征

兰州及其附近地区发现董家台类型遗存的地点基本局限于一条由东南向西北走向的狭窄地域内，东界可明确到天水左近，由此沿渭河上溯，经兰州，再向北跨越黄河进入河西走廊东侧的民勤县，两端直线距离约 500 千

----

① 李水城：《论董家台类型及相关问题》，《考古学研究》（三），科学出版社 1997 年版，第 95—102 页。

米。这些地点发现的董家台类型彩陶全部为手制的夹细砂橙黄（或橙红）陶，器高一般在15—20厘米之间，均为圜底器，均绘红褐彩，都以菱格条带和并列下垂的细长三角条为母题，花纹排列程式化，构图富有规律，器底拍印有疏浅的细绳纹。

据悉，董家台类型遗物在兰州以东的庄浪、武山、甘谷、天水、会宁等地也有零星发现，在兰州以西也有少量发现。此空间范围恰好处在辛店文化与寺洼文化的夹缝之间，这一带应是董家台类型的活动中心。董家台类型是继齐家文化之后在渭水上游一带形成的一支有着全新内容的文化遗存，甘谷毛家坪位于1号探方居址东部的7号墓葬（TM7）提供的层位关系表明，其绝对年代恰好处在齐家文化之后至西周纪年之前。通过与齐家文化、辛店文化的比较，可大致确定董家台类型与齐家文化圜底系彩陶—蛇纹罐一类遗存有密切亲缘关系。同时，董家台类型与辛店文化山家头类型也有某些相似成分，可以认为是二者年代接近、分布地域相邻、互有影响的结果。已知齐家文化的年代下限已进入夏纪年，辛店文化姬家川类型的年代范围处在商代晚期至西周初期，山家头类型早于姬家川类型，其年代大致处在齐家以后至商代晚期之间，据此可以认为董家台类型的绝对年代与姬家川类型大致相同，处于商代晚期至西周初期。[1]

四、寺洼文化

寺洼文化因最初发现于甘肃临洮县寺洼山而得名。安特生于1924年在寺洼山遗址发现8座墓葬，出土陶罐以"马鞍口"形为主，安氏称其为"寺洼期"，并划入甘肃远古文化的第五期。[2] 夏鼐在《临洮寺洼山发掘记》一文中正式命名为寺洼文化。[3] 作为甘青地区一支重要的史前考古学文化，寺洼文化的分布东起合水县，西至卓尼县，北入庆阳市，南抵武都。此外，

---

[1] 李水城：《刘家文化来源的新线索》，《远望集（上）——陕西省考古研究所华诞四十周年纪念文集》，陕西人民美术出版社1998年版，第197页。

[2] ［瑞典］安特生著：《甘肃考古记》，乐森璕译，文物出版社2011年版，第20—21页。

[3] 夏鼐：《临洮寺洼山发掘记》，《中国田野考古学报》第四册，1949年。

在陕西宝鸡、凤县也有少量发现。①

　　兰州邻近的洮河流域发现大量的寺洼文化遗存，"马鞍口"形的陶罐成为其最典型的特征。这种类型的陶器可溯源到马家窑文化半山、马厂类型，辛店文化的部分陶罐口部和寺洼的比较接近，② 部分陶器与周文化陶器形制类似。③ 兰州地区尚未发现明确的寺洼文化遗址，考古调查中采集了一些陶器。这些陶器的陶质多属夹砂红褐陶或灰褐陶，陶胎较粗糙，内多夹有碎陶末、沙粒和云母片。加入这些羼和料，可使陶土组织疏松，在烧陶过程中水分容易逸出，使陶器皿不致绽裂。同时，可增加陶土的煅烧温度，不致因火候过高而熔化。由于火候的关系，陶器表面颜色不纯，常杂有灰黑、砖红色斑痕。制作工艺采用泥条筑成法，器物的耳、底等部分，是分别制成后，再粘接在器身上，组成完整的器物。在部分器内壁常留有捏合时指压的痕迹。有的口颈部还经过慢轮修整，使陶器形体更加完美。陶器表面多素面无纹，部分表面有刻划纹、附加堆纹，其中附加堆纹呈绳索形，饰在器物的颈部（图3-12）。未见彩陶和其他遗物。

1 　　　　　　　**2** 　　　　　　　**3**

图3-12　兰州地区发现的寺洼文化陶器

（红古区博物馆藏）

---

　　① 裴文中：《甘肃史前考古报告》，见《裴文中史前考古学论文集》，文物出版社1987年版，第248页。

　　② 夏鼐：《临洮寺洼山发掘记》，《中国田野考古学报》第四册，1949年。

　　③ 中国社会科学院考古研究所泾渭工作队：《甘肃庄浪县徐家碾寺洼文化墓葬发掘纪要》，《考古》1982年第6期。

兰州地区采集到的这些陶器与临洮寺洼遗址发现的陶器（图3-13）形制相近，当属于寺洼文化寺洼山类型。寺洼山发现的墓葬均为长方形竖穴土坑墓，葬式有仰身直肢葬、二次葬和火葬等，一般都有随葬品，数量不等，以陶器为大宗；陶器以夹砂红褐陶为主，陶胎粗疏，多羼入碎陶末，纹饰有绳纹和附加堆纹等，器类有单马鞍口双耳罐、鼎形三足器、腹耳壶、鬲、侈口罐和器盖等；此外，还出土有穿孔石斧、陶弹丸、铜镯和骨纺轮、陶纺轮等小件器物。

图3-13　寺洼文化的陶器
（定西市博物馆藏）

关于兰州地区发现寺洼文化遗存年代，根据周邻的考古发现和已有研究，其相对年代晚于齐家文化而与辛店文化相当，绝对年代大致在公元前1400—前700年，经历了700年的发展历程，相当于中原地区的商末至西周晚期。①

第三节　社会经济

青铜时代的兰州地区先后经历了齐家文化、辛店文化、董家台类型、寺洼文化等发展阶段。遗憾的是，与这些考古学文化相关的遗址未经过完整发掘，资料信息不够完备，缺乏对其全面的认识。这一时期兰州地区的生业在农业继续发展的同时，受游牧业的影响，畜牧业开始兴起，而狩猎、采集、渔猎仍然作为生计补充。

一、农业

兰州地区发现的马家窑文化遗存表明，农业已经成为当时社会的支柱，

① 谢端琚：《甘青地区史前考古》，文物出版社2002年版，第190页。

但作业方式仍以原始的锄耕农业为主。随着农业经济的发展，在这些地区开始形成一些具有一定人口规模的聚落，至马厂时期进入鼎盛，粮食明显过剩，人口急剧增长，房屋数量突增，制陶业辉煌灿烂，黄河的两岸以及二级台地成为当时人们居住、生活和生产的主要场地。

齐家文化时期，兰州地区的先民仍然以农业作为主要的生业方式。在这一时期的文化遗存中，发现石质、骨质农业生产工具数量非常多，反映出农业生产具有较大规模。生产工具的种类有刀、锛、铲、凿、斧、镰等，可用于除木、翻耕、收割等农业生产的各个环节。生产工具在选材上已采用了硬度较高的石料来制作，有的斧、锛、铲就是用玉料磨制而成。石斧梯形或两侧带斜肩，宽刃磨光，为挖土或伐木的工具。石刀是人们普遍使用的收割庄稼的工具，长方形，穿孔磨光，比两侧带缺口的石刀要进步，劳动效率也有了提高。骨铲多用动物肩胛骨和下颚骨制成，铲身扁薄，宽刃，刃部锋利，是当时主要的挖土工具，有的还带弯曲的柄，以便于握持。同时，还普遍发现石杵和石盘等研磨器，说明当时收获的粮食是经过比较精细的加工的。粟是当时一种主要的粮食作物，在房屋、窖穴和墓葬中都有发现。农业生产的发展使人们获得的粮食较以前丰盛，还有了储备。有的遗址中，粟装在粗陶瓮内。秦魏家遗址就发现有大量的储藏粮食或饲料的窖穴，其形制可分为大口圆形、小口袋形和长方形 3 种，以小口袋形占多数；窖穴形状规整，穴壁平齐，容积一般也较大，说明当时人们已过着长期的定居生活。

农业经济繁荣发达的另一个显著特征是家畜饲养业的兴旺发展。一般来说，养猪需以农业发展后，粮食加工的副产品——谷糠等为主要饲料来源，因此猪的个体数目的增长直接反映了农产品数量的增长水平。当然，在有些环境条件下也可以有例外的情况。在甘肃中西部地区，以齐家文化墓葬中随葬猪下颌骨的现象较为多见，大型墓地中近三分之一的墓葬均有随葬，多者 68 个，少则 1 个，足以说明齐家文化养猪业的发达。至齐家文化晚期阶段，墓葬随葬猪骨的现象随之减少，开始出现以羊骨随葬，并且这种现象呈上升之势，陶器、石器等其他随葬品数量也在减少。

177

青海互助县金禅口遗址发现的麦类遗存，表明河湟谷地已经开始种植大麦和小麦，邻近的兰州地区很可能也种植麦类作物。根据植物考古和年代测定的结果，小麦和大麦最早在距今 10500—9050 年于西亚的黎凡特、安纳托利亚和扎格罗斯山的山前地带驯化，距今 4000 年前后，经过欧亚草原东传，沿黑河进入河西走廊中部，再逐渐向东部转播。① 金禅口遗址中还发现有沙棘属、桃亚属、沙枣、梨属等果树，果实自然是先民们采集食用的对象。骨镞、网坠应是当时的主要狩猎工具，而发现的鹿、鼬、鹰等野生动物的骨骼，则主要是狩猎的结果。这些均说明狩猎和渔猎也是齐家文化先民作为谋取生活资料的补充手段。

至齐家文化晚期阶段，新石器时代晚期以来的发达的农业体系逐渐开始解体，并明显衰落。齐家文化之后，兰州地区出现辛店文化、董家台类型以及尚未完全确认的寺洼遗存，而这些考古学文化的经济形态都是以游牧经济为主。② 文化面貌的多样性和地域性，也使锄耕农业遭到了彻底破坏，人口急剧减少，聚落范围缩小，相互距离疏远，陶器工艺粗糙，社会处于进步缓慢的无序发展状态。受北方游牧文化和本地环境的影响，农业地位开始下降，先民开始尝试半农半牧或畜牧为主的生计方式，即在稳定农业的同时，开始大量饲养家畜，并兼及狩猎、渔业等，以充分保证生产、生活的需要。③ 饲养的动物种类很多，主要有猪、羊、狗、牛、马、驴等，其中数量最多的是猪，羊和牛的饲养明显增多，④ 如在永靖县秦魏家遗址和大何庄墓葬中大量随葬的猪、羊和牛的下颌骨，说明这些家畜为齐家先民提供了充足的肉食和乳品。羊在距今 1 万年前驯化于西亚的伊朗、土耳其、叙利亚等地区，随着人群的扩散向周边地区传播，大致在庙底沟时期以后

---

① 董广辉等：《农作物传播视角下的欧亚大陆史前东西方文化交流》，《中国科学·地球科学》2017 年第 47 卷第 5 期。

② 谢端琚：《甘青地区史前考古》，文物出版社 2002 年版，第 120—121 页。

③ 水涛：《论甘青地区青铜时代文化和经济形态转变与环境变化的关系》，《考古》2000 年第 5 期。

④ 傅罗文、袁靖、李水城：《论中国甘青地区新石器时代家养动物的来源及特征》，《考古》2009 年第 5 期。

传入中国西北地区。齐家文化晚期墓葬中出现以羊骨代替猪骨随葬的现象，说明了齐家文化的经济生产方式中牧业因素的显著增加，而这也是齐家文化先民适应环境由森林草原演变为温带草原的结果。

二、畜牧业

在早期狩猎的同时，人们已尝试将捕获的幼兽或剩余的动物进行人工喂养，从此便开始了家畜、家禽驯化的漫长过程。甘青地区逐渐驯化的有猪、狗、绵羊、山羊和家鸡。[1] 猪、狗、家鸡是以定居为前提条件而驯养的，一般多为补充生计，而绵羊和山羊的畜养，不再依赖稳定的农业，且容易呈规模地发展，因此当日常农业生产不足以满足人们生活需要时，畜牧兼营是一种新的生计方式，可以为人类提供赖以生存和发展的基本食物来源。

齐家文化早期就已经发现了用羊头、羊下颌骨作为随葬品，以羊肩胛骨做卜骨的情况，[2] 说明至迟在齐家文化早期阶段人们已完成了对羊的驯化家养过程，但在当时农业生产和养猪业都很发达的条件下，养羊的功用已被替代，而且养羊所需的生产周期较长，如若形成一定的生产规模还需要较大的草场面积和经常性地往返迁徙。这对习惯于定居在河谷地带从事农业生产的人们来说是难以接受的，所以在养羊技术出现的最初阶段，这种新的谋生手段并未显示其真正的价值，也没有机会得到重视和发展。

兰州地区所见辛店文化时期的资料较少，所发现的一些遗址规模一般很小，无法与在此之前的齐家文化遗址的数量和规模相比。这反映出由农业经济向畜牧经济的转变不是一个自然的文化发展演变过程，而是具有灾变的性质，它导致了文化发展的中断和人口规模的大量减少。辛店文化时期，为了适应气候和环境的改变，生业形态出现了地域性差异。河谷地带

---

[1]　傅罗文、袁靖、李水城：《论中国甘青地区新石器时代家养动物的来源及特征》，《考古》2009 年第 5 期。

[2]　谢端琚：《甘青地区史前考古》，文物出版社 2002 年版，第 128 页。

居民从事以黍、粟种植为主的农业生产方式，以畜牧生产为辅助方式。①

粟和黍都是比较耐旱的旱地作物，但两者仍有一定差别。在水分充足的条件下，两者水分利用效率基本相同，但在水分胁迫条件下，黍比粟有更高的水分利用效率，更能适应干燥环境，而粟对水分的变化更加敏感，更能反映环境状况的变化。虽然黍的产量要低于粟，但为了适应气候环境的显著变化，辛店居民不得不增加更加耐旱的黍的种植。大麦和小麦的种植比较普遍，从已发现的情况看，大麦要比小麦多，这点有别于中原地区。猪仍然被人们畜养，但羊已普遍取代猪，成为当时人们最重要的驯养家畜。养羊与养猪，在人类生态上有截然不同的意义。原始农民所养的猪都是放养的。在自然环境中，猪所搜寻的食物是野果、根茎类植物、菇菌类、野生谷粒等，这些几乎都是人可以直接食用的，因此在食物缺乏的时候，猪与人在觅食上是处于竞争地位的。这时，养猪并不能增加人类的粮食，相反，羊所吃的都是人不能直接利用的植物。永靖县张家咀遗址和姬家川遗址出土了大量动物遗骨，种属包括牛、羊、马、猪、狗与鹿等，数量最多的是羊，其次是猪，在莲花台遗址也发现了大量牛、羊、马、狗、鹿的动物遗骨。

在辛店文化偏晚阶段遗存中，普遍出现了大量随葬羊骨的情况，说明至迟在这个阶段，以养羊为主的畜牧经济已得到发展。到辛店文化的中晚期阶段，畜牧经济在这一地区得到了空前的发展，形成了第二个发展高峰，文化遗址的分布也扩展到了更高、更远的空间范围之中。

辛店文化先民的经济生活是以农业为主，兼营畜牧业。当时的生产工具既有石制的，也有骨制的。石制的种类较多，有斧、铲、刀、锛、杵、臼、研磨器、磨盘等；骨制的有铲、凿等。石斧可分为梯形、长方形、带肩斧等几种。这些石斧有一个特点，即在顶端或柄部有突棱或带斜肩，便于用手握持或装柄。石铲形体较大，刃部较宽。石刀呈长方形或椭圆形，

_____

① 张山佳等：《青藏高原东北部青铜时代中晚期人类对不同海拔环境的适应性策略探讨》，《第四纪研究》2017 年第 37 卷第 4 期。

在刃部两旁各打一小缺口；它与两侧带缺口刀有明显区别。骨铲多用动物的肩胛骨或下颚骨制成，坚固耐用，刃部锋利，是比较实用的、劳动效率较高的一种生产工具。石杵、臼、研磨器等工具在遗址中普遍发现，说明当时居民对粮食有了比较精细的加工，也是农业比较发达进步的反映。

辛店文化先民在经营农业的同时，也进行畜牧、狩猎等活动。畜牧业比较发达，张家咀和姬家川等遗址出土大量的动物骨骸。经鉴定，种属有牛、羊、狗、猪和马等，其中以羊为主，猪次之，这些多是被畜养的哺乳动物。除此之外，还有鹿、鼠一类的野生动物，可能是当时人们狩猎的主要对象。临夏县莲花台辛店文化墓葬中发现了一种骨哨，圆管形，中间穿一音孔，通体磨光，长5.7厘米、直径1.7厘米。这种骨哨既是我国最古老的一种吹奏乐器，又是人们狩猎的辅助工具。这可在民族志的材料中找到例证，例如鄂温克人在每年八、九月间鹿交配的季节里，用木哨吹出母鹿的叫声后，诱出公鹿，猎人伺机捕杀。

辛店遗存中多见一种很有特色的骨梳，是动物肋骨修治而成的。其做法是先将骨材加工成平板状，将一端截平，在另一端镂刻出排列整齐的尖齿，4—8齿不等，齿长约13—15厘米，研究者认为这是用来梳理羊毛的。梳理羊毛专用工具的普遍存在，以及辛店文化各遗址中普遍发现的数量众多的羊骨，说明了畜羊业的繁荣。辛店彩陶动物形纹样中，羊和犬的形象最为突出。犬是牧猎部族忠实而得力的助手，所以和畜牧对象一样受到重视。辛店彩陶标志性纹样双钩纹，酷似上弯的羊角，被学术界认为是辛店居民崇羊的象征。羊的形象在造型艺术中受到高度尊尚，也从侧面反映了畜羊业在现实生活中的地位。

辛店文化的陶器以条带纹构成的类似羊角的双钩纹为标志纹饰，还有涡形纹、S形纹、条带纹、回形纹等。另外，还有一定数量的羊、犬、鹿、鸟等动物纹样，简洁生动，别具一格。动物纹样尤其是双钩纹的大量出现，反映出以养羊为主的畜牧业的繁荣发展。

兰州北部地区主要是石质或土石山地，这一时期呈现草原景观。干旱的自然条件虽不适合农业生产，但丰富的草业资源非常适合游牧业的发展。

1976 年，兰州大学地理系师生在白银市靖远县刘川乡（今刘川镇）吴家川一带发现了岩画，集中刻在两个红砂石崖面上，系用金属或其他坚硬的工具刻凿而成，因琢刻极浅，经长期风化，已很模糊，但仔细观察尚能辨识。[①] 东壁高 2.2 米，宽 4.8 米，左侧以鹿及石羊两种动物形象比较突出，其中鹿的形象更为突出（图 3-14，1）。鹿有两只，一只昂首挺立，身躯高大，向前仰望；另一只形体较小，头前伸，有静中寓动的姿态。羊的种类很多，其中具有大角的羊应是石羊。这两种动物，现今甘肃省西部祁连山中比较多见，而在岩画附近一带则已不能找到。东壁上部绘一鸟立于羊角之上，与羊形影相随，异常绝妙。有些形象，如鹿前似有车，还有似一人两手举权的样子，因下部漫漶，整体已不能辨认。东壁右侧还有一些形似符号的线条。西壁高 2.95 米，宽 2.75 米，上部刻有骑马人物七身，除一人作指挥状外，余皆奔走追逐（图 3-14，2）。西壁下部刻有一戴冠之人骑于马上，侧旁一人为之牵引。两人左右有犬、羊、鹿为伴，似为唱颂部落之富足。西壁中缝东面亦有一岩画，刻有大角羊及犬各一对，双双对峙。此外，西壁上还绘有小鹿、狗、羊等形象。[②]

1　　　　　　　　　　　　　　2

图 3-14　吴家川岩画

（采自《丝绸之路》2011 年第 15 期）

---

① 张宝玺：《甘肃省靖远县吴家川发现岩画》，《文物》1983 年第 2 期。

② 刘劲：《走近吴家川岩画》，《丝绸之路》2011 年第 15 期。

此后，在靖远县内又陆续发现了张家台子、三滩羊圈沟、石门石羊滩、糜滩大红砂沟、信猴沟、碾子湾坪深沟等岩画点，刻画内容以羊、鹿、人最为常见，还有虎、狼等猛兽。上述这些岩画所绘内容皆为动物或狩猎场景，而且风格类似，技法相近，时代也应基本相同，属于辛店文化时期，大致相当于西周至春秋时期。游牧业有两个最重要的特征，一是畜养草食动物，二是逐水草而居。靖远县岩画呈现出来的内容恰恰符合这两点，岩画中出镜率最高的羊是畜养的草食动物，骑马使人们具备了高机动性，狗是人们狩猎的好帮手，而鹿则是猎杀的对象。这些岩画显然就是生活在这里的游牧民的杰作，他们将牧羊、骑马、狩猎的生活场景搬到了崖面上，成为我们今天看到的岩画。

环境条件及其变化状况是兰州地区早期文化发展最本质的决定因素。在气候和环境条件良好的全新世高温期，形成和发展了繁荣昌盛的定居农业文化，而当气候条件恶劣的新冰期来临，农业经济解体，文化发生普遍的倒退，只以长期维持低水平的简单畜牧经济为发展途径。从兰州地区乃至甘青地区青铜文化所表现出的这种独特的发展方式中，我们可以对人类文化发展的控制因素，对人与自然的相互依存关系，对人类社会发展道路的曲折性和多种选择性有更深入的理解和认识。

全新世以来，兰州地区的气候经历了周期性变化，大致轨迹为"温干—暖湿—暖干—温湿—温干"。半坡文化和庙底沟文化时期最为温暖湿润，马家窑文化时期气候仍然适合农业发展。距今12200至7500年，兰州地区气候比较温和干燥，植被以灌木和草本植物为主，主要是藜、蒿、麻黄、红砂，还有豆科、唇形科、蔷薇科、鸢尾科、车前科等，乔木和蕨类不多，主要是柳和松。距今7500至5000年，属针阔叶林草原景观，气候温暖湿润，植被主要有蒿属、藜科、红砂、菊科、禾本科、麻黄、豆科、蔷薇科、锦葵科、萝藦科等，乔木有柳属、榆属、桦属、栎属、云杉属、松属等。距今5000至3500年，属稀树草原景观，气候比较温凉干燥，乔木主要是松树，阔叶树明显减少，有柳属、桦属、栎属和木犀科等，草本植物占优势，主要是菊科、蒿属、藜科及禾本科等。距今3500至2500年，属草原景观，当时气温下降，降水减少，植被以灌木和草本植物为主，有藜科、麻黄、禾本科，乔木有少量的柳属、桦属和松属。①

兰州地区所在的陇中黄土高原农业起源较早。秦安大地湾遗址已揭露13700多平方米，发现仰韶文化房屋建筑240多座，尤其是第901号房址（F901）等大型建筑展示了当地仰韶晚期农业经济的发展规模与水平。大地湾遗址的发掘显示，距今7800至7300年时，人们就已经开始栽培黍，属初级或者原始旱作农业，这也是陇中黄土高原农业的发端。大地湾遗址的半坡时期，均发现数量较多的黍和粟；庙底沟时期，粟开始超越黍成为最主要的农作物，足见农业已有相当速度的发展。马厂时期，甘肃中部地区的农业水平达到了空前繁荣的程度，如在兰州白道沟坪等遗址都发现了这一时期的聚落，分布有大量的不同形制的房屋，房屋内部或附近有贮藏东西的窖穴，社会明显进步，富余大量的粮食需要储藏。马厂时期的生产工具突增，墓葬中往往随葬储藏粮食的容器，足见这一时期锄耕农业的发达程度，社会允许人们将粮食作为随葬品使用。②

大约在距今4000年前后，西北地区进入了一次新冰期，气候和环境条件发生了重大的变化，年平均气温下降了3—4℃，降水量大幅度减少。在黄土高原地区，地带性森林南移，或抬高到高原内山地的更高处，高原的绝大部分被草原和荒漠草原所占据，古土壤发育缺乏。③ 在更北部，风沙活动再次活跃，新沙丘广泛分布，西部内陆山地、山谷地带冰川开始向前推进。这个持续数百年之久的寒冷期，对其范围内的人类经济生活产生了深

① 汪世兰、陈发虎、曹继秀：《兰州河谷盆地近1万年的孢粉组合及气候变迁》，《冰川冻土》1991年第13卷第4期；唐领余、安成邦：《陇中黄土高原全新世植被变化及干旱事件的孢粉记录》，《自然科学进展》2007年第17卷第10期。

② 张东菊等：《甘肃大地湾遗址距今6万年来的考古记录与旱作农业起源》，《科学通报》2010年第55卷第10期；安成邦等：《甘肃中部史前农业发展的源流：以甘肃秦安和礼县为例》，《科学通报》2010年第55卷第14期；水涛：《中国西北地区青铜时代考古论集》，科学出版社2001年版，第290页。

③ 许清海等：《鄂尔多斯东部4000余年来的环境与人地关系的初步探讨》，《第四纪研究》第22卷第2期，2002年。

远的影响。在今甘肃中部及以东地区，伴随着降水量的大幅度减少，使粟类作物的种植只能在近河谷的低地上维持小规模的生产，而在今甘肃西部、西南部和青海东部地区，虽然新冰期气候中的降水量减少幅度不大，但由于气温太低，年平均气温和年积温等条件已不能满足粟类作物生长的需要，种植的谷子出现了只长苗不结穗的情况。

在新冰期气候条件下，甘、青两省的大部分地区以种植粟类作物为支柱的农业生产所依赖的水热气候条件已不复存在。这种局面若仅在短时期内存在，或可使农业生产仅仅遭到巨大破坏，在灾害之后还可以恢复原有的生产规模，但这次新冰期气候存在的时间至少应在200年左右。在这样漫长而又艰难的时代里，齐家文化农业经济开始衰退，农业生产逐渐遭到彻底破坏。几代人之后，当气候再度回暖时，人们对遥远的祖先时代的农业种植技术早已记忆淡薄或基本遗忘。

三、青铜冶铸

铜，作为人类最先认识和使用的金属，其发现、生产的历程成为人类文明发展史的缩影。毫不夸张地讲，"冶金技术对中华文明起源和发展起到重要推动作用"。[①] 兰州地区是目前中国境内最早发现铜器的地区之一，亦是中华文明重要的发祥地之一，因此兰州地区出土的史前铜器对研究中国早期文明进程具有十分重要的意义。

新石器时代的兰州地区曾出土过铜器。进入青铜时代，兰州地区尚未发现铜器，但在邻近地区有大量的考古发现，如永靖大何庄、秦魏家遗

---

① 陈建立：《蓬勃发展的冶金考古研究》，《南方文物》2016 年第 1 期。

址①、临潭磨沟遗址②、贵南尕马台遗址③、姬家川④、莲花台⑤、潘家梁⑥、占旗遗址和徐家碾遗址⑦等。这些遗址出土的铜器包括工具、装饰品与武器等，其中工具类有刀、锥、削、斧以及凿等，装饰品类有铃、钏、管、环、以及牌饰等，兵器类有矛、戈、剑、钺与镞等。齐家文化出现了大规模使用红铜的现象，但同时存在锡青铜、砷铜，不仅存在着冷锻技术，而且也有单范，甚至合范铸造技术，这表明齐家文化已经进入到青铜时代，但仍处于萌芽期。与齐家文化后期同期的四坝文化出土铜器数量很多，种类丰富，并且出现大量砷铜器。比齐家文化稍晚的辛店文化出土铜器数量极少且分布并不普遍，铜器发展逊于齐家文化；略晚于辛店文化的卡约文化大多分布于青海省境内，发现铜器数量较多，器型特殊；寺洼文化出土铜器形制与中原地区流行器物十分相似，且数量较多。⑧ 结合兰州邻近地区的考古发现和整个中国青铜时代的文化特征，兰州地区的齐家文化、辛店文化、董家台类型、寺洼文化时期已经进入青铜文明时代。青铜时代是指以青铜作为制造工具、用具和武器的重要原料的人类物质文化发展阶段。⑨ 中国的绝大部分地区在公元前 2000 年左右进入青铜时代，在技术经济、文化格局、社会形态等方面都发生了显著的变革现象。

---

① 北京科技大学冶金与材料史研究所：《甘肃早期铜器的发现与冶炼、制造技术的研究》，《文物》1997 年第 7 期。

② 甘肃省文物考古研究所：《甘肃临潭磨沟墓地齐家文化墓葬 2009 年发掘简报》，《文物》2014 年第 6 期。

③ 青海省文物考古所、北京大学考古文博学院：《贵南尕马台》，科学出版社 2016 年版。

④ 中国社会科学院考古研究所甘肃工作队：《甘肃永靖张家咀与姬家川遗址的发掘》，《考古学报》1980 年第 2 期。

⑤ 甘肃省文物工作队、北京大学考古系甘肃实习组：《甘肃临夏莲花台辛店文化墓葬发掘报告》，《文物》1988 年第 3 期。

⑥ 青海省文物考古研究所，吉林大学考古学系：《青海大通县黄家寨墓地发掘报告》，《考古》1994 年第 3 期。

⑦ 王璐、梅建军等：《甘肃岷县占旗遗址出土寺洼文化铜器的初步科学分析》，《西域研究》2016 年第 4 期。

⑧ 陈建立：《蓬勃发展的冶金考古研究》，《南方文物》2016 年第 1 期。

⑨ 中国大百科全书总编辑委员会《考古学》编辑委员会：《中国大百科全书·考古学》，中国大百科全书出版社 1986 年版，第 399 页。

（一）齐家文化冶铜业

齐家文化的先民们过着相对稳定的定居生活。与马家窑文化相比，人们在长期的劳动实践中，积累了生产经验，改进了生产工具与生产方法，生产力有了较大的发展，这不仅表现在农业与畜牧业方面，更重要的是以铜制工具为主要标志的冶铜业已经出现。

冶铜业的出现是齐家文化生产上的一项突出成就。齐家早期铜器主要发现于武威皇娘娘台、永靖县大何庄和秦魏家、互助县总寨遗址，这些铜器主要出土于居址中；绝大多数为刀、锥、钻、凿、斧等小型工具，装饰品很少；器型也都比较简单，大多为锻造成型，少量是铸造的，采用的是双范合铸法，其中红铜占了绝对多数，铅锡青铜数量极少。

齐家文化后期的铜器主要发现于永靖县秦魏家、积石山县新庄坪、临夏魏家台子、广河齐家坪和西坪、康乐县商罐地以及青海东部地区的墓葬中。器型既有铜指环、铜泡、铜挂饰、铜镜、戈形器等装饰品，也有刀、斧、匕首等工具；材质以青铜为主，铜器造型都较复杂，特别是贵南县尕马台遗址出土的青铜镜，上面的纹饰清晰、美观，青铜冶铸技术已经相当发达。

在皇娘娘台、大何庄、秦魏家等10余处遗址内共出土铜器140多件。种类有刀、锥、凿、环、匕、斧、钻、铜泡、镜、铜饰品和铜渣等。1959年，永靖大何庄遗址出土铜匕1件，为长条形，长12.5厘米，厚约0.2厘米，出于7号房址（F7）内。此外，在灰层中出土残铜片1件，器型不明。秦魏家遗址出土铜锥1件，器身细长，横剖面方形，一端平刃，一端尖刃，两头均可使用，长8.2厘米；铜斧1件，顶端已残，宽刃，近顶端有凸棱一周，残长4厘米、刃宽4.2厘米；铜环2件，圆形，均残，出于人骨架的手指旁；铜饰2件，一为椭圆形，另一件已残。广河齐家坪遗址发现带銎的双耳铜斧和铜镜各1件，带銎斧附双耳，长方形銎，器身厚重，刃部锐利，长15厘米，宽4厘米，为齐家文化中较大的一件铜器；铜镜1件，镜背素面，中央附桥状钮，镜面有光泽，直径6厘米。青海贵南尕马台遗址也出土铜指环、铜泡和铜镜等，其中铜镜1件，原镜钮已损，在镜缘的一侧钻有两个小孔作系绳穿挂或装柄之用，该镜出土于 25 号墓俯身葬死者的胸下。

齐家文化遗址中还出土有铜、骨复合工具。青海互助县总寨遗址和甘肃临夏魏家台子遗址发现骨柄铜刀和骨柄铜锥共 5 件，刀长 5 厘米，锥长 6.7 厘米。这种铜、骨复合工具目前仅见于齐家文化遗址中。

齐家文化青铜器中最具代表性的是铜镜，在许多遗址中都有发现。最早出土于广河齐家坪石祭台遗址墓葬内的一面铜镜，直径只有 6 厘米，背面光素无纹，中心铸有半环状钮。最规整的一面齐家文化铜镜出自临夏，现藏中国国家博物馆，直径 14.6 厘米，弓形背钮圆厚，无钮座（图 3-15，2），钮外饰凸弦纹三周，内圈平素无纹，中圈排列十三组三角纹，外圈排列十六组三角纹，均以平行斜线纹为地，线条细密，图案严整，纹饰古朴。另外，在尕马台出土的铜镜，镜面为圆形，直径 9 厘米、厚 0.3 厘米，[①] 重 109 克，镜面平滑，背面有钮，镜背饰七角形图案（图 3-15，1）。有学者指出，这种纹饰和殷墟出土的商镜纹饰相似，二者存在一定联系，齐家文化形成了中国铜镜的早期传统，然后才扩展到国内各地。[②] 齐家文化铜镜的面世把我国铜镜历史提到了公元前 2000 多年，这和传说中黄帝铸镜的时代大致相当。

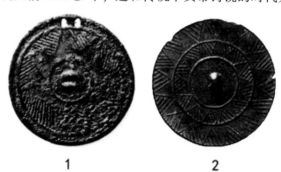

图 3-15　齐家文化铜镜

1. 尕马台出土（采自《贵南尕马台》，第 104 页）

2. 临夏出土（采自《中国青铜器全集 16·铜镜》，图二）

---

① 青海省文物考古研究所等：《贵南尕马台》，科学出版社 2016 年版，第 130 页。

② 李学勤：《失落的文明》，上海文艺出版社 1997 年版，第 170 页。

这些铜器的制法比较复杂，多数采用冷锻法，如刀、锥、凿、环和圆形铜饰的锤击痕迹非常明显。有的采用单范铸造，如皇娘娘台的刀和秦魏家的斧形器；有的采用简单的合范铸造，如皇娘娘台的条形饰；至于尕马台的铜镜和齐家坪的带銎斧，则代表了比较进步的合范铸造。根据检验结果，铜器中有红铜也有青铜，如秦魏家的铜斧、尕马台的铜镜、齐家坪的铜镜等，均属青铜。这表明，齐家文化的炼铜技术已从冶炼红铜发展到冶炼青铜的阶段，齐家文化发展到晚期已进入青铜时代。

　　由于生产力的限制，金属铜从偶然的获得到大量的开采是有一定过程的。初期铜的获得是有限的，也是珍贵的，人们一般都会将其制造成最实用的工具，以提高劳动效率。随着人们对金属铜认识的深入和生产力的提高，铜的获取量逐渐增加，人们获取的铜料略有剩余的时候，就有可能制作成指环或者耳环这样的装饰品，这不仅是因为其美观，主要是因为装饰品可以成为一个人的附属物，甚至死后也可以同埋于地下。当铜资源日趋丰富的时候，人们不仅要求自己拥有铜质工具，而且尽量获得数量更多的、铸造更好的铜工具或者武器，死后随葬铜器的数量与质量也就开始成为一种财富的象征。齐家文化铜器前后发展的不同阶段，正好体现了铜器的这一发展过程：简单工具→装饰品→优质工具、武器。齐家文化遗址出土的这批数量可观的红铜器和青铜器，在中国古代冶金史上写下了辉煌的一页，齐家文化先民为我国铜器制造的早期历史作出了重要贡献。

　　甘肃地区有色金属矿藏丰富，现有200多处110余种有色金属矿床，齐家文化出土铜器的遗址大都位于这些矿藏所在地区，包括铜矿、铅锌矿和多金属矿床。我国锡矿主要在华南和燕辽两大区，甘肃、内蒙古和新疆也有锡矿，因此甘肃地区出现早期青铜器在资源条件上是可能的。铜矿石有时和铅锌矿石共生，偶尔也会含有少量锡石。氧化铅矿如白铅矿，或氧化锡矿被木炭还原比较容易，可以进入铜中成为其中合金元素，从而得到青铜。有人曾指出，用木炭直接还原锡石和氧化铜矿石的混合物，可以得到含锡22%的青铜。甘肃以彩陶著称，彩陶烧成温度可以达到950—1050℃，这为早期青铜的冶炼创造了有利条件，所以齐家文化出现较多的红铜器和青铜器并非偶然。

尕马台墓地出土青铜镜的形制、纹饰与河南安阳妇好墓发现的晚商青铜镜相似，这就证实齐家文化的下限有晚到商代的可能性，两者之间当有一定的文化交流。或者可以这样解释，齐家文化开始使用红铜进行冷锻和冶铸，随着生产力的发展，以及同商文化的交流，更进步的青铜铸造工艺也就随之出现了，这就必然引起齐家文化的生产关系发生更大的变化。①

在齐家文化冶铜技术发展的同时，受其影响的河西走廊，冶炼活动也逐渐兴起。在永登蒋家坪、酒泉高苜蓿地、照壁滩马厂类型遗址曾发现铜刀、铜锥、铜块，在张掖西城驿遗址发现马厂时期炼铜渣，说明马厂时期至西城驿文化时期，冶炼活动兴盛，在河西形成了冶金中心。从文化传统的角度来看，西城驿文化的冶金技术传承自马厂，溯源至马家窑文化，体现出冶金技术传承与文化传承的统一。

就目前考古发现看，河西走廊地区的冶金活动在距今约4100—4000年的马厂文化晚期就已存在。在酒泉照壁滩、高苜蓿地以及张掖西城驿遗址，均出土了马厂晚期炼铜遗存。此外，在河西走廊以东的永登蒋家坪遗址出土铜刀1件。整体看，这一时期河西走廊地区铜器的发现不多，冶炼遗址很少。至距今4000—3700年左右的西城驿文化时期，河西地区的冶炼活动规模空前。仅就张掖西城驿遗址来看，即出土大量西城驿文化的矿石、炉渣、炉壁、鼓风管、石范等，包括铜器20余件。从考古资料看，这一时期酒泉以东西城驿文化往往与齐家文化共存，而且多共存于冶金遗址中，兰州以西的河西走廊存在着两支从事冶金活动的人群。不论从冶金出现时间，铜器形制、材质，抑或从冶炼遗址的空间分布及冶炼加工技术上，都无法将距今4000—3700年间西城驿文化和齐家文化的冶金区分开来，两者呈现出一种"混合"状态②。

综观西北地区早期铜器文化，从仰韶时代到龙山时代结束稍晚阶段，

---

① 安志敏：《中国早期铜器的几个问题》，《考古学报》1981年第3期，第269—284页。

② 陈国科：《西城驿——齐家冶金共同体——河西走廊地区早期冶金人群及相关问题初探》，《考古与文物》2017年第5期，第39页。

马家窑文化马厂类型、齐家文化早期铜器都以简单的刀、锥等工具为主。进入夏朝纪年时期，早期铜器大量出现。值得注意的是，中国西北地区从齐家文化晚期开始铜器出现了许多新器类，如空首斧、环手刀、骨柄铜刃刀、铜镜、扣饰、指环等。这些类型的铜器在四坝文化、天山北路墓地都有大量发现，是中国西北地区夏纪年时期的重要铜器组合，与同时代中原地区铜器的特征有很大不同，其出现和发展有很强的突然性。这种变化，反映了中国西北地区铜器发展与欧亚草原塞伊玛—图尔宾诺、安德罗诺沃等青铜文化之间存在较为密切的关系。

（二）辛店文化的冶铜业

齐家文化衰弱后，西北冶金区铜器仍继续发展，铜器数量不断增多，并出现了大量牌饰、扣饰、联珠形饰、镰形刀、耳环、铜锹等新器型，青铜、砷铜也开始逐渐流行起来。

辛店文化的冶铜工艺水平比齐家文化有了进一步的发展。铜器在各遗址普遍发现，种类不仅限于锥、矛等小型器具，而且还能铸造铜容器。张家咀遗址不但发现有铜锥和铜矛，还有厚度为 0.4 厘米的铜容器口沿残片。辛店文化铜器的主要种类有容器（口沿残片）、锥、刀、矛、凿、削、匕、扣、铃、泡和铜渣等。铜刀多呈曲背凹弧形，永靖县莲花台发现的一件最完整（图 3-16），刀身弯曲，凹弧刃，刃尖上翘，柄部有一凸棱，该刀长 15 厘米，宽 2.7 厘米。铜锥形体较小，多呈长条形。这批铜器的部分标本分别经光谱定性分析和化学定量分析，均认定为青铜器。

图 3-16　莲花台出土铜刀

（采自《考古》1980 年第 4 期，图版肆-9）

尤其重要的是，张家咀遗址还发现了炼铜炉内壁的炉衬残块，以及在炉衬外沿挂着的一层铜渣（图3-17）。经光谱分析，铜渣含有铜、锡、铅等元素。据镜下观察，铜渣的主要矿物组成为粘土、石英、莫来石，其次有赤铁矿、赤铜矿和孔雀石等。莫来石熔点较高，开始形成温度在1000℃左右。由此可以说明，当时耐火材料已经达到了一定的水平。具备了冶炼铜器所需的器具，作为原料使用的金属铜已从天然铜的阶段进入到冶炼取铜的阶段，这在冶铜工艺的发展上是一个很大的飞跃。制造铜器需要采矿、冶炼、锤击、制模、熔铸等一系列生产过程，这比其他生产技术要复杂得多，需要有掌握专门技术的人从事生产，于是那些富有冶炼制造技术的成员专门从事这项生产，这样就促使手工业与农业的分工。这种冶炼技术的发明，为社会生产部门的发展开辟了广阔的前景。同时，铜渣的发现，有力地说明了这里的铜器系当地生产，并非从外地交换而来。[①]

图3-17　铜渣及铜渣断面

1. 铜渣　2. 铜渣断面（Ⅰ. 石英+黏土　Ⅱ. 莫来石+玻璃相　Ⅲ. 铜渣）

（采自《考古学报》1980年第2期，图版捌）

迄今为止，甘青地区是中国境内发现最早铜器的地区之一，与周边的青铜文化产生了密切的联系。兰州地区作为甘青地区史前文化的重要组成部分，其延绵时间久，发展快，分布广，逐渐影响了周边的青铜文化，如夏家店下层文化出土的喇叭口形耳环，同时也发现于甘青地区的四坝文化

① 中国社会科学院考古研究所甘肃工作队：《甘肃永靖张家咀与姬家川遗址的发掘》，《考古学报》1980年第2期，第216—217页。

和齐家文化，且喇叭口形耳环自安德罗诺沃文化经新疆后传至四坝文化，然后影响到燕山南北的夏家店下层文化。[①] 中原地区的早期青铜文明自仰韶文化起，至二里头文化时期达到第一个巅峰，年代约为公元前 4500—前 1600 年，其中以二里头文化出土铜器数量最为丰富，且在器型上极具代表性。二里头遗址出土铜器中，以小型工具为主，种类有刀、凿、锥和鱼钩等，其中凿的顶端大多发现锤击的痕迹，其使用方式与甘青地区加装木柄的方式不同，原始性比较明显。甘青地区的早期铜器与中原地区的相比较，甘青地区与中原地区在早期铜器方面还是存在着较大差异，如中原地区常见的是镞、刀、斧、戈、鱼钩等，装饰品甚少，仅有耳环、牌饰等，几乎不见甘青地区广为流行的铜泡、铜扣、铜管等物件，这表现出两个区域的铜器在本质上还是存在较大差异。造成这一现象的原因在于中原地区与甘青地区各自不同的生活方式与文化习俗所带来的深远影响。[②] 另外，两地由于地理环境和资源配置的差异，也通过早期铜器的制作和造型等体现出来。

四、玉器加工

兰州地区青铜时代发现的玉器主要集中于齐家文化。玉器的制作流程可以分为玉料采集、玉器加工流程、制作工艺以及作坊等，玉器制作已经成为专门的生产部门。

（一）玉料

齐家文化玉器的玉材为透闪石、阳起石以及蛇纹石，这些玉材的矿物组成单调，颜色平淡，质地疏松，透明度差。现代矿物学研究表明，透闪

---

① 林沄：《夏代的中国北方系青铜器》，《边疆考古研究》（第一辑），科学出版社 2002 年版，第 1—12 页。

② 中国社会科学院考古研究所：《偃师二里头——1959 年～1978 年考古发掘报告》附录二，中国大百科全书出版社 1999 年版，第 393—394 页；金正耀：《二里头青铜的自然科学研究与夏文明探索》，《文物》2001 年第 1 期；赵春燕、杜金鹏、许宏、陈国梁、孙淑云、梁宏刚：《偃师二里头出土铜器的化学组成分析》，《中华文明探源工程文集——技术与经济卷 I》，科学出版社 2009 年版，第 372—380 页。

石类玉石资源十分丰富，目前已经确认的透闪石玉料的产地主要分布在新疆、青海、甘肃、辽宁、安徽、河南、江西、广西、四川、西藏、台湾等地①（图3-18）。齐家文化玉器的玉材大多来自青海格尔木、甘肃榆中马衔山、武威、甘肃祁连山地区，极少数来自昆仑山和田、阿尔金山且末和若羌，② 齐家文化玉器中有相当部分的玉料是来自和田玉。③

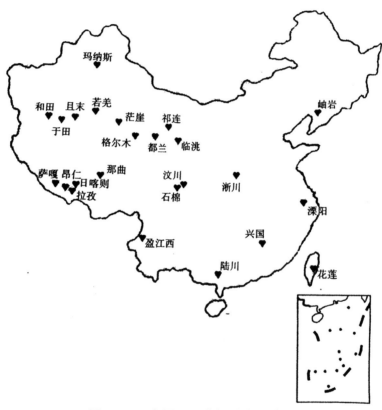

图 3-18　中国玉石资源分布示意图

（采自杨晶《中国史前玉器的考古学探索》，第 5 页，图 1-1）

---

① 杨晶：《中国史前玉器的考古学探索》，社会科学文献出版社 2011 年版，第 4—5 页。

② 丁秀平：《齐家文化玉器综评》，载于马志勇、唐士乾主编《齐家文化与华夏文明》，甘肃民族出版社 2015 年版，第 326—327 页。

③ 杨伯达：《甘肃齐家文化玉文化初探》，《陇右文博》1997 年第 1 期。

（二）制玉工具

制玉的工具有砣具、线具、片具、管具、桯具、钻具等，其中砣具又称砂碾或转盘刀，是利用机械运动原理对玉料进行切割、琢磨的工具。新石器时代晚期至汉代所使用的砣具大约有五种，大砣用于切割，宽砣、斜砣、细砣用于雕琢纹饰，平砣用于打磨。① 线具、片具都是切割玉料的主要工具。片具有石制片具、木制片具、青铜片具等，线具主要是使用植物或者动物皮毛之类的切割工具。管具和桯具都是用来钻孔的工具。钻具主要是用来打孔的工具，有锥钻、桯钻、管钻等，材质有木、骨、石等。

（三）制玉流程

玉器的加工过程，尽管没有改变材料的质态，但工序需要长期实践和经验的积累，大致可以分为采玉、开璞、成型、钻孔、打磨、雕纹、镂刻、镶嵌、抛光等。②

1. 选材

玉石种类繁多，质地差异较大，选材是根据玉石的质地、光泽、形状等制作成不同种类的玉器。齐家文化不同种类的玉器所使用玉材是存在差异的，如质地良好的和田玉被做成琮等一类礼仪用器。

2. 切割

切割有线切割、片切割、砣具切割三类。"天下之至柔，驰骋天下之至坚"，③ 是对早期线切割最好的诠释。线切割是使用柔性有机纤维的线状工具加砂和水对玉石的切割。根据生产力的情况推测，使用线切的工具主要为麻绳、兽皮条，但大多使用麻绳，因其孔隙较大，可以附着解玉砂。④ 片切割在石器时代主要使用片状石器，青铜出现以后可能会使用青铜工具，在切割

---

① 徐琳：《中国古代治玉工艺》，紫禁城出版社 2011 年版，第 231—234 页。
② 徐琳：《中国古代治玉工艺》，紫禁城出版社 2011 年版，第 24—69 页。
③ 陈鼓应：《老子注释及评价》，中华书局 1984 年版，第 237 页。
④ 方向明：《史前琢玉的切割工艺》，《南方文物》 2013 年第 4 期。

的过程中使用较薄的石片或者是石刀加水和解玉砂在玉料上来回锯割，所留下的痕迹较为平整。砣具是新石器时代晚期常见的切割工具，具有中厚、边薄、圆盘状的造型特征。砣具切割一般有双向对切和单向切割两种，切割时与玉料的接触面呈"V"字形，切口处外大内小、边缘平直，切割痕中间宽深、两端尖浅。齐家文化中并未发现专门的切割工具，结合玉璧切割痕迹来看，片切割的工具可能为极薄的无齿锯，璧面有一条直线的切割痕迹。切割的过程中是连续地做往复运动，带动解玉砂摩擦所成，如新庄坪遗址出土的一件玉璧芯，边缘有明显的切割痕迹，中间有一道宽0.33厘米左右的凹槽（图3-19）。

图3-19　片切割痕迹

（新庄坪出土，

采自《玉泽陇西》，

第68页）

3. 钻孔

史前钻孔的方法和技术与所处社会的生产力条件是密切相关的，[1] 钻孔方式主要有三种，凿琢法、实心钻孔、空心钻孔。凿琢法是将坯料固定，使用尖锤锤凿，直至通透。实心钻又称桯钻，钻杆为实心，钻头一般较尖，这种钻眼较小。实验表明，钻孔工具多以燧石、黑曜石、石英、玛瑙等制成，其硬度大于玉料，同时辅助以解玉砂，是钻孔较好的工具。钻孔工具多种多样，但均需有尖状的钻头，其中有一种尖角三棱钻具有一定的旋削和扩孔的功能，[2] 考古发现的部分细石器可能也有同样的钻孔功能。钻头除了石制品之外，部分是木制、骨质品。这种钻孔的方式是将钻头固定在木杆或竹竿上使用，如新西兰的毛利人发明的一种拉弓式钻孔的方式，简单易行，且要比徒手钻孔功效高。空心钻，又称管钻，主要用于大孔的打钻。[3] 齐家文化玉器的钻孔可以分为单面钻和两面对钻，以单面钻为主。从对玉璧和玉琮

①　王强：《史前穿孔技术初论》，《四川文物》2009年第4期。

②　高星、沈辰主编：《石器微痕分析的考古学实验研究》，科学出版社2008年版，第111、117页。

③　徐琳：《中国古代治玉工艺》，紫禁城出版社2011年版，第44—48页。

孔内壁的观察来看，双面钻和单面钻都有，其中玉璧多为单面钻，玉琮多为双面对钻，如新庄坪遗址出土玉琮上就留有明显的双面对钻的接痕和旋痕。钻孔留下的"马蹄形"是齐家文化钻孔的特殊形式（图3-20）。

图3-20　钻孔痕迹

（新庄坪出土，

采自《玉泽陇西》，

第69页）

4. 琢磨、抛光

这是玉器加工的最后一个环节，有些器物经过琢磨就结束了，有些需要使用动物的毛皮进行抛光以使外表富有光泽。一般玉器要经过多次琢磨，分别是成型阶段和对整体装饰、纹饰进行的细磨。琢磨的工具主要是砺石，砺石主要为砂岩，分粗砺石和细砺石两类，打磨的时候加水或者铺一层细砂进行反复打磨。抛光是玉器加工的最后一道工序。璧、琮等礼器经过琢磨和抛光后不留任何切割、钻孔时候的痕迹，工具类的如刀之类一般不使用抛光工艺。齐家文化发现的玉琮表面就经过抛光处理，器面光滑温润（图3-21），应是使用动物皮革类工具进行抛光处理的结果。

图3-21　琢磨
和抛光后的玉琮

（临洮出土，采自

《玉泽陇西》，

第188页）

5. 镶嵌

齐家文化的皇娘娘台遗址、喇家遗址[1]等发现了一些小型的细碎玉片，推测应该是用作镶嵌之用。常见玉器中镶嵌主要是玉器中镶嵌绿松石或其他，二是青铜器上镶嵌玉石，三是其他材质的器物上镶嵌玉片或绿松石。邻近兰州地区的天水、齐家坪发现相同的牌饰，制作工艺就是将玉片、绿松石等镶嵌于铜器上[2]（图3-22）。

---

① 叶茂林、蔡林海、贾笑冰：《民和官亭盆地考古初获成果》，《中国文物报》2000年3月15日第1版。

② 张天恩：《天水出土的兽面铜牌饰及相关问题》，《中原文物》2002年第1期；易华：《齐家文化华夏说》，甘肃人民出版社2015年版，图版1、2。

图 3-22　齐家坪出土镶嵌绿松石铜牌饰

（采自易华《齐家文化华夏说》，图版 1、2）

大量玉器的出现，与成熟的治玉工艺密切相关，更离不开治玉作坊，考古发现的治玉作坊遗址往往和治石工场在一起。齐家文化发现较为确定的治玉作坊遗址有武威海藏寺遗址、民和喇家遗址。海藏寺遗址发现有许多玉器毛坯、半成品和边角料，其中一块玉板上还留着清晰的切割痕，由此可推知这里是一处治玉场所。①

第四节　社会结构与生活

齐家文化、辛店文化、董家台类型、寺洼文化是西北地区青铜时代的四支考古学文化。经过科学发掘的齐家文化遗址有齐家坪、皇娘娘台、永靖大何庄和秦魏家、民和县喇家、临潭县磨沟等，辛店文化遗址有张家咀、姬家川、莲花台等，这些遗址基本分布在兰州地区的周邻，为我们充分认识兰州地区这一时期的社会生活具有重要的借鉴意义。

一、社会结构

氏族公社时期，氏族成员之间的地位是平等的，社会差异主要是分工

---

① 刘光华主编：《甘肃通史·先秦卷》，甘肃人民出版社 2009 年版，第 91 页。

上的不同。在不同的阶段，女性和男性分别在社会中有着不同的角色。青铜时代是由原始社会向阶级社会过渡的大变革时期，社会中孕育着阶级社会的萌芽，私有制的形成和阶级的出现是社会变革的主要方向，而父权制则在兰州地区的青铜文化中表现得更为明显。

（一）贫富分化加剧

　　齐家文化时期，社会分化已经相当严重。甘青地区发现的 1100 余处齐家文化遗址中，开始出现大型中心聚落、规模独特的墓葬以及独具特色、制作精致的玉器和青铜器，社会出现明显阶层分化。种种迹象表明，齐家文化已经跨入了文明社会的门槛，其中社会的贫富分化较之马厂时期更加明显，尤其是墓葬方面。三人合葬墓的形制多为"凸"字形，规模较大，葬者应该掌握了巨大的财富，如柳湾墓地的第 972 号墓（M972），墓室长 4.2 米，宽 2.25 米，墓坑深 3.3 米，墓道长 1.5 米。墓内有三具人骨，其中一具在棺内，两具在棺外。棺内者仰身直肢；棺外者一具仰身直肢面向木棺，另一具仰身，肢体略微弯曲，右臂外伸，左臂置于胸前，后两者应该是殉葬者。墓内随葬品相当丰富。除大量的陶容器外，还有石、骨制成的生产工具和装饰品，其中有双大耳罐、高领双耳罐、陶壶、陶纺轮、串珠、绿松石饰品等 31 件。[①] 这种随葬品丰富的大型墓虽然数量不多，但它与既无木棺又无随葬品的小墓形成了明显的对比。由此可见当时的贫富分化现象已经产生，在分配关系上出现了新的情况，氏族成员在劳动产品的占有上出现了差别，导致了氏族内部富有家庭的出现。又如尕马台发现齐家文化墓葬 44 座，墓葬排列整齐有序，埋葬习俗相同，随葬品文化特征相同[②]，应为同一氏族的公共墓地，其中 25 号墓（M25）为竖穴土坑墓，平面为长方形，长 2.23 米、宽 0.9 米、深 1.1 米，单人俯身直肢葬，男性，随葬品有陶器 2 件、海贝 11 件、骨珠 583 件、绿松石珠 16 件、铜泡 2 件、铜镜 1

---

　　① 青海省文物管理处考古队等：《青海柳湾——乐都柳湾原始社会墓地》，文物出版社 1984 年版，第 187—189 页。
　　② 青海省文物考古研究所等：《贵南尕马台》，科学出版社 2016 年版，第 104 页。

件（图3-23），是整个墓地随葬品最为丰富的墓葬，墓主应该是氏族中的富有者，且身份和地位特殊。①

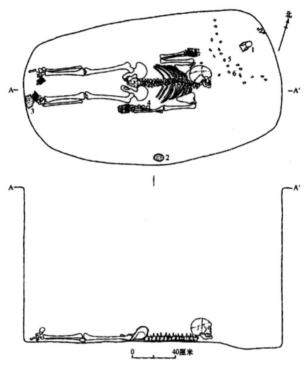

图3-23　尕马台 M25 平剖面图

1. 陶罐　2. 研磨器　3. 石块　4. 铜泡　5. 绿松石　6. 海贝

（采自《贵南尕马台》，第104页，图八六）

（二）父权制的巩固

父权制是指男性在社会中享有较高的地位，尤其强调其在政治、经济和文化中的支配地位，② 是社会发展到一定阶段的产物。齐家文化部分合葬墓中发现的一些现象应该是父权制的产物，如柳湾第963号墓（M963），长

---

① 陈亚军：《尕马台发现齐家文化铜镜补论》，载于《2016·齐家文化国际学术研讨会论文集》，甘肃文化出版社2017年版，第358页。

② 陈克进：《从原始婚姻家庭遗俗看母权制向父权制的过渡》，《民族研究》1980年第1期。

方形的土圹中放置一木棺，木棺内盛放两具人骨。经体质人类学鉴定，一具骨架为 40 岁左右成年男性，另一具人骨为未成年儿童，应为父子合葬墓，这种埋葬制度就是父权制下继承制度的一种真实反映。还有一种情况是二人同坑合葬，但一人在棺内，一人在棺外，这种埋葬方式多于同棺合葬和双棺合葬，一般为男性仰身直肢葬于棺内，女性侧身屈肢葬于棺外，应是夫妻合葬，非常明显地表现了男女地位的不平等，如柳湾 1112 号墓（M1112），为成年男女合葬墓，土圹内放置一木棺，男性人骨在木棺内，仰身直肢葬，而女性放于棺外的空地，侧身屈肢葬。这种现象在马家窑文化就有发现，到齐家文化中已经发展到了较为复杂的程度。此外，土坑合葬墓也是齐家文化中常见的埋葬形式，有三人以上合葬和二人合葬之分，其中三人以上合葬较少见，如皇娘娘台 1 号墓（M1）为四个小孩合葬。三人合葬除三个儿童外，还有一男二女的合葬。一男二女的合葬墓又与普通三人合葬不同，如皇娘娘台 48 号墓（M48），居中间者为仰身直肢葬的男性，左右侧为屈肢葬的女性，且面向男子，[1] 这类墓葬的随葬品往往多于二人合葬墓，一般用质量高、拥有财富象征的石（玉）璧做随葬品，这也是男女不平等的缩影。足见在齐家文化社会中，男性多居于统治地位，女性多属依附、屈从的地位。这些材料显示，随着社会经济和氏族社会的发展，以及氏族社会时期夫妻埋葬习俗的演进，私有制逐渐确立，阶级分化明显，氏族逐渐瓦解，更加强调了父权制，是社会分化的结果，也是历史发展的必然。

（三）社会发展阶段

尽管兰州地区发现的齐家文化遗存较少，但邻近地区的考古发现告诉我们，与新石器时代相比，青铜时代早期的齐家文化在农业、饲养业、手工业等方面都有长足的进步，社会发生着深刻的变化。

青铜时代兰州地区的社会中，畜牧业在社会中的比重与新石器时代不

---

[1]　甘肃省博物馆：《甘肃武威皇娘娘台遗址发掘报告》，《考古学报》1960 年第 2 期。

同，如永靖秦魏家遗址发现猪、羊、牛的下颌骨518块，其中猪骨占到83.3%，羊骨占9.7%，牛骨占7%，足见农业经济的稳定。社会生产力提高也促进了手工业的专门化，玉石器的琢磨、骨制品的制作、纺织品的加工、青铜的冶炼都离不开生产技术的发展和社会的进步。与制陶、纺织工艺相比，青铜冶炼技术的发展是当时社会生产力水平发生飞跃的重要标志。在物质文化发展的同时，青铜时代的人们更加重视精神文化的建设，如遗址中"石围圈"、卜骨①的发现是当时存在大型祭祀活动的物质见证（图3-24），也表明占卜、祭祀已经成为社会中一种重要的礼仪活动，并且开始制度化、规范化。

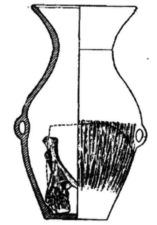

图3-24　秦魏家遗址出土卜骨

（注：卜骨出土时放置在陶罐中）

齐家文化的成年男女合葬墓，从葬式、年龄情况看，显然是夫妻（妾）合葬墓，而女性已处于依附和屈从的地位。从墓葬结构和随葬品的质量、数量上分析，大墓和小墓的差别悬殊，如柳湾第972号墓为一大墓，有墓道和墓室，通长4.2米，随葬品较多，有陶器、绿松石饰、串珠等，共计31

---

①　中国科学院考古研究所甘肃工作队：《甘肃永靖秦魏家齐家文化墓地》，《考古学报》1975年第2期。

件。小墓如柳湾971号墓，墓坑长仅1.5米，宽0.76米，深1.4米，不但墓小，而且没有任何随葬品。[①] 秦魏家墓随葬的猪下颌骨，多者达68块，少者1块，而多数墓没有。皇娘娘台墓中随葬玉石器数量不等，有的达83件，有的只有1件或者没有。这些都反映了墓主人生前拥有财富的差别，是社会上存在私有制、贫富分化的具体反映，说明社会剩余产品已开始向少数人集中，他们是部落和氏族首领、家族长以及围绕在他们周围的祭司、巫师一类人物。社会发展到这个阶段，贵族们不仅利用控制公社的权力剥削公社成员的劳动，侵吞集体财富，还要为自己的生活与行动安排一批服务人员以供他们驱使，于是便出现了附属于权力集团的卫士、仆役阶层，如柳湾第314号墓的墓主人为男子，仰身直肢平躺于木棺内，另一女子侧身屈肢置于棺外，一条腿被压在棺下，她显然是为墓主人殉葬的。西山坪发现有殉葬坑，保存均较完好。殉葬坑（M13）圆形，口径1.4米，深0.5米，坑内埋葬人骨架9具，作上下叠压或相互交错排列。这些人骨架经鉴定均为男性，年龄20至40岁。这些人或是战争的受害者，或是从外部落俘虏来的战俘，他们或惨遭杀害，或被作为祭祀的人牲。玉器在齐家文化中具有独特的意义。齐家文化发现的玉器除了璧、琮等祭器外（图3-25），还有一些刀斧类器物，应当与仪仗活动有关，反映了部族权力层的性质已发生变化。首领们已需要用礼仪的威严来强化统治，震慑庶民了。以上种种现象揭示了齐家文化社会结构的特征，到齐家文化后期，社会已跨入氏族制度渐趋衰亡而阶级分化正加速进行的军事民主制时代，兰州地区迎来了文明的曙光。

---

① 青海省文物管理处考古队、中国社会科学院考古研究所：《青海柳湾——乐都柳湾原始社会墓地》，文物出版社1984年版，第176—177、370页。

图 3-25　齐家文化玉器

1. 玉璧（甘草店出土）　　2. 玉璋（新庄坪出土）

3. 玉斧（喇家出土）　　4. 玉铲（甘草店出土）　　5. 玉琮（临洮出土）

辛店文化时期，在青海民和核桃庄①和大通上孙家寨等墓地发现殉葬墓。这类墓葬的人骨或是首身分离，或是残腿断臂，或是骨骸凌乱，死者的身份可能是战俘或奴隶，可见辛店文化时期社会处于极度不平等状态，贫富明显，等级森严，与奴隶制社会较为相似。

二、婚姻形态

人类最初的社会组织形式是通过婚姻关系实现的，社会的进化推动着

---

① 青海省文物考古研究所等编：《民和核桃庄》，科学出版社 2004 年版。

婚姻形态的进化。恩格斯认为人类历史有过三种主要婚姻形式：与蒙昧时代相适应的群婚制、与野蛮时代相适应的对偶婚制、与文明时代相适应的一夫一妻制。① 血缘家庭是群婚制的初级阶段，此时实行班辈婚，即同辈男女既互为兄弟姊妹，又互为夫妻。普那路亚家庭是群婚制发展的高级阶段，此时实行族外婚制，它不仅排除了父母和子女通婚，也排除了姊妹和兄弟通婚，要求一个氏族的一群青年男子集体"出嫁"到另一个氏族中与一群青年女子互为夫妻。在这两种群婚形态下，由于男女双方关系的不固定，子女"只识其母，不识其父"的现象普遍存在。对偶婚是母系氏族社会发展到一定阶段的产物，它是族外婚向一夫一妻制过渡的一种婚姻形式，指一对男女在或长或短的时间里偶居，但这种偶居并不是固定的同居，两性关系仍然比较松散。对偶婚对于多偶婚来说是有所进步的，即男女双方在多个性伴侣中有相对稳定的一个，但未形成严格的固定关系。这种婚姻不稳定的根本原因在于男女双方缺乏经济上的联系，即男女双方基本上都在各自的氏族内进行生产劳动，并不脱离自己的母系大家族。随着私有制的萌芽，男子在家中掌握了权柄，一夫一妻制家庭开始产生。随着生产力的发展，男性在生产生活中渐渐居于主导地位。墓葬是现实生活的真实写照，能反映当时社会生活的各个方面。在古人"视死如视生"的丧葬理念促使下，墓葬不仅是当时丧葬习俗的直接反映，也是当时社会组织、社会经济、意识形态、阶级关系的写照，因此墓葬形态和丧葬习俗对于了解先民的婚姻形态至关重要。②

齐家文化的墓葬以长方形竖穴土坑墓为主，圆形土坑墓、"凸"字形墓次之。有单人葬和合葬，其中合葬墓有成人合葬、成人与儿童合葬、成人与婴儿合葬三种。历史时期墓葬中男女合葬多以夫妻合葬的形式出现，并

---

① ［德］恩格斯著：《家庭、私有制和国家的起源》，中共中央马克思恩格斯列宁斯大林著作编译局译，人民出版社1999年版，第76页。

② 李胜军、王军花：《墓葬中的夫妻情》，《寻根》2015年6期，第62—66页。

且成为影响墓葬形态和结构发展、变化的主要因素之一,[①] 可见史前时期的成人男女合葬墓在一定程度上能够反映当时的婚姻形态。

（一） 一夫一妻制

齐家文化发现的成年男女合葬墓有三种葬式，即仰身直肢葬与侧身屈肢葬、侧身直肢葬与侧身屈肢葬、俯身直肢葬与侧身直肢葬，男女的位置既有男左女右，也有男右女左，一般都有一定数量的随葬品；仰身直肢者多系男性，侧身屈肢者多系女性，女性面向男性，双手趴在男性的左肩上，凸显了二人的亲密关系（图3-26），成年男女合葬墓标志着两性婚姻关系的确立。

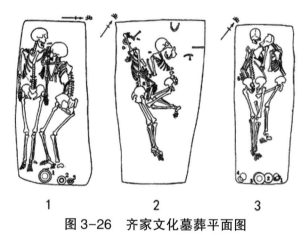

图 3-26　齐家文化墓葬平面图

1. 秦魏家 M105　　2. 秦魏家 M50　　3. 秦魏家 M52

齐家文化发现的成年男女合葬者显然是夫妻合葬，大多男性是仰身直肢，女性为下肢弯曲，侧身面向男子，男子的社会地位较为突出。男性凭借自己的优势地位，打破母权制的婚姻秩序，改变群婚形态下的对偶婚从妻居的传统，转变为从夫居的一种形式，夫妻间建立起较为稳固和持久的

[①]　黄伟：《试论周秦两汉夫妻合葬礼俗的几个问题》，载于《四川大学考古专业创建四十周年暨冯汉骥教授百年诞辰纪念文集》，四川大学出版社2001年版，第322—335页。

关系，对偶婚就被一夫一妻制所取代。一夫一妻制的婚姻形态根植于当时的社会大分工以及生产劳动的复杂化和生产技术的专门化。由于生产力水平的提高，仅凭男子劳动就可以获得生活资料的大部分或主要部分，妇女的劳动则局限在家庭劳动为主的小范围里，她们在家庭中下降到附属地位，相反，男子在社会生产中的作用日益增强。最初，一夫一妻制家庭依附于父系大家族。当生产有了进一步发展后，小家庭便有了更多的独立性和自主能力。生产力的进步是原始公社解体和阶级产生的物质基础，也是一夫一妻制婚姻形态存在的基础。跟马家窑文化相比，这时的生产力已达到一个新的发展水平，不仅表现在农业与畜牧业方面，更重要的是，以铜制工具为主要标志的冶金技术已经出现了。铜器的制造工序要比石器复杂，而且需要有部分人专门从事这项生产。这一新技术的出现，大大促进了手工业的分工，劳动分工使生产趋向个体化。个体生产的可能性和私有财产制的发展，以及私有观念的加强，使大家族发生分裂。以一夫一妻为基础，由夫妻及其子女组成的个体家庭从大家族中独立出来，保证了这种婚姻形态的稳定性。

（二）一夫多妻制

齐家文化墓葬中发现一批三人男女合葬墓，如皇娘娘台48号墓（M48），坑长2.6米、宽1.48米、深1.15米，居中者系男性，左右两侧的人骨系女性，骨架上均有红色颜料，右侧女性较年轻。在男子身上随葬石璧83件、玉璜1件，脚下方随葬陶罐7件、平底尊2件、豆1件、小石子304颗。[1]从男、女骨架的位置和形态观察，男性仰身直肢居中，两侧女性人骨均侧身，面向男子，下身屈肢，双手大多屈于胸前，呈现出侍奉状态，这应是妻妾为丈夫殉葬的明显例证（图3-27）。这种婚姻形态是从对偶婚过渡到一夫一妻制以前的特殊现象，而不是普遍现象。[2]墓中的男性应为所在氏族

---

① 甘肃省博物馆：《武威皇娘娘台第四次发掘》，《考古学报》1978年第4期，第431页。

② ［德］恩格斯著：《家庭、私有制和国家的起源》，中共中央马克思恩格斯列宁斯大林著作编译局译，人民出版社1999年版，第60—61页。

的富裕者或显贵，且与女性同时埋葬，但又不可能都是同时死亡，由此可见父系大家族是阶级对立和阶级压迫的原始组织形式，夫权笼罩下的一夫一妻制婚姻生活中，男性奴役女性属是比较普遍的现象。

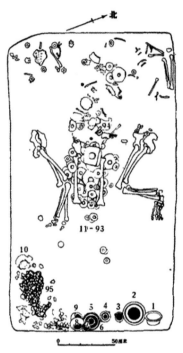

图 3-27　皇娘娘台 M48 平面图

1—10. 陶器　11—93. 石璧　94. 玉璜　95. 小石块

（三）父系血缘关系的确立

齐家文化的合葬墓有一种为成人与儿童合葬，成人多为男性，应为父子合葬墓。这种葬俗在永靖秦魏家、大何庄、皇娘娘台都有发现，[①] 如大何庄 23 号、55 号、63 号墓（M23、M55、M63）都是成年男性和儿童合葬，成人仰身直肢，儿童侧身屈肢（图 3-28）。皇娘娘台 27 号墓（M27）的儿童侧身屈肢，位于成人右腿旁，上肢屈肘于胸前，两腿弯曲搭在成人小腿

---

① 谢端琚：《甘青地区史前考古》，文物出版社 2002 年版，第 129 页。

骨上，成人身上有石璧 2 件，脚下方随葬陶罐 7 件、灰陶豆 1 件、壶 1 件，在罐口旁堆放绿色小石子 28 颗。

母系氏族社会时期多为母子合葬墓，主要是由于"民知其母，不知其父"，而父子合葬说明子女的男系血缘关系可以得到确认，因此当时已经产生了以父系血统明确世系的习惯，传统的财产继承制随着父权的确立，将由父亲的血缘亲属来继承，尤其是父子继承制已经形成。

三、聚落与建筑

青铜时代文化发现的聚落建筑较之新石器时代资料稀少，经过完整揭露和发掘的聚落几乎未见。考古调查显示，兰州地区绝大多数的青铜时代聚落延续了新石器时代的聚落选址，往往选择靠近水源、发育较好的黄土台地。房屋建筑类型丰富，多呈方形，有明显的功能分区。

图 3-28　大何庄
M55 平面图
1—5. 陶器

（一）齐家文化

据对冰川、沙漠、湖沼、黄土进行的古气候环境信息研究，大约 11000 年前全新世之始，地球史上最末一次冰期——武木冰期已告结束，世界气候转暖。距今 4200 至 3200 年为较稳定的温暖期，[①] 大致相当于中原地区的夏商时期。齐家文化时期，环境正好处于温暖期。齐家文化分布的东部地区，系更新世晚期堆积形成的黄土层受夏季内陆暴雨的冲刷，以及史前人们从事各种生产活动的影响，土壤侵蚀，破积发育加速，基本表现为以灌

---

① 施雅风总主编，张丕远主编：《中国历史气候变化》，山东科学技术出版社 1996 年版，第 283—306 页。

木和草木为特色的森林草原景观。齐家文化分布的西部地区为干旱区，大致呈现为草原荒漠景观。① 自进入温暖湿润的冰后期，社会生活全面进入定居聚落阶段。齐家先民们聚族而居，依靠集体的力量与自然界斗争。居址的环境选择大都位于靠近河流、发育良好的黄土台地或缓坡上，自然地理条件优越，便于人们生活。区域内居址密集布列于同一河流的两岸，彼此间距离很近，互为比邻，如黄河、渭河、洮河、大夏河、湟水流域就有为数众多的齐家文化聚落遗址；有的遗址文化堆积层很厚，表明先民使用同一遗址的时间很长。

齐家文化聚落规模大小不等，大者数十万平方米，小者不足 1 万平方米，但多在 5 至 7 万平方米之间。规模的差异反映出聚落已经存在层级化的现象，如武威皇娘娘台遗址、民和喇家遗址就是典型的高等级聚落。以民和喇家遗址为例，东西长 500 米、南北宽 400 米，总面积约 20 万平万米，聚落外围有宽大环壕，聚落内分布有密集的白灰面房址，并以广场为中心成排分列，同一排房屋门向一致。广场被人工踩踏成硬土面，其中还清理出埋藏坑，出土有较丰富的遗物，包括完整的陶器、玉石器、骨器和卜骨等，表明广场是齐家先民举行重要仪式活动的场所。房屋周围是窖穴，用来储存粮食、工具或其他物品，大小不一，小者口径约 1 米，大者口径可达 2 米，形制有口大底小的锅形、口小底大的袋形、口底相若的筒形，有的窖穴内还加装木头框架。窖穴废弃后，往往成为倾倒生活垃圾的垃圾坑，少部分用于埋葬人骨。

齐家文化时期的先民相地而居，在不同地区修建了不同形式的房屋。具体而言，有半地穴式、窑洞式、地面式和干栏式等，房屋平面多呈长方形和圆形，基本为单室结构，室内中间靠门处有圆形灶台，门道多向南面，以平面方形或长方形半地穴式房屋最多，屋内多在居住面和墙壁下部涂抹一层白灰，平整光洁，坚固美观，而且能起防潮的作用，白灰面下还涂抹有一层草拌泥，形成所谓的"白灰面住屋"，这是齐家文化房屋最典型的特

---

① 宋镇豪：《夏商社会生活史》，中国社会科学出版社 1994 年版，第 13—14 页。

征。白灰面房屋是齐家文化在建筑上的一个重要成就，虽然其他文化类型也发现这种住屋，但不如齐家文化普遍。

兰州地区发现的齐家文化房屋建筑只有 1 例，青岗岔 2 号房址（F2）。房屋为前后双室，前室为长方形，后室为圆形半地穴式，与客省庄二期 98 号房址相近。① 此外，在兰州邻近地区发现了很多这一时期的建筑，如临夏永靖县大何庄遗址发现房屋和居住面共 7 处，其中 7 号房址（F7）是一座方形半地穴支柱式房屋，面积约 36 平方米。房屋的门开向西南，斜坡门道连接室内和室外，略呈长方形。房屋中间挖成深 30 厘米的竖穴，前面有向外凸出的出入口，穴的后部宽 4.2 米，前部宽 3.94 米，两旁各 4 米。竖穴的壁面先涂一层厚约 2.5 厘米的草拌泥，然后再涂上一层厚约 0.3 厘米的白灰。房屋的居住面和四壁也是先涂一层草拌泥，然后再抹一层白灰面，所涂白灰稍厚，约 0.5 厘米。整个居住面的中部稍高起，四角略低。屋内中间处，有一个高出居住面约 3.5 厘米的圆形灶址；灶面平整，直径 1.2 米，由于长期烧烤已变成红褐色，质极坚硬；灶址周围发现有 10 多件碗、盆、罐和器盖等日用陶器；罐的外面多有烟熏的痕迹，有的还粘着草灰；在一件粗陶侈口罐内，还保存着小半罐被火烧焦了的粟粒；居住面附近发现一件铜匕，匕面上也粘有被火烧焦了的粟粒少许。居住面的四角各有柱洞一个，大小相似，底部平坦。在室外周围共发现柱洞 10 个，周围柱洞距离竖穴的四壁 1—1.4 米，大体作对称排列，这一空间应是一回廊式建筑。这段地面不涂白灰，但很平整结实，显然是经过加工和长期的居住踩踏所形成的。依据发掘现象，可以将 7 号房址（F7）复原成一座带回廊的中间方形平顶、呈四面坡的半地穴式房屋。② （图 3-29）2 号房址（F2）居住面保存较好（图 3-30），长 4.15 米，宽 3.1 米，呈红褐色，土质坚硬。门向从残存的路土痕迹辨认，应在南面的中间。周围共有 10 个直立的柱洞，洞径一般 15 厘米左右，深 13—20 厘米。灶址直径 1 米，高约 2.5 厘米。由于它的面积较小，所

---

① 甘肃省博物馆：《甘肃兰州青岗岔遗址试掘简报》，《考古》1972 年第 3 期。
② 中国科学院考古研究所甘肃工作队：《甘肃永靖大何庄遗址发掘报告》，《考古学报》1974 年第 2 期。

以灶址只能设在旁边，同时为了通风和出烟的需要，壁上可能留有小窗口。①

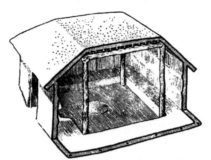

图 3-29　大何庄遗址房屋 F7 复原图

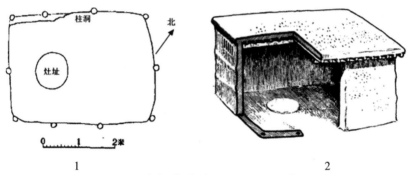

图 3-30　大何庄遗址 F2 平面图、复原图

（采自《考古学报》1974 年第 2 期，图八、图九）

　　民和县喇家遗址 15 号房址（F15）作为齐家文化目前已知保存最好的一座房屋，是利用断崖开凿而成的窑洞式房屋。门外场地与室内地面处于同一平面，房址内的坍塌物皆是黄土块，证实窑洞顶是黄土层，保存的墙壁高达 2—2.5 米。同是窑洞式房屋，秦安县寺咀坪遗址 2 号房址（F2）的木骨泥墙独具特色。房屋平面近正方形，南北长 4.1 米，东西宽 3.6 米，东西壁残存最高有 1.78 米。室内墙壁上涂抹一层厚 8—9 厘米的草拌泥，草拌泥下室壁竖立着一排排间距 7—8 厘米的柱孔，直行木理痕迹还很显著，接

---

　　① 中国科学院考古研究所甘肃工作队：《甘肃永靖大何庄遗址发掘报告》，《考古学报》1974 年第 2 期。

近柱孔的位置旁还有类似竹、木钉子钉过的小孔，这表明在涂抹草泥之前先在土壁上划成不平的沟痕，并用竹木循四壁编骨架，然后再涂上很厚的草拌泥，使其不易脱落。

地面起建的房屋在齐家文化中较少见，喇家遗址 20 号房址（F20）就是一座三排四列 12 个柱洞的地面建筑，平面接近方形，地面上有比较好的加工硬面，有的为烧土面（图 3-31）。干栏式建筑同样见于喇家遗址，21 号房址（F21）是一座三排 9 个柱洞的地面建筑（图 3-32），推测是一个结

图 3-31　喇家遗址 F20 建筑遗迹

（采自《考古》2004 年第 6 期，第 4 页，图一）

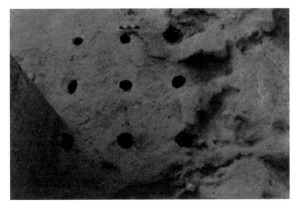

图 3-32　喇家遗址 F21 干栏式建筑遗迹

（采自《考古》2004 年第 6 期，第 4 页，图二）

构比较简单的干栏式高台建筑，建筑史学者认为它很可能是"社"或"明堂"一类的干栏式礼制建筑。[①]

（二）辛店文化

辛店文化是继齐家文化之后，西北地区一支重要的文化遗存。辛店文化的建筑遗存主要是窖穴和房屋。窖穴有锅形、袋形、长方形等。房屋形制较单一，多为长方形半地穴式建筑，门道设在西边，呈斜坡状，在居住面中间有一圆形灶坑。临夏莲花台遗址发现房址1座（F1），为半地穴式房屋，呈圆角长方形，东西长8.25米，南北宽5.5米，居住面先垫上一层灰褐土，然后在其上面再涂抹一层草拌泥，坚硬而平整，在房子的两长边各有一排柱洞，房子中间还有两个较大的柱洞，应是支撑屋顶的大木柱柱洞。房子中间偏东有一圆形灶坑，灶壁敷有一层红胶泥，灶坑呈锅形，口径1.05米，在坑内尚存狗骨的残骸。在房子的堆积中，出土有大量陶、石、骨器等遗物。[②]

辛店文化的房屋与齐家文化的房屋相比较，有其独特的风格，房子较窄长，齐家文化常见的白灰面建筑不见于辛店文化，灶坑呈锅形，与齐家文化高出居住面的灶址相异。

关于"董家台类型"的遗存揭露较少，其聚落和建筑尚不能准确揭示。

四、饮食与服饰

齐家先民过着比较稳定的定居生活，其饮食结构与当时的生业形态有密切关联。农业是当时的主要生业形态，食物主要来源于经营原始农业。农作物以粟为主。在进行农业生产的同时，齐家先民还兼营畜牧业，家畜饲养，并通过狩猎、采集来补充食物。富足的农业、畜牧业和发达的纺织业是齐家文化时期社会发展的物质基础。

---

① 中国社会科学院考古研究所甘青工作队、青海省文物考古研究所：《青海民和喇家遗址发现齐家文化祭坛和干栏式建筑》，《考古》2004年第6期。

② 中国社会科学院考古研究所甘肃工作队：《甘肃永靖莲花台辛店文化遗址》，《考古》1980年第4期。

（一）饮食

碳-13测定的结果显示，从仰韶文化到龙山文化时期，兰州地区先民的饮食中，粟占相当重要的地位，[①] 黍、大麦、小麦、高粱和大麻等也是常见的农作物。这些农作物的遗存在房址、灰坑、墓葬等遗迹中都有发现，如大何庄遗址的一座房址出土的陶罐内盛放着粟粒（已炭化），部分遗址还发现有专门用来存放粮食的窖穴，深1米左右，口径1—2米，壁面平整。同时，也发现了一些专门收割、加工粮食的工具，其中石刀、石镰、陶刀等。石刀用砂岩和板岩磨制而成，刀身上有单孔或双孔，孔居中或靠近刃部，刃部两面磨成，有弧刃和凹刃。石镰同样由板岩或砂岩制成，刃部凹入或作半月形，两面磨成，形制与现代镰刀相仿。石磨盘和磨棒是脱皮工具，磨盘由砂岩制成，磨面粗糙下凹；磨棒呈圆柱状，上细下粗，顶端呈半球

图 3-33　喇家遗址面条出土情况

（采自《科学通报》2015年第8期，第745页，图二）

---

① 蔡莲珍、仇士华：《碳十三测定和古代食谱研究》，《考古》1984年第10期。

形，磨面鼓起。喇家遗址面条（距今 4000 年左右）的发现足以证明当时人们加工粮食的水平①（图 3-33）。

齐家先民在注重农作物种植的同时，还通过饲养家畜和狩猎来补充肉食，饲养的家畜有猪、牛、羊、马、狗等。各遗址中发现了大量的动物骨骼，其中猪骨最多。狩猎的对象有鸟类、鹿、麂、鼠、鼬、鼢鼠等，所用的狩猎工具有石矛、石镞、石弹丸和骨镞等，以骨镞最为常见。此外，部分野生植物的块茎、果实等也被用来补充食物的供给不足。值得关注的是，齐家先民已经知道调味在食物中的重要性，如盐的使用。

齐家先民的食器主要包括炊食器、盛食器及取食器等。与中原地区不同，齐家先民较少使用鬶、鬲、鼎等三足炊器，夹砂红褐粗陶侈口罐是最常用的炊器，盛装食物的主要是陶盆、陶碗和陶豆，单耳罐、双大耳罐和杯是取水、装水和饮水的器具（图 3-34）。考古发现的这些陶器中，有些器物的底部外表有烟炱，应是炊煮时火烧的痕迹。

图 3-34　兰州地区发现齐家文化陶器

1. 高领罐（榆中县博物馆藏）　　2. 大双耳彩陶罐（榆中县博物馆藏）

3. 陶盉（广河齐家文化博物馆藏）

此外，考古还发现了大量的骨匕、骨叉。骨匕利用骨片磨成，器身扁

---

① 吕厚远、李玉梅等：《青海喇家遗址出土 4000 年前面条的成分分析与复制》，《科学通报》2015 年第 60 卷第 8 期，第 744—756 页。

平，顶端有穿孔，个别有刻划纹饰。① 铜匕与骨匕形制相近，个别铜匕上还残留有少许粟粒（图3-35）。骨叉呈扁平长条形，前端分为三叉，与今天使用的叉在器型上并无二致。②

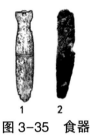

图3-35　食器

1. 骨匕　2. 铜匕

（采自《考古学报》1974年第2期，图版拾捌）

齐家文化中晚期，社会经济由农业为主，开始逐渐转向农牧结合的经济形态，部分人开始从事畜牧业生产，牲畜的增加也影响了人们的饮食结构和方式。辛店文化、董家台类型、寺洼文化的人们在从事农业生产的同时，也兼营畜牧，驯养的动物有牛、羊、狗、猪等，以羊为主，饮食种类和方式也有了游牧文化的要素。

（二）服饰

服饰包括衣着和装饰品，是一种无声的语言，陈述着相应时代的文化与文明。考古发现表明，青铜时代的兰州先民不仅利用骨针、骨锥缝纫兽皮制衣，而且已经开始纺织布匹，同时也制作了不同质地、形制和种类的装饰品用来装饰身体和衣着。

1. 齐家文化服饰

齐家文化的居址与墓葬中普遍发现有陶纺轮、石纺轮和骨针等纺织工

---

①　中国科学院考古研究所甘肃工作队：《甘肃永靖大何庄遗址发掘报告》，《考古学报》1974年第2期。

②　甘肃省博物馆：《甘肃武威皇娘娘台遗址发掘报告》，《考古学报》1960年第2期。

具，仅在永靖大何庄遗址就出土骨针 29 枚，器身分粗大和细长两种，可满足不同的缝纫要求，磨制精细，顶端针孔处较扁，说明当时人们能捻纺很细的线来缝制衣服。遗址中出土骨锥 26 件，多利用动物的肢骨磨制而成，一端比较尖锐，可在比较坚实的兽皮上戳穿成孔，再用骨针引线缝制。另外，还出土石纺轮 27 件、陶纺轮 56 件（图 3-36），用来纺织衣料。

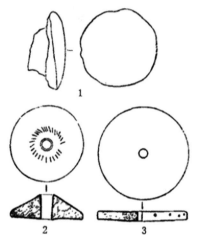

图 3-36　大何庄遗址出土陶拍、陶纺轮

1. 陶拍　2—3. 纺纶

除了石质、骨质制衣工具外，这一时期还新发现了红铜锥，在武威皇娘娘台遗址出土 14 件，永靖大何庄遗址发现 1 件。形制主要有两种，一种为四面体、圆刃口，尾端锤击成较薄的扁平形状，用于安装柄把，此式铜锥一般制作精致，锤工甚细；另一种锥体圆形，前端圆刃口，尾端略为粗壮，由于制作不良和使用的关系，锥体都略有弯曲。

齐家先民纺织业生产已有较高水平。大量出土的陶纺轮、石纺轮和骨针等纺织缝纫工具，表明当时纺织业是一项较普及的家庭手工业。在大何庄和秦魏家遗址的墓葬中，人骨架及随葬陶器上均发现有清晰的布纹痕迹，经纬线清晰，可能以大麻为原料。永靖大何庄遗址 75 号墓（M75）和 34 号墓（M34）出土的双大耳罐上都发现了保存较好的布纹痕迹（图 3-37）。布似麻织，有粗细两种，粗的一种每平方厘米有经纬线各 11 根；细的一种，其细密程度几乎可以与现代的细麻布相比。在人头和身躯上也发现布纹，说明死者全身是裹着或穿着麻布衣埋葬的。从这些布纹纹理结构和细密程度观察，推测纺织技艺已达到相当高的水平。这种麻布显然是齐家先民的重要衣料之一，除此之外，我们推测兽皮、毛、鸟羽、草叶、树皮、葛等都是先民们的衣料选择。

图 3-37　大何庄双大耳罐（M34：6）口部布纹痕迹

（采自《考古学报》1974 年第 2 期，图版陆-1）

装饰品不仅是爱美之心的表现，也是人们为了托佑神灵、驱祟辟邪、宣示威猛、取悦异性的需要。兰州地区先民不仅热爱装饰品，而且还给装饰品赋予了特殊的含义。

玉器类是齐家文化先民的首选装饰品，如玉璜、绿松石、玛瑙等。玉璜是先民们较为贵重的配饰，仅在一些较高等级墓葬中发现，扇面形，两端穿孔。1963 年，在兰州市七里河区青岗岔遗址的齐家文化 3 号墓葬中就发现了 4 件绿松石饰品。[①] 玛瑙也是同样的制作方法。

牙饰利用动物的牙齿制成，一端穿孔，另一端有刀削的痕迹。骨珠串是由骨珠串成的项链。固原店河 1 号墓和 2 号墓（M1、M2）人骨颈部各均出土骨珠串，骨珠径 02—0.37 厘米，孔径 0.1—0.15 厘米。

铜装饰品用于齐家先民日常生活，如耳饰、项圈、臂钏、铜环、铜泡、铜管等，但使用面不广。铜泡，圆丘状，面鼓，内凹，内有一横向钮，直径 2.3—2.6 厘米。临潭磨沟墓地 848 号墓（M848）1 号偏室（R1）内出土

---

① 甘肃省博物馆：《甘肃兰州青岗岔遗址试掘简报》，《考古》1972 年第 3 期。

铜泡3枚，位置在1号偏室墓主的腹部，推测应是缝缀于衣服上的装饰品。铜环，功能等同于戒指，圆形，系锤击而成，在秦魏家墓地70号墓（M70）和99号墓（M99）人骨架的手指旁各出土1件。铜镯在积石山新庄坪遗址发现5件，环状，截面呈圆形或方形，两端为圆头或尖状，直径约6厘米。

2. 辛店文化服饰

辛店文化时期的服饰，在齐家文化服饰的基础上继续发展，直观的考古资料也有发现。辛店文化墓葬中，随葬有大量的装饰品，仅核桃庄小旱地一处，出土的石珠即达1800颗，最多的一座墓出土676颗，该墓地还出土玛瑙珠20余颗、骨珠710颗、铜泡50颗、有孔铜片85片、穿孔绿松石10余颗。其他墓地也出土骨管、骨笄、铜珠、铜铃、铜扣、铜管、陶环、石环、穿孔蚌饰、穿孔圆骨饰等装饰品，均小巧玲珑，制作精致美观。1984年，临夏莲花台辛店文化墓葬中出土铜器16件，其中铜扣2件、铜管14件，皆从16号墓（M16）出土。铜扣2件，大小相同，直径2厘米，呈不规则圆形，表面凸起，背内凹，中心有桥形小钮，钮上有穿孔，当为穿系之用。铜管14件，皆用薄铜片卷曲而成，长0.8—1.95厘米，直径0.5—0.8厘米。骨管5件，亦为16号墓（M16）出土，其中4件用兽肢骨磨制成圆形长柱状，然后切割而成，中空，直径0.5厘米，壁厚0.15厘米，管长0.8—1.5厘米。另外一件形状与前四件基本相同，只是略粗略长，而且骨管壁上开一长条形孔。骨圈42枚，16号墓（M16）出土40枚，1号墓（M1）出土2枚，均用兽骨磨制，圆形，白色，大小相若，形状规整，孔径基本一致，厚0.25—0.3厘米，直径0.5—0.6厘米，孔径0.25—0.35厘米。这些铜管、骨管、骨圈，三者相间依次循环排列，出土时围绕在16号墓（MI6）人骨颈部周围，显然是项链上的饰件。

1989年，在与兰州市红古区西邻的青海省乐都县柳湾墓地东约300米的一处台地上出土了一件彩陶靴（图3-38）。彩陶靴中空，高11.6厘米，底长14.6厘米，壁厚0.3厘米。彩陶靴口部为圆形，直径6.6厘米，口微侈，与这里出土的彩陶罐的口部相仿。从整体造型来看，与长筒靴相似，分为靴鞡、靴面和靴帮、靴底三部分。靴底厚0.4—0.6厘米，头部呈圆形，跟部呈方折形。靴面靴帮与靴底有明显的衔接痕迹。彩陶靴为夹砂红陶，器物表面施紫红陶衣，并用黑彩绘制由条纹、回纹、三角纹等组成的几何形图案。这件辛店文化的彩陶靴是我国迄今发现的最古老、最成熟的靴子的造型。

图 3-38　柳湾墓地出土辛店文化彩陶靴

1. 实物照片　2. 器物线图

五、精神文化

精神生活主要包括丧葬习俗、彩陶艺术、祭祀占卜、原始音乐等方面，彰显青铜时代兰州先民们丰富的精神世界，展现出他们在基本生计之外，对世界、对生命的态度。兰州地区发现青铜时代的遗存虽然较少，但通过对这些材料的深入解读，以及对兰州周邻地区相关考古材料的综合分析，依然能勾勒出这一时期兰州地区先民的精神文化生活。

（一）丧葬习俗

齐家文化的氏族一般有公共墓地，① 墓地规模大小不一（图 3-39）。墓葬结构以长方形土坑墓为主，墓坑大者以成年人为主，小者多埋葬儿童。

① 钱耀鹏、周静、毛瑞林、谢焱：《甘肃临潭磨沟齐家文化墓地发掘的收获与意义》，《西北大学学报》（哲学社会科学版）2009 年第 39 卷第 5 期。

墓葬的方向以西北方为主。墓葬的头向应该是当时思想意识或宗教信仰的反映，如瑶族认为人从哪里迁来，头就得朝向哪里；布朗族认为头应朝日落的方向；佤族埋葬死者也向西，他们认为日落西方，死者的头向必须朝西。绝大多数墓葬没有明显的葬具，仅见下海石发现一座石棺葬，而在邻

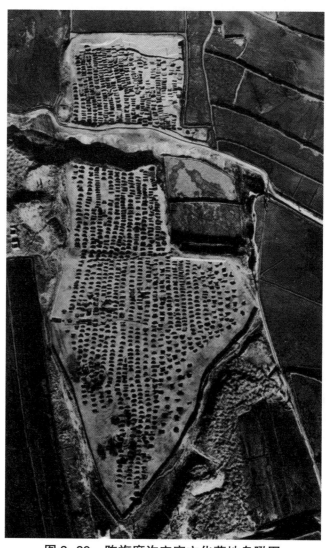

图 3-39　陈旗磨沟齐家文化墓地鸟瞰图

（甘肃省文物考古研究所供图）

近兰州地区的青海乐都柳湾墓地发现木制的葬具，有独木棺、长方形木棺和垫板三种，其中独木棺是用圆木一段削去上部一小半，再将中部凿空成船舱状，底部稍削平，形似独木舟，有的有盖。用独木棺作为葬具的习俗，在我国少数民族中可找到很多例证。有些死者身上撒红色赭石粉，一般认为是生命复活的象征。

　　齐家文化的埋葬方式多种多样，可分为单人葬和合葬墓两大类。从葬式上看，可分为仰身直肢葬、屈肢葬、侧身葬、二次葬、俯身葬等，其中仰身直肢葬是齐家文化的主要葬式。齐家文化先民死后常把生前所用的生产工具、生活用具和装饰品以及饲养的家畜等埋入墓内，作为死者的随葬品。齐家文化墓葬出土的随葬品中也包括数量较多的玉器，不仅说明齐家文化玉石制造业有一定的规模，而且也充分反映了以玉敛尸的丧葬习俗，如青岗岔遗址出土的两座齐家文化墓葬，均为竖穴土坑墓，仰身直肢葬，随葬品除陶器之外，还有少量的绿松石饰物。①

　　辛店文化墓葬，除永靖莲花台、姬家川和东乡崖头有发现外，在青海大通上孙家寨、民和核桃庄、共和合洛寺等地也发现有规模较大、保存较好的氏族公共墓地。墓葬形制以长方形竖穴土坑墓为主，长方形竖穴洞室墓、近似椭圆形、三角形的不规则形墓次之。洞室墓即在长方形竖穴坑的侧壁掏一个洞，洞底平面多呈长方形，洞壁呈拱形，洞室与竖穴土坑相向并列，用以放置死者骨架或随葬品。墓葬大小不一，小者长2米左右、宽1米，大者长达3米以上，宽约2米，有的墓葬还设置宽约0.5米的二层台。葬式比较多样，既有仰身直肢葬、屈肢葬、侧身葬、俯身葬，也有"二次扰乱葬"或迁骨葬等。墓内一般都有随葬品，一般是1—3件，也有5—6件的，属于装饰品一类的小件器物很丰富，既有石、骨制的，又有铜制的器物。随葬品以陶器为主，主要有双耳罐、双大耳罐、盆和粗陶罐等；石器有斧、刀、铲、凿等；骨器有针、锥、镞、铲等；装饰品有玛瑙珠、绿松石饰、骨管、铜泡、铜珠、铜铃等，制作得小巧玲珑、精致美观；铜器有

① 甘肃省博物馆：《甘肃兰州青岗岔遗址试掘简报》，《考古》1972年第3期。

锥、刀、凿、削等；还有海贝、石贝等。随葬品的摆放位置有一定的规律，陶器多放在死者头部上方或足附近，生产工具多放在腰侧或手旁，装饰品多放在头部、颈部或胸前。辛店文化墓葬还流行随葬动物的习俗，较为常见的动物是牛和羊等。辛店文化还发现一例火葬墓葬，民和中川喇嘛坟出土被烧过的尸骨放在棺内，棺外随葬一只辛店文化的典型陶罐。

墓地多坐落在河谷较高的台地或溪旁的缓坡上，与河面高差较大，如栏桥墓地距西汉水河面约 50 米，徐家碾墓地高于洛川河面约 60 米。墓葬形制流行长方形竖穴土坑墓，墓穴四壁构造规整平齐，有的墓口小底大呈梯形。徐家碾的墓坑较深，最深者可达 6 米左右。墓葬方向既有南北向，也有东西向，各墓地的情况不尽相同。墓穴头向的一端略宽于足端。有一部分墓的墓坑内设有壁龛和二层台，壁龛设在死者头部一端，多位于二层台上，龛内放殉人或随葬品。二层台设在墓的四周，有的仅在墓内一侧或两侧设置。栏桥墓地发现的墓葬，方向基本一致，均为东西向。在徐家碾和九站墓地发现木椁或木棺，平面多呈"Ⅱ"字形。葬式有仰身直肢葬、二次扰乱葬和火葬等。

寺洼文化中最为引人注意的是火葬墓，最早在寺洼山墓地发现。云南阿昌族人死后一般用土葬，但死者如果是孕妇或是害恶性传染病致死的，都用火葬。墨西哥的阿兹特克人正相反，认为正常死亡者当用火葬，而对因溺水、电击、水肿或麻风病而死的人不行火葬，要实行土葬。也有人认为火葬墓应当隐含了一种原始宗教情结，如对太阳、火的崇拜①（图 3-40）。火葬是羌人丧葬习俗中的一个重要特征，《太平御览》卷 792 记载："庄子曰：'羌人死，燔而扬其灰。'"至今在川北生活的羌族依然保留着火葬的习俗。从火葬习俗来看，人们可能认为逝者经过焚烧，灵魂随同烟雾上升至天，即"烟上登遐"。还有一些墓葬中属于二次扰乱葬的形式，也是表达一种通过破坏逝者身体的方式，进而摆脱肉体的束缚，来解放灵魂的观念。

---

① 杜博瑞：《甘青地区先秦火葬墓研究》，《草原文物》2017 年第 2 期，第 64—72 页。

图 3-40　彩陶中的太阳纹与火纹

（采自《草原文物》2017 年第 2 期，第 69 页）

（二）彩陶艺术

兰州地区的史前彩陶文化历时弥久、光辉灿烂，在中华文明的起源中彰显着自己的价值。青铜时代兰州地区发现的彩陶数量较少，纹饰简洁，纹样稀疏，彩陶艺术开始逐渐衰落。

兰州地区发现的齐家文化彩陶在榆中等地均有出土，以泥质红陶为主，彩陶纹饰主要有红彩、紫红彩与黑彩，其中红彩占据相当大的分量，与马家窑文化的黑彩风格形成鲜明对比。纹样有方块连续带纹、蕉叶纹、横人字纹与倒三角纹等，这些纹样均不见于马厂类型，如榆中清水驿祁家崖湾出土的平行线纹双大耳彩陶罐，泥质红陶，耳上部有镂空几何图案，颈部施两组平行线纹和斜线图案，高 17.6 厘米、口径 11.4 厘米、底径 5.2 厘米①。兰州市博物馆收藏一件折线纹双耳圜底罐，通体施彩，口沿处绘红色竖线纹，肩部饰波浪纹，腹部至底部多条饰折线纹，高 25 厘米、口径 10.5 厘米（图 3-41）。与其他地区齐家文化遗址发现的彩陶相比，兰州

---

① 兰州市地方志编纂委员会、兰州市文物志编纂委员会编纂：《兰州市志·文物志》，兰州大学出版社 2006 年版，第 290 页。

所见彩陶的数量少，纹饰单一，但也有与其他齐家文化遗址出土彩陶共有的特征，如制陶者已能熟练掌握烧窑技术，陶色纯正，多呈红褐色，很少出现颜色不纯的斑驳现象。有的施白陶衣，纹饰以篮纹和绳纹为主，次为弦纹、划纹和附加堆纹，常见的器类有碗、盆、豆和单耳罐、双耳罐、三耳罐等。从兰州地区先秦彩陶的整体发展来看，齐家文化彩陶已渐趋衰落。

图 3-41　兰州地区出土齐家文化彩陶

1. 平行线纹双大耳彩陶罐　2. 折线纹双耳圜底彩陶罐

兰州地区发现董家台类型的彩陶较少，均为采集品。这些彩陶全部为夹细砂橙黄陶，手制，圜底器，高 15—20 厘米，绘红褐彩，纹样以条带纹、细长的三角纹为主（图 3-42），这类彩陶延续了齐家文化彩陶的部分因素，也影响了后来的沙井文化。[①]

---

① 李水城：《论董家台类型及相关问题》，《考古学研究》（三），科学出版社 1997 年版，第95—102 页。

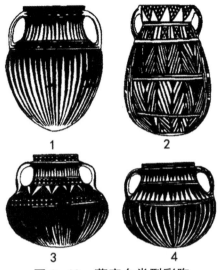

图 3-42　董家台类型彩陶

1. 榆中白崖沟出土　2. 榆中朱家沟出土　3. 兰州出土　4. 榆中黄家庄出土

（采自《考古学研究》（三），第 95—102 页）

　　兰州地区发现的辛店文化遗存较少，但有部分精美的彩陶。兰州市博物馆收藏 3 件，一件高 15 厘米、口径 9 厘米、底径 4.5 厘米，敞口，圆腹，平底，纹饰为黑、红彩，颈部至底部饰平行线纹、水波纹、双钩纹；另一件高 25 厘米、口径 12 厘米、腹围 73 厘米，直颈，鼓腹，圜底三足，彩绘为黑色，唇部和肩部饰几何纹，腹部饰双钩纹；还有一件双耳彩陶罐，器型完整，口径 18.5 厘米，底径 13 厘米，高 38.5 厘米，口沿一周黑宽带下为转折的回纹，两组醒目的勾形纹绘于上下两组平行线之间，双勾正中站立着两只狗，面对面虎视眈眈，活灵活现（图 3-43）。兰州地区发现的辛店文化彩陶与其他的发现相比，彩陶数量和比例均较少，如张家咀和姬家川出土彩陶占陶器总数的 40%，小旱地墓地出土彩陶的比重更是高达 90%以上。① 双耳罐、四耳罐、盆、鼎、豆、杯、鬲等是辛店文化彩陶的主要器型。彩陶纹饰有平行纹、S 型纹、双钩纹、三角折线纹、平行条纹、双勾纹

①　谢端琚：《甘青地区史前考古》，文物出版社 2002 年版，第 180 页。

等几何纹及动物形象的鹿纹、狗纹等，其中双勾纹是辛店文化的典型纹饰。

图 3-43　辛店文化彩陶

1. 双勾犬纹双耳彩陶罐（采自《甘肃彩陶研究与鉴赏》，第 132 页）

2. 双钩纹大双耳三足彩陶罐（采自《甘肃彩陶研究与鉴赏》，第 133 页）

3. 双钩纹双耳彩陶壶（采自《兰州市志·文物志》，图 23）

兰州地区尚未发现寺洼文化彩陶。邻近地区的考古发现显示，"马鞍式"口双耳罐是其典型陶器（图 3-44），[①] 有待更多考古发现来填充兰州地区先秦文化的这一历史空白。

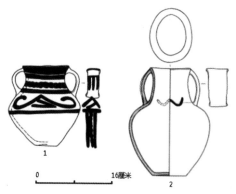

图 3-44　岷县占旗寺洼文化彩陶

1. 彩陶罐（M48：5）　2. 陶壶（M25：4）

（采自《考古与文物》2012 年第 4 期，第 35 页）

---

① 甘肃省文物考古研究所：《甘肃岷县占旗寺洼文化遗址发掘简报》，《考古与文物》2012 年第 4 期，第 35 页。

（三）祭祀占卜

新石器时代的兰州地区就已有祭祀占卜遗存的发现。甘青地区祭祀的传统更早，如大地湾第 411 号房址的居住面上就绘有举行巫术仪式的场景；[①] 师赵村遗址、鸳鸯池墓地都发现有彩陶人像、石雕人像，陶塑和石雕的表面或施彩，或镶嵌小骨珠，推测均与祭祀活动密切关联。此外，甘青地区史前文化遗迹中还发现使用赤铁矿物的现象，都与早期祭祀有关。马家窑文化时期就存在占卜活动，如武山傅家门遗址发现卜骨 5 件，卜骨用羊、猪、牛的肩胛骨做成，骨面有明显的灼痕或阴刻的符号，都充分表达了史前时期人们的信仰观念。[②]

兰州地区附近的齐家文化遗址发现与祭祀相关的遗迹主要有"石围圈"、灰坑、祭台等。石围圈与祭坛息息相关，两者在意识形态和精神信仰层面的性质内涵完全一致，石围圈也具有原始宗教信仰与祭祀功能，祭坛是石围圈的高级形式。

"石围圈"遗迹主要见于大何庄遗址、秦魏家遗址，都是利用天然的扁平砾石排列而成，石围圈附近分布着许多墓葬，圈的旁边有卜骨或牛、羊的骨架。如大何庄遗址第 1 号石围圈，直径约 4.1 米，西北方有一缺口，宽 1.5 米。在它的东边约 7 米处，发现一具被砍掉了头的母牛骨架，腹内还遗有尚未出生的小牛骨骼。第 5 号石围圈的西边发现有一具羊骨架（图 3-45）。[③] 这种"石围圈"遗迹显然属于祭祀性的建筑物，在它附近发现的卜骨和动物骨骼等是在此进行祭祀活动所遗留下的。

---

① 谢端琚：《甘青地区史前考古》，文物出版社 2002 年版，第 58 页。
② 谢端琚：《论中国史前卜骨》，《史前研究》1998 年，第 115—126 页。
③ 中国科学院考古研究所甘肃工作队：《甘肃永靖大何庄遗址发掘报告》，《考古学报》1974 年第 2 期。

图 3-45 大何庄第 5 号石围圈

(采自《考古学报》1974 年第 2 期，图版叁-1)

民和喇家遗址发现土台祭坛，顶部面积约 5—6 平方米，是从顶部向四方各延伸约 20 米的人工夯筑的大型覆斗形祭坛，其边缘有约 0.5 米厚的砾石墙。祭坛中心有一座结构特殊的高等级墓葬（M17），上层是 0.3—0.4 米深的正方形套口，下面是 1.5 米深的长方形墓坑，墓穴北偏东 15 度，随葬品为以三璜合璧为代表的 15 件较为特殊的齐文化家玉器（图 3-46）。土台东南边沿的 10 座墓葬基本朝向 M17，判断为与祭祀有关的祭祀葬。从套口外沿开始，整个覆斗形祭坛边缘都覆盖着一层红土，明显是埋葬封口后特意铺满整个祭坛的。祭坛垫土总体有三层，垫土层层叠叠，显示因频繁使用和维修而不断垫高扩大的趋势，也是祭坛经常举行祭祀活动而留下的痕迹。与良渚文化等祭坛比较，可以发现喇家遗址祭坛的诸多现象都与之相类似。祭坛和干栏式建筑都是广场的重要组成部分，相互之间具有密切的关系。[1]

---

[1] 中国社会科学院考古研究所甘青考古队、青海省文物考古研究所：《青海民和喇家遗址发现齐家文化祭坛和干栏式建筑》，《考古》2004 年第 6 期。

图 3-46　喇家遗址祭台出土玉器

1. 玉璧　2. 玉刀

（采自《考古》2004 年第 6 期，第 5 页，图五）

　　兰州及其邻近地区发现的卜骨主要集中于齐家文化遗址，如永靖大何庄遗址、永靖秦魏家遗址、灵台大桥村遗址、宁夏隆德页河子遗址（表 3-1）。这些卜骨以羊肩胛骨为主，次为牛肩胛骨、鹿肩胛骨，均未加以整治，骨脊完整，有灼烧痕迹，无钻凿痕迹。出土于灰坑、房址、墓葬、石圆圈，处置方式多以灰坑埋葬为主，房址或祭祀遗迹以及墓葬中的卜骨多属特例。这些卜骨留有刮削痕迹，但钻凿的痕迹比较少见，大多只有烧灼的痕迹（图 3-47）。

图 3-47　齐家文化卜骨

1. T45：2　2. T35：4

（采自《考古学报》1974 年第 2 期，图版柒—1、2）

表 3-1　青铜时代兰州及邻近地区发现卜骨情况

考古学文化	遗址	卜骨情况				卜骨形态	数量
		羊肩胛骨	猪肩胛骨	牛肩胛骨	种属不明者		
齐家文化	页河子	0	0	2	0	无钻凿，只有灼，两面均有	
	皇娘娘台	30	8	1	10	无钻凿，有灼	2
	大何庄	14	0	0	0	有灼，无钻凿	49
	秦魏家	3	0	0	0	只灼，无钻凿	14
	灵台桥村	6	11	0	0	有灼无钻凿	3
	民和喇家					其中一件灼痕明显	17
辛店文化	乐都双二东坪辛店文化遗址	数量不详	数量不详	0	0	有钻凿	2
寺洼文化	卓尼儿苞遗址	7	0	1	0	有灼	数量不详

　　骨卜起源于新石器时代，至商代兴盛起来。人们最早只是用骨卜这种占卜方式的，但在商代和西周的占卜中，龟卜和骨卜是并用的。大约从东周以来，占卜方式主要是龟卜，骨卜逐渐消失。[①] 历史文献中也有大量关于骨卜习俗的记载，陈梦家先生在《殷墟卜辞综述》中将骨卜分为四类，即羊骨卜、牛骨卜、鹿骨卜、猪骨卜。如《梦溪笔谈》载"西戎用羊卜，谓之跋焦"，《元史·耶律楚材传》载"帝以灼羊胛以相符应"；《后汉书·东夷传》载"杀牛以蹄占吉凶"；《论衡·卜筮》载"猪肩羊膊，可以得兆"等。[②]

---

① ［韩］朴载福：《先秦卜法研究》，上海古籍出版社 2011 年版，第 15 页。
② 陈梦家：《殷墟卜辞综述》，中华书局 1988 年版，第 5—6 页。

我国少数民族地区有许许多多占卜方法，如拉祜族苦聪人实行草卜、鸡蛋卜，佤族实行牛肝卜、鸡骨卜、手卜，黎族实行鸡卜、石卜、泥包卜，景颇族流行竹卜，傈僳族实行刀卜、贝壳卜、竹卜，彝族流行羊肩胛骨卜、木卜、鸡卜、竹卜、鸡蛋卜，羌族有鸡蛋卜、羊毛绒卜等等。原始占卜方法很多，千差万别。① 从龙山时代开始，骨卜成了中国的普化宗教。至今，我们虽不知骨卜宗教普化的具体过程及其出现的原因，应指出的是，骨卜宗教的普化是影响深及商周文化、具有重大意义的宗教革命。②

（四）图腾崇拜

图腾是古代原始部落信仰某种自然或有血缘关系的亲属、祖先、保护神等，而用来做本氏族的徽号或象征。尽管青铜时代的兰州地区已经开始进入文明社会，但较为原始的生产方式决定了与生活密切相关的羊在人们心中的地位特殊。在辛店文化彩陶中有一种图案被称之为"双钩纹"（图3-48），双钩曲纹的发展渊源是由一对相向的犬纹复合而成，左右两侧向上勾曲的纹样好像一对犬的尾巴向上卷曲，这种纹样是辛店文化彩陶的特色纹样，接近甲骨文中的"羌"字。另外，在辛店文化墓葬中，羊骨的数量往往数倍于其他动物骨骼。

图3-48　兰州出土辛店文化彩陶

1. 双耳罐（采自《红古下海石》，第167页，图一二五）

2. 双耳罐（采自《甘肃彩陶研究与鉴赏》，第132页）

---

① 宋兆麟等：《中国原始社会史》，文物出版社1983年版，第494页。

② 张忠培：《窥探凌家滩墓地》，《文物》2000年第5期，第55—63页。

甲骨文中"羌"字写法有多种，其中比较典型的有𠆌、𡥋、𦏰、𠔻、𦏩。从这些字形来看，"羌"字与"羊"字的结构基本一致，因此羌与羊之间有着密切联系。汉代许慎在《说文解字》中对"羌"进行注解，"羌，西戎牧羊人也；从羊、从人。"由此我们知道，羌人主要以畜牧业为主，辅以农业。另外，应劭在《风俗通义》中也解释道："羌，本西戎卑贱者也，主牧羊。故羌字从羊，因以为号。"由此，我们大致可以从羌字的字形中看到羌人所从事的主要经济活动为牧羊业。大多数学者认为辛店文化的族属是古代的羌人。① 从文献及民族志的情况来看，羌族对于羊有特殊的感情，在古代祈山神必用羊作牺牲。岷江上游的羌族亦信仰"羊神"。人死之后，也要杀一只羊来剖析以寻找死因，把羊与人视为一体。这种对羊的尊崇，在甘青地区的原始部落中就有，如《山海经·西山经》记载，由崇吾山经三危山、积石山、玉山到翼理山一带，当地居民所供奉的神，"状皆羊身人面"。羊被作为图腾，既是真实生活的写照，也是信仰的需要。

---

① 谢端琚：《甘青史前考古》，文物出版社 2002 年版，第 227—237 页。

第 四 章

春秋战国时期的兰州地区

春秋战国是中国多民族迅速发展和急剧变革的时期。地处中国西北的兰州是西北羌、戎、匈奴等活动的重要区域，特别是在西北戎羌文化和中华文化交融中扮演着重要角色。这一时期，由于西北羌戎以及匈奴等部族始终威胁着华夏诸国，从秦人在边陲之地以拱卫周朝到秦人拒羌戎以近华夏，秦人经历了不断发展壮大的过程，兰州地区也逐渐纳入中原王朝的统治范围。

第一节　从羌戎之地到秦之经营

春秋战国时期的兰州地区明显异于中原地区诸侯争霸的情况。史籍记载，这一时期的兰州地区仍然是多民族活动的舞台，少数民族以游牧为主，常常侵扰中原，增进了相互间的交融。随着秦人的强大，尤其是秦置榆中县后，逐渐纳入中央王朝的统治。

一、羌、戎

自古以来氐羌就是两个关系密切的民族，两者同居西方，同属汉藏语系。古籍也未明确记载古羌的分布中心。《后汉书·西羌传》记载："西羌之本，出自三苗，姜姓之别也。其国近南岳。及舜流四凶，徙之三危，河关之西南羌地是也。滨于赐支，至乎河首，绵地千里。赐支者，《禹贡》所谓析支者也。"表明西羌最早源于三苗后裔姜姓的别支,而三苗原属于炎帝后裔,西羌国临近南岳。早年舜帝将四凶的共工、驩兜、三苗、鲧流放周边边远地区,三苗则被流放到西方的三危地区,也就是河关西南的羌人生活地区,濒临赐支河,一直到赐支河源头地区,绵延千余里。"赐支"就是《禹贡》中记载的"析支",这里的南部与蜀、汉边界地区的蛮夷少数民族毗邻,西北和鄯善、车师等国接壤。"河关"属于金城郡。既然羌地在河关的西南地,足见金城郡西南地区有诸多羌人部落生活。这些羌人是来自河湟之地的无弋爰剑之曾孙忍和舞的后人。① 史籍中将陇山以东以及伊、洛的戎族诸如狄、源、邽、冀之戎,义渠戎、大荔戎、骊戎、扬拒泉皋戎、蛮戎等皆归于羌人之列,表明当时这些戎人部族虽以戎称,但实际上有些部族应属羌人。商代甲骨文卜辞中多处记载了商王对羌用兵作战的史实,甚至有时候祭祀所用人牲专门要求以羌人为对象。② 由于羌人势力强大,甚至出现了商王御驾亲征的情况,"己酉卜,㱿贞,王叀北羌伐。"③ 商朝晚期,羌人与姬周联合,并最终推翻了商朝的统治。在周朝金文文献中,有关"姜"的记载大量出现,且地位较高,国内学界基本上认为姜姓属于羌的一支,"姜姓也就是羌人之姓"。④ 春秋战国时期,羌人活动鲜有记载,而西方戎族却与华夏族的互动日益频繁,所以我们相信,一部分羌人已经融入了戎人之中。据《后汉书》记载,秦献公出兵西戎,灭狄源戎,逼近河湟,无弋爰剑之孙卬因惧怕强大的秦军,被迫带领自己的部族向南迁徙,离开了赐支河曲地区,向西行走数千里,与留在湟河和河曲的众羌不相交通。

戎族长期以来居于西部地区,史籍中常称之为西戎。《后汉书》卷87《西羌传》记载:"后相即位,乃征畎夷。后桀乱,畎夷入居邠岐之间。"

---

① 马长寿:《氐与羌》,上海人民出版社1984年版,第107页。
② 陈家梦:《殷墟卜辞综述》,中华书局1988年版,第276页;胡厚宣:《中国奴隶社会的人殉和人祭》(下篇),《文物》1974年第8期,第56—67、72页。
③ 曹锦炎、沈建华:《甲骨文校释总集》卷3《甲骨文合集》(第三册),上海辞书出版社2006年版,第824页。
④ 董作宾:《殷代的羌与蜀》,《说文月刊》第三卷第七期,1942年;程俊英、蒋见元:《诗经注析》,中华书局1991年版,第759—760页。

《史记》卷110《匈奴列传》记载，周武王灭商后，"放逐戎、夷泾洛之北，以时入贡，命曰'荒服'。"西周懿王七年，西戎侵犯镐京，至二十一年，周王派虢公出兵北伐犬戎；周孝王在位时期，派申侯讨伐西戎，西戎献马表示臣服；周夷王时，出兵讨伐太原之戎；周幽王宠幸褒姒，申侯联合犬戎、西戎攻破镐京，杀周幽王。周平王继位后，面对强大的犬戎势力，吸取周幽王灭国之教训，东迁洛邑以避戎祸。除了战争之外，周朝与戎人部族同时也保持着友好往来。《国语·周语上》载："今自大毕、伯士之终也，犬戎氏以其职来王。"①《竹书纪年》载："太戊二十六年，西戎来宾，王使王孟聘西戎……祖甲十三年，西戎来宾……穆王十三年，秋七月，西戎来宾……孝王五年，西戎来献马。"② 当然，这里所载西戎前来朝贡，并非是全部西戎的部族，而是一些归附的西戎部族，或者某个特指的戎人部落。按照周初制订的朝贡服制，作为荒服的犬戎需要遵从朝贡服制，否则周王将会出兵进行讨伐，以达到加强对荒服进行管控的目的。近年的考古发现显示，甘肃庆阳、天水、定西、宁夏固原、陕西延安均有先秦戎人，戎人墓葬的出土地点与文献所载基本一致。《后汉书》卷87《西羌传》记载："自陇山以东，及乎伊、洛，往往有戎。于是渭首有狄、獂、邽、冀之戎，泾北有义渠之戎，洛川有大荔之戎，渭南有骊戎，伊、洛间有扬拒、泉皋之戎，颍首以西有蛮氏之戎。"诸戎部落大致分布于渭水、泾水、伊水、洛水等流域，包括今天的甘肃东部、宁夏南部、陕西西部等地区。2014年，甘肃省文物考古研究所对定西市漳县墩坪墓葬进行了抢救性发掘，共发现墓葬150余座，已发掘26座，无论是墓葬形制还是随葬品风格与张家川马家塬西戎墓地有着诸多相似性，文化风格反映出西戎族群的特点。

二、匈奴活动

匈奴兴起于公元前3—4世纪，早在先秦时期就已在北方草原地区生活，

---

① 上海师范大学估计整理组点校：《国语》，上海古籍出版社1978年版，第7页。
② 王国维：《今本竹书纪年疏证》，辽宁教育出版社1997年版，第65—91页。

匈奴也被称为獯鬻、猃狁、北狄、北胡等，和中原保持着密切联系。商代武丁征伐西戎、鬼方，历时三年才将其征服。鬼方生活在晋西北、陕北、内蒙古西南区域，大致为后世匈奴活动区域。战国末期以来匈奴逐渐强盛，直到秦始皇统一六国，蒙恬北击匈奴，头曼单于战败，北徙后的匈奴于公元前209年建立了第一个草原帝国，《史记·匈奴列传》中详细记载了这段历史。① 从体质人类学来说，匈奴基本以突厥人种为主导，考古学家还对匈奴墓葬中出土的人体骨骼进行了检测，如青海大通县上孙家寨的东汉匈奴墓葬出土的三具人体头骨表现出的共同特征是颅骨较宽，颅型偏短，颧宽小于颅宽、上面较高，眶高，综合这些特征，基本属于北亚蒙古人种或者与北亚蒙古人种关系十分密切。② 陕西霍去病墓前所立"马踏匈奴"石刻像中的匈奴人像面阔多须，鼻平唇厚，小眼睛，三角形眼睑（图4-1）。近年的新考古发现，弥补了古文献关于匈奴记载的缺失。③

图4-1　霍去病墓前"马踏匈奴"石雕

---

① 《史记·匈奴列传》，中华书局1959年版，第2879—2886页。

② 韩康信、谭婧泽、张帆：《中国西北地区古代居民种族研究》，复旦大学出版社2005年版，第63页。

③ 马利清：《原匈奴、匈奴历史与文化的考古学观察》，内蒙古大学出版社2005年版。

1980 年 1 月，在永登县树屏镇赵老湾村南发现一座墓葬（图 4-2），墓深 2 米、长 2 米，头向朝北，出土铜器 146 件、完整铁器 4 件、陶片 7 件（图 4-3）。除铜制牌饰、车害外，还有铁器、陶片等。在牌饰中，包括 4 件鹰头饰、6 件鹿形饰、34 件犬纹牌饰以及铲形、圆形牌饰多件，发掘者认为其属于沙井文化遗存。① 据目前的考古发现，沙井文化主要分布在石羊河和金川河下游沿岸及湖泊沼泽沿岸的绿洲上，民勤沙井子至金昌一带是其分布的中心区域，② 尚未到达兰州永登一带，且该墓出土的圆雕铜饰（鹿、鹰、犬）等并未在沙井文化中见到，却在宁夏中卫、内蒙古一带较为常见，因此

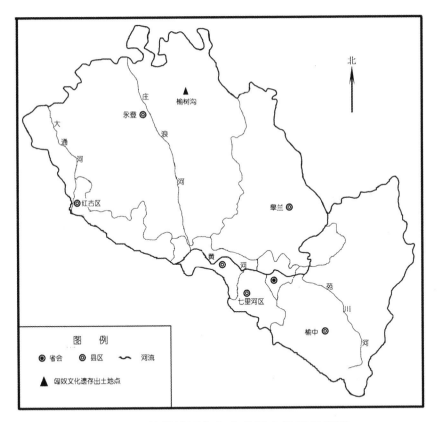

图 4-2　兰州地区匈奴文化遗存位置示意图

---

① 甘肃省博物馆文物工作队：《甘肃永登榆树沟的沙井墓葬》，《考古与文物》1981 年第 4 期。

② 谢端琚：《甘青地区史前考古》，文物出版社 2002 年版，第 214 页。

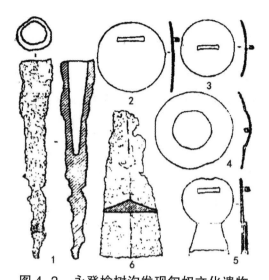

图4-3 永登榆树沟发现匈奴文化遗物

1. 铁矛 2—5. 铜牌饰 6. 铁铲形器

（采自《考古与文物》1981年第4期，第34页，图一）

榆树沟的这座墓葬不属于沙井文化，[①] 应当属于匈奴的文化遗存。匈奴墓葬出土的陶器制作粗糙，有灰陶、红陶和褐陶，陶胎中夹杂沙砾，多数表面有红色斑点，榆树沟出土的铜牌饰与宁夏西沟畔墓地、同心县倒墩子墓地、李家套子墓地等匈奴墓地出土的铜牌饰形制相近，[②] 时代也都是在战国时期。《史记》中记载匈奴邀濮部曾在石羊河和乌鞘岭之间活动，汉代匈奴曾以此为跳板多次侵扰陇西郡治狄道，[③] 由此榆树沟的这座墓葬当与匈奴文化的关系更为密切。

① 李水城：《沙井文化研究》，《国学研究》第2卷，北京大学出版社1994年版，第493—523页。

② 马利清：《原匈奴、匈奴历史与文化的考古学观察》，内蒙古大学出版社2005年版，第62—72页。

③ 周松：《两汉时期匈奴和羌在今兰州地区的活动述论》，《西北民族学院学报》（哲学社会科学版）1999年第1期。

三、秦之经营

（一）秦人之兴

　　文献记载，秦人先祖是颛顼之后，而颛顼来自东方夷人。颛顼之孙女名叫女修，因吞食玄鸟的蛋而生下儿子大业，大业娶少典之女为妻，生下儿子大费（伯翳）。大费曾为舜帝调驯鸟兽，并协助大禹治理水患，被赐姓赢氏。大费的玄孙费昌因擅长驾驶车辆，成为商汤的驭手。大费之子大廉的玄孙为孟戏、中衍，中衍的玄孙中潏及其部族"在西戎，保西垂"。中潏生蜚廉，蜚廉生恶来，父子二人俱在商王室任职。武王伐纣后，周朝将俘虏的秦人部分留在成周雒邑、宗周京畿一带处于直接管控之下，剩下的秦人则流放到陇山以西地区，这一部分秦人继续西迁至戎人生活区域，也就是西犬丘一带。恶来的五世孙非子擅长养马，广博赞誉，周孝王得知非子的这一特殊才能，召见他并委以重任。《史记·秦本纪》记载："非子居犬丘，好马及畜，善养息之，犬丘人言之周孝王，孝王召使主马于汧渭之间（今陕西省宝鸡市境内），马大蕃息。"为了表彰秦人非子对周王朝畜牧业发展的巨大贡献，"于是（周）孝王曰'昔伯翳为舜主畜，畜多息，故有土，赐姓赢。今其后世亦为朕息马，朕其分土为附庸。'邑之秦，使复续赢氏祀，号曰秦赢。"后因秦襄公护送周平王东迁之功，得到周王封赐，被封为"诸侯"，赐"岐以西之地"。秦人从早期的附庸到现在的诸侯，政治地位不断得到提升。从此，秦人立国，开始与诸侯通使聘享。秦文公即位后，继续秦襄公的对外战略，在向西发展受挫后，秦国寻机向东发展。秦文公十六年，秦国出兵讨伐戎人，大败戎人。秦宁公二年，秦国从"汧渭之会"迁至平阳，出兵讨伐荡社。秦宁公三年，与亳交战，亳王逃奔投靠戎人，秦国灭亡荡社，将秦国领土向东方大大扩展。除了东向发展之外，秦国也向西继续扩展势力。秦武公十年，秦国讨伐邽戎、冀戎，秦国征服邽冀之戎后在此置县。秦人先祖对内发展生产，增加自身实力，对外东服宗周，西伐戎羌，很好地处理了周朝和秦人周边民族的关系，势力得到不断壮大。秦昭王二十七年（前280年），设置陇西郡（治狄道），将秦穆公霸西戎的政治成果进一步固定下来，陇西郡也成为与西部戎羌接触的最前沿。

（二）秦置榆中

《史记·秦始皇本纪》记载，秦始皇三十三年（前214年），蒙恬驱逐匈奴后，"自榆中并河以东，属之阴山，以为四十四县，城河上为塞。"榆中县为其中之一，由金城郡管辖。蒙恬对榆中的建设，主要出于军事防御目的。《汉书》卷51《贾邹枚路传》记载："秦西举胡戎之难，北备榆中之关，南距羌笮之塞，东当六国之从。"因陇西地本身与羌胡毗邻，而西北羌戎、匈奴为患旷世日久，"建榆中"显然是意在巩固秦朝西北重要的军事防御要塞。

秦将蒙恬的功勋之一为"建榆中"，史学家司马迁高度评价了蒙恬的功绩，"（蒙恬）为秦开地益众，北靡匈奴，据河为塞，因山为固，建榆中"。《汉书》"金城郡"条对榆中的地理状况进行简述，"榆中，枹罕，白石，离水出西塞外，东至枹罕入河。"榆中地理位置的特殊性决定了在此置县的前提。首先是东西两边的地理形势，榆中县的东面是桑园峡，两岸陡峭险峻，西面是滚滚东流的黄河与起伏连绵的高山，东西两边的天然屏障轻而易举将匈奴或者西羌阻隔；其次是可以和西南的狄道县互为犄角，相互支援配合，共同防御外敌。正是因为榆中的特殊地理位置，秦朝统治对此地非常重视。在置县的同时，还在榆中西部和南部修筑或加固长城防线。

秦始皇二十七年（前222年），秦始皇曾巡视陇西、北地郡，显示了对边陲的重视。尽管陇西郡所辖县中尚无金城（今甘肃省兰州市），但金城一带属于陇西郡管辖，直到汉昭帝始元元年（前86年）设金城县（属天水郡管辖），后从天水、陇西、张掖三郡中各取二县增设金城郡（治所在允吾）。西汉时期中央王朝对羌人的军事、政治等活动与兰州多有关系，如元狩二年（前121年），骠骑将军霍去病出陇西，至皋兰，杀敌八千余人；神爵元年（前61年），西羌叛汉，汉宣帝招募各地兵将，前往金城集合。次年，羌人降汉，汉宣帝专门在金城设置属国来处理所降服的羌部族。由此看来，西汉沿袭了秦朝时期在金城一带的军事政策，金城、陇西一线成为应对西北戎羌、匈奴等少数民族的重要军事前沿。

第二节　社会经济与民族关系

　　春秋战国时期的兰州地区主要生活着羌、匈奴、秦等族群，受自然环境和气候条件的影响，社会经济均以畜牧业为主。这一时期，兰州地区及其周边区域民族关系主要表现为秦人和西北戎羌间的交往，秦戎两种文化在此激烈碰撞、交融，秦国势力一步步增强，为统一六国建立秦朝奠定了基础，同时也进一步推动各民族间的交流与融合。

一、社会经济

　　古代羌人的经济生活最初以畜牧业为主，但在青海、甘肃地区的辛店文化中仍然有着浓郁的原始农业文化因素，如青海乐都柳湾遗址是中国迄今已知的规模最大、保存最完整的原始社会墓地之一，[①]　在其文化遗存中除有用于加工畜产品的石纺轮、陶纺轮外，还有装在陶瓮中的糜谷等农作物，说明柳湾先民不仅从事畜牧业生产，同时还兼营着农业。到西汉时期，赵充国开发河湟地区的羌虏故田及公田多达二千顷以上，说明羌人已经在利用河湟地区优越的自然地理条件从事农业生产。相对于农业生产而言，羌人因其长期从事畜牧业，畜牧经济已经得到长足发展。随着人口增长而导致食物来源匮乏，无论是单一的农业生产还是较弱的畜牧生产都已经无法满足人口增长的需要，必须大量发展农业或者提高畜牧生产才能维系人口的再生产。由于畜产品比农产品的生产周期更短，在提供肉食皮毛的同时还可提供乳制品，因此一部分人放弃原有的农业生产或者半农半牧生产，转而在水草丰茂之地大力发展畜牧经济。《后汉书·西羌传》所载羌人"所

---

　　① 青海省文物管理处考古队、北京大学历史系考古专业：《青海乐都柳湾原始社会墓葬第一次发掘的初步收获》，《文物》1976 年第 1 期，第 67—78 页；青海省文物管理处考古队、中国社科院考古研究所青海队：《青海乐都柳湾原始社会墓地反映出的主要问题》，《考古》1976 年第 6 期，第 365—377、401—404 页。

居无常，依随水草，地少五谷，以产牧为业"，即说明了早期羌人是以畜牧业为生活主业的。

《礼记·王制》记载："中国、夷、蛮、戎、狄，皆有安居、和味、宜服、利用、备器，五方之民，言语不通，嗜欲不同。"说明戎人在饮食、服饰、语言等方面与华夏族不同，有着自己独特的民族文化特征。在饮食方面，戎人不以五谷为食。《穆天子传》中，穆天子到了雷首，犬戎胡向天子献马。另外，从戎人墓葬中出土的大量青铜（铁）刀具来看，这是用于日常食用肉类的辅助工具，因此我们可以推测出戎人饮食结构是以肉食为主，加上甘肃、宁夏戎人墓葬中大量的殉牲，大部分为马、牛、羊，也说明畜牧业是戎人的主要经济支柱，更是其重要的食物来源。内迁的戎人部族则受到中原农耕文化的影响，也开始从事农业生产。《左传》载，鲁襄公十四年（前559年），"昔秦人负恃其众，贪于土地，逐我诸戎。惠公蠲其大德，谓我诸戎，是四岳之裔胄也，毋是翦弃。赐我南鄙之田，狐狸所居，豺狼所嗥。我诸戎除翦其荆棘，驱其狐狸豺狼，以为先君不侵不叛之臣，至于今不贰。"晋惠公为被秦人所逐的诸戎部落提供南鄙之田，戎人开始披荆斩棘，垦荒耕种，由原来的四处游牧转而进入农耕定居生活。

《史记·匈奴列传》记载，匈奴是一个以游牧为主、逐水草而居的民族。随着匈奴势力向南的扩展，一部分匈奴部族也开始从事农业生产，过着定居的生活。公元前88年，匈奴遭受自然灾害的重创，牲畜多死，民众出现病疫，谷物不熟，也侧面反映出匈奴从事农业生产，但就匈奴社会经济的主导产业来说，畜牧业仍然为匈奴的基础经济产业，农业在整个社会经济的比重远远低于畜牧业。正是因为畜牧业在日常生活中占有重要位置，所以匈奴的饮食结构主要也是以肉、奶为主，匈奴墓葬中出土了较多的马、牛、羊等家畜的骨骼也说明了匈奴的食物结构。随着匈奴和中原王朝交往日益频繁，特别是到两汉时期，中原王朝向匈奴提供大量的粮食，一定程度上调节了匈奴的饮食结构。服饰上以动物皮革为主，汉地称匈奴服饰为胡服，胡服椎结络鞮是匈奴人的基本装束特征。服饰材质除了皮革之外，中原地区所产的丝织品诸如缯、帛、锦也在匈奴贵族阶层中流行。所谓椎结，就是将头发结成椎形的髻，拖在脑后。匈奴居无定所，以穹庐为屋，通常一座穹庐居住一户人家，随建随拆，这也是古代北方游牧民族逐水草而居的生活特点。穹庐以木材作为基本框架支撑，外部以毛毡包裹，呈圆包型，有助于分解北方旷野上的巨大风力，进而起到防寒保暖的作用。尽管匈奴居无定所，但并不影响他们接受汉地的定居生活。随着匈奴与中原王朝的密切交往，学习到了汉地的穿井筑城治楼技术，修建于郅支单于时期的西域"郅支城"历时两年完工，并分为内城和外城，内城为土城，外城为木城。

二、修筑长城

赵武灵王二十六年，赵国灭千乘之国中山国，疆域得到扩张，北至燕、代，西到云中、九原。通过学习胡服骑射，赵国军力大大提高，南渡黄河，迫使林胡王献马归降；征服楼烦，招募楼烦人组成军队，利用胡人骑兵优势进行征伐。经过征战，赵国疆域向北扩张至今天内蒙古河套和阴山以南区域，设置云中、雁门、代郡三郡，在代地至阴山下一带修筑高阙为塞，筑长城抵御匈奴，是为赵国北长城。

秦昭襄王二十八年，灭义渠戎，秦国拥有陇西、北地和上郡的土地，开始修筑长城以防御北方的胡人，这是秦国修筑长城的最早记载，并开始设置陇西、北地、上郡。秦始皇三十二年，秦将蒙恬率兵30万人北击戎狄，取得河南之地。河南地的占领，使秦朝疆域向北拓展，舍弃原赵长城，按照地形特点，因险制塞，修筑秦长城，并迁徙刑徒、贬谪之人实边充塞。《史记》卷88《蒙恬列传》记载："秦已并天下，乃使蒙恬将三十万众北逐戎狄，收河南。筑长城，因地形，用制险塞，起临洮，至辽东，延袤万余里。于是渡河，据阳山，逶蛇而北"，"起临洮属之辽东，城、堑万余里。"河南地原本为赵国所占，而赵国在河南地修筑了长城。秦占领河南地后，部分赵长城于是就成为秦万里长城的一段，继续往东去，同时也利用了燕国长城。秦始皇令蒙恬渡过黄河取高阙、陶山、北假等地，修筑亭障工事以逐戎人，所修筑诸亭障为长城防御体系的附属工程（图4-4）。由此可见，秦国修筑长城与防御边地有着莫大关系。

图4-4　临洮古树湾1号敌台

（甘肃省文物考古研究所供图）

图4-5　兰州附近的长城遗迹

1. 临洮长城坡长城　2. 陇西战国秦长城

3. 通渭罗泉湾长城　4. 通渭盐滩长城1段

（甘肃省文物考古研究所供图）

古代兰州地区及其附近区域战国秦城建筑的大致情况呈西北—东南走向，主要修筑在沟壑山岭地带，黄土或者夹砂土夯筑而成，具体路线为：临洮—渭源—陇西，其中临洮段全长 43 千米，由墙体、壕堑、关堡、单体建筑及其附属建筑遗存构成，大体经过今天临洮县中部的新添、峡口、八里铺、龙门、窑店 5 个乡镇，北部望儿咀是秦昭王长城的西端起点，向东南延伸，经夹槽梁进入渭源县境内（图 4-5，1）；渭源段全长 39.2 千米，由墙体、壕堑、关堡、单体建筑及其附属建筑遗存构成，从夹槽梁进入渭源县境内，大体经过今天渭源县北部的庆坪、清源、北寨 3 个乡镇，再折向东南，经野狐湾进入陇西县境内；陇西段全长 57.5 千米，由墙体、关堡、单体建筑及其附属建筑遗存构成，大体经过今天陇西县德兴、柯寨、福星、云田、渭阳、和平 6 个乡镇（图 4-5，2）。通渭段全长 88.5 千米，略呈东北—西南走向（图 4-5，3），由墙体、壕堑、关堡、单体建筑及其附属建筑遗存构成，大体经过今天榜罗、第三铺、马营、北城铺、寺子川 5 个乡镇（图 4-5，4）。另外，永靖县境内还存在有一些军事防御遗迹（图 4-6）。

图 4-6　永靖县冯家坷坨烽火台

（甘肃省文物考古研究所供图）

从现有考古遗存发现，长城以及相关军事防御建筑主要是沿着秦国及后世秦朝西北边郡进行修建，以达到北御匈奴、西防羌人的目的。在利用秦昭襄王长城的基础上,秦始皇下令对原赵国、燕国长城加以整合,进而构成了后世著名的绵延万里的长城系统。

三、民族交融

秦人崛起后,不断向西方扩张,但势必引起西方戎人的激烈抵抗。早在周宣王时期,秦仲伐戎身死,表明西戎势力是非常强大的。后来,秦庄公破西戎,收复西犬丘故地,重新开始了对西犬丘故地的统治,这一地区并不意味着戎人完全离开,而是在秦人的统治下继续生活。至秦穆公时期,秦穆公采取由余之计,征服西戎八国,将势力范围继续向西扩展。在秦国的西部、北部环绕着诸戎部落,秦人与诸戎部族联系日益密切,早期秦文化与西戎文化紧密联系在一起。

商代西周时期,陇东地区的西戎文化主要是寺洼文化。寺洼文化可以追溯至商代早期,分布区域西达洮河流域,在临洮县以南的洮河中上游分布着比较密集的寺洼文化遗址。商代晚期,寺洼文化向东逐渐扩散,进入西汉水流域和渭河上游,越过陇山到达泾河上游地区。当然,在秦人先祖进入陇右之前,长期生活在陇右地区的戎人部族早已形成了具有土著色彩的寺洼文化。秦人西迁至甘肃礼县犬丘后,周、秦文化开始与西戎文化交汇融合。考古调查显示,在西汉水流域分布着大量的寺洼文化、周文化、秦文化遗址,各类文化因素在这里既有交织,又有对立。如以寺洼文化为主的遗址中伴有出土周秦文化遗址,在以秦文化为主的遗址周围也有零星的寺洼文化的痕迹。

秦穆公西伐诸戎,拓疆千里,除了一部分西戎部族继续向西或者向南迁移外,大部分被纳入秦国的统治体系中,并被吸收融合。位于渭河上游的甘肃省漳县墩坪遗址,年代在春秋中晚期至战国早期之间,也是这一历史时期秦戎交融的典型文化遗存。在寺洼文化遗存中,出土陶器种类繁,数量多,并以马鞍形口罐、篑形豆、斜腹篑等为代表,但是在墩坪遗址中陶器数量不仅少,而且种类单一,制作粗糙,但却发现了种类繁多、数量庞大的铜器,特别是兵器、车马器及饰品等,这是受中原青铜文化影响所致（图4-7）。春秋时期，西戎墓葬中经常出现有泡状竿头饰，在毛家坪遗址第203号车马坑（K203）中位于三号车右骖肩颈部也出现了泡状竿头饰，表明了秦人对西戎车马文化的借鉴。

图4-7　马家塬西戎贵族礼仪车复原图

（甘肃省文物考古研究所供图）

秦以及中原诸侯国在与诸戎的攻伐中，将戎部从原来的生活区域驱离或者迁徙，以破坏其原有生存根基。《左传·襄公十四年》载，在秦人的进逼下，姜戎氏被迫离开瓜州，后来晋惠公诱使这支戎人入晋，将其安置在南鄙之田。马家塬墓葬是一处比较完整的西戎族墓葬群，而秦国早已对这一地区施行有效的行政管辖。马家塬墓地位于秦国略阳道内，除了墓葬外还有祭祀坑，其中6号墓（M6）规格较高，墓主人是一位邦国君长，墓室内置棺椁，直肢葬，全身以各种珍贵饰品覆盖（图4-8，3），随葬品丰富，包括车马饰（图4-8，2）、兵器、生活用具（图4-8，1）、服饰等，俨然一副中原贵族丧葬派头（图4-8，4）。墓葬中铁器制品数量较多，显然此时生活在秦国统治下的西戎贵族基本上接受了秦人或者中原丧葬习俗，同时也保留了西戎丧葬传统，如秦文化墓葬中出土有西戎文化因素的铲足鬲

（图4-9），并殉埋有大量的马、牛、羊的头等。

图4-8　马家塬出土器物

1. 铜茧形壶　2. 金质车饰件　3. M6号配饰　4. 琉璃杯

（甘肃省文物考古研究所供图）

图4-9　马家塬出土铲足鬲

（甘肃省文物考古研究所供图）

随着秦国实力的日益强盛，特别是商鞅变法进一步促进了秦国国力的发展，秦国统治疆域进一步扩大，加强了对边地民族的管控，推动了民族间的文化交流与融合，"秦文公从周王室的'文化输出'状态转变为秦国的'积极进取'，从而奠定了秦国发展的基础。"① 秦始皇统一六国，建立中央集权制的秦王朝，完善国家管理体系，北击匈奴，修筑长城，将游牧文明和农耕文明以长城的形式划分固定。

四、文化互动

春秋战国时期，兰州及周边区域，羌戎、匈奴先民、秦人等杂居相处。这里生活的民众继承沿袭了寺洼文化的农业定居生活传统，在春秋中期以前以农业为主，家畜饲养业为辅，但春秋中期以后，随着秦霸西戎，戎人的归附以及外迁使得陇山地区出现了真空地带，导致了北方游牧民族的南下，替代了原有土著居民西戎的定居农业的生业方式，而将游牧文化带入该地区。

从张家川马家塬西戎文化遗存所发现的大量遗物来看，秦人和西戎早已发生了融合。出土的车辆形式单辀、双轮以及髹漆装饰是典型的中原传统风格，但是车辆中的高大多幅车轮、长车毂却又是草原文化中车辆的典型特征之一，加上大角羊形车饰（图4-10）、蛇纹鬲等物品，均能说明中国北方青铜文化和甘青地区传统文化的杂糅。②

图4-10　马家塬墓葬出土银质大角羊

（甘肃省文物考古研究所供图）

---

① 王学理：《周秦文化的交汇带》，《秦文化论丛》第13辑，三秦出版社2006年版，第146页。
② 王辉：《张家川马家塬墓地相关文化初探》，《文物》2009年第10期。

从秦人对西戎的征伐历史来看，这里早已隶属秦国管辖范围，秦戎关系密切。《史记·货殖列传》记载："乌氏倮畜牧，及众，斥卖，求奇纳物，间献遗戎王。戎王十倍其偿。畜至用谷量牛马。秦始皇帝令倮比封君，以时与列侯朝请。"商人乌氏倮因在沟通秦戎贸易中作出巨大贡献而得到秦始皇的封赐，表明秦国十分重视与西戎的关系，可能采取羁縻怀柔的政策对其进行统治管理。我们知道，早期秦人因远居偏远之地，长期与戎狄为邻，而被中原诸侯国视为荒蛮之国，无法得到文化认同。《史记》载："秦僻在雍州，不与中国之会盟，夷狄遇之。"随着秦国势力的渐强，统治者为了得到中原诸侯国的认可势必加强自身文化建设。全盘接受周文化是秦国融入中原诸侯国的最佳捷径，所以说《诗经·秦风》中记载了表现许多秦国贵族阶层生活和精神风貌的诗歌，如《车邻》之"有车邻邻，有马白颠。未见君子，寺人之令。阪有漆，隰有栗。既见君子，并坐鼓瑟。今者不乐，逝者其耋。阪有桑，隰有杨。既见君子，并坐鼓簧。今者不乐，逝者其亡"。完全是一幅中原贵族生活的画卷，充满着高雅的礼乐文化气息。这也说明了秦国统治者注重自身精神文化建设，以期缩小与中原诸侯国的文化差距，摒弃自身边地蛮夷的形象，诚如清人崔述在《读风偶识》中所言，"东周之后，王者不作。吾读《秦风》而知秦之必并天下也。《小戎》，妇人诗也，而矜言其军兵之盛若津津有味者，则男子可知矣。"[①] 秦国对文化建设的重视，可以得到中原诸国的认同，进而为秦统一六国奠定了文化基础。

秦文化在不断吸收西戎文化的同时，西戎的日常生活也受到秦文化的影响，如西戎墓葬中出土了大量来自

图4-11　马家塬出土铜壶

（甘肃省文物考古研究所供图）

---

① （清）崔述：《崔东璧遗书》，上海古籍出版社1983年版，第565页。

中原和秦文化的铜壶（图 4-11）、鼎、茧形壶、戈、陶釜、灰陶罐等。正是这样的不断吸收、交融和互动，秦文化在不断强大的同时，也加速了西戎诸部的"华夏化"进程。

第 五 章

多彩的兰州地区先秦文化

兰州地区"境接巴巂之襟裔，中原迤西山川阨塞，据陇首，撩西倾，襟带关河长城之险，抗衡三边，皋兰峙其南黄河绕其北"[①]，地形上是黄土高原、青藏高原、内蒙古高原和甘南草原、陇西丘陵地带的结合部（图5-1）。兰州地区所在的特殊地理位置和区位优势，使兰州地区先秦文化具有明显的地域特征，也成为东西方文化交流的通道之一，由此多元文化交汇在这里，呈现出一派欣欣向荣之势。

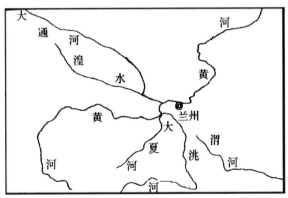

图5-1　兰州及邻近地区的河流分布图

（据水涛《西北地区青铜时代考古论集》，第194页，图一改绘）

---

① （清）和珅等纂修：《（乾隆）大清一统志》卷251《兰州府表》，清乾隆五十五年（1790）武英殿刊本，第1页。

第一节　丰富多元的文化内涵

兰州地区深居内陆，河谷为主，气候温和，土壤肥沃，早在旧石器时代晚期就有人类在此活动，从此生生不息，繁衍不断，逐渐开发、耕耘着黄河岸边的这片沃土，为人类社会的进步贡献着自己的力量。兰州地区的先秦文化融汇了多元文明，有着清晰的文化发展序列，其独特的区域特征，是"多元一体"中华文明的重要组成部分，尤其是灿烂的彩陶文化，为中华文明增添了浓墨重彩的一笔。

一、悠久的历史记忆

兰州地区流传着各种各样的传说和神话故事，其中先秦时期的大禹治水、九州台等最为深刻。

相传黄河源起昆仑，后阻隔于积石山，泛滥无穷，尧舜时期首领屡次围堵失败，后大禹"导河积石"。关于这段传说，在《尚书》《国语》《墨子》《孟子》《史记·夏本纪》等典籍中有明确记载，尧舜禹时期发生了洪水灾害。《史记·夏本纪》言"帝尧之时，洪水滔天"，《山海经·海内篇》曰"洪水滔天，鲧窃息壤以湮洪水"，《尚书·尧典》记"汤汤洪水方割，荡荡怀山襄陵，浩浩滔天"。此外，西周中期的"遂公盨"的铭文也记载了大禹治水的事迹，内容和语言与《尚书》的记载惊人地相似，足见当时洪水的真实性。青海东部、甘肃、河南、山西等地的考古学资料显示，在距今4000年前后的范围内，存在着一个洪水期，原因是气候在距今4200—4000年发生突变，导致植被覆盖降低，土壤的侵蚀率增大，因此河流中的泥沙含量增加，提高了黄河决溢的频率，同时气候突变以致气压带北移，季风锋面长期停留在黄河流域，季风降水异常增多，形成了北方涝灾。这段气候变迁大致发生于龙山文化时期，与传说的尧舜时期相当。素有"东方庞贝"之称的青海喇家遗址是一处大型灾难遗址。据悉，引发喇家遗址灾难的是一场地震，而摧毁该聚落的则是山洪和黄河大洪水。① 面对洪涛，鲧先受命治水，以失败告终，后大禹汲取鲧失败的教训，改"堵"为"疏"，以"三过家门而不入"的忘我精神，耗时 13 年，最终治水成功，进而获得各个部落的拥戴，成为虞夏部落的首领，并建立了我国第一个王朝——夏，可见中华文明的起源与这场洪水灾难和大禹的奇功密切相连。关于大禹治水的遗迹遍布全国，如安徽怀远的禹墟和禹王宫、陕西韩城的禹门、山西河津的禹门口、河南开封的禹王台、山东禹城的禹王亭、湖南长沙的禹王碑等，这些遍布全国的大禹遗迹，表达了中华儿女对大禹丰功伟绩的肯定和怀念。考古发现先秦时期的文物也印证了相关记载，如民国初年在秦人的发祥地甘肃礼县出土的秦公簋，其铭文提到自秦公的祖先以来，自己的家族都是居住在禹迹的范围内（图 5-2）。此外，临淄出土的齐国叔夷钟也有相同"禹迹"的记载。

图 5-2 秦公簋及铭文

大禹治水成功之后，登高九州之台，遥望沃野，从此定"九州"。《尚书·禹贡》记述了大禹划分九州的传说。所谓九州，即冀州、兖州、青州、徐州、扬州、荆州、豫州、梁州、雍州。各州的山川方位和走向、土壤性质、物产分布、贡赋的等级和物品各不相同。九州是中国最早的行政区划，无论其可信程度如何，人们总是习惯把中国称为九州，又因为相传是大禹

---

① 吴庆龙等：《公元前 1920 年溃决洪水为中国大洪水传说和夏王朝的存在提供依据》，《中国水利》2017 年第 3 期。

划分九州，故古代人又常把中国称为禹域。兰州地区的"九州台"便是这一传说的遗迹之一。今日之九州台，是一座典型的黄土峁阶地高山，东接城关，西起安宁，总面积约 5000 余亩，海拔 2067 米，山顶是一个平台，略呈长方形，地形平坦，巍峨峻秀，峰顶似台，九曲黄河，一览无余，足以遐想大禹的雄韬伟略。

除此之外，兰州地区还盛传着穆天子受河伯的指引，西赴昆仑封禅，瑶池会西王母，以及马衔山、兴隆山、白虎山等自然景观的神话。这些远古的神话传说，既是兰州地区远古文化源远流长的印证，也为黄河岸边的这座城市披上了神秘的面纱。

二、清晰的文化序列

先秦时期典籍中基本未见关于兰州地区史实事迹的翔实记载。[1] 1923—1924 年，瑞典学者安特生在甘肃境内调查了大量遗址，收集了许多陶器、石器等遗物。在此次考古活动的基础上，首次将甘肃的古文化分为六期。此后，卫聚贤、吴良才、夏鼐、裴文中、米泰恒、何乐夫等学者在此地的考古活动掀起了探索兰州先秦历史的先河。截至目前，兰州地区经过科学调查和发掘的考古遗址有垲坪沟、崔家崖、曹家咀、十里店、土门墩、高坪、青岗岔、太平沟、中山林、下海石、王保保城、土谷台、蒋家坪等。这些考古学遗存告诉我们，自旧石器时代晚期以来，兰州地区便开始有人类生存、繁衍，社会不断在向前发展、进步，先秦时期的历史大致经历了旧石器时代、新石器时代、青铜时代、早期铁器时代等四个阶段（图 5-3）。[2]

---

① 邓明：《兰州地方文献述略》，《甘肃广播电视大学学报》第 27 卷第 6 期，2017 年 12 月。

② 本书关于新、旧石器时代的划分，主要依据中国社会科学院考古研究所：《中国考古学·新石器时代卷》，中国社会科学出版社 2010 年版，附录一，第 802 页。

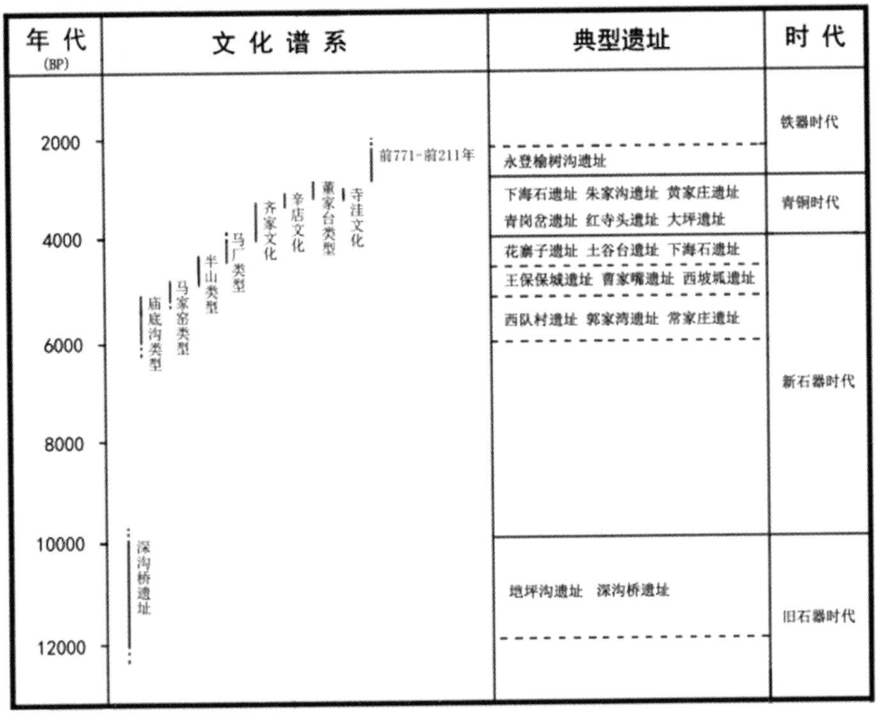

年代 (BP)	文化谱系	典型遗址	时代
2000	前771—前211年 寺洼文化	永登榆树沟遗址	铁器时代
	薰家台类型 辛店文化 齐家文化	下海石遗址　朱家沟遗址　黄家庄遗址 青岗岔遗址　红寺头遗址　大坪遗址	青铜时代
4000	半山类型	花寨子遗址　土谷台遗址　下海石遗址 王保保城遗址　曹家嘴遗址　西坡瓝遗址	
	马厂类型 马家窑类型	西队村遗址　郭家湾遗址　常家庄遗址	新石器时代
6000	庙底沟类型		
8000			
10000	深沟桥遗址	垲坪沟遗址　深沟桥遗址	旧石器时代
12000			

图 5-3　兰州地区先秦文化谱系图

（一）旧石器时代

旧石器时代人们的生产活动受到自然的极大限制，居所往往选择在平坦的河滩附近，既有充足的水源，又有丰富的植物等，工具是就地取材用岩石制作而成的石器，如垲坪沟遗址发现有石核、石片，夹杂丰富的炭屑和部分动物化石，这些发现与镇原县寺沟口旧石器时代遗址发现的石器和化石基本相似，说明其社会发展阶段与之相当。稍有不同的是，前者遗址内部发现炭屑，说明该时期的兰州地区先民已经掌握用火的方法。火不仅可以用来抵御寒冷，驱赶野兽，更为重要的是可以加热食物，可以使人体吸收更多的养分，增强体质，脑髓更加发达，旧石器时代晚期的人类脑容量在 1200—1500 毫升，几乎接近今天人类的脑容量。深沟桥遗址采集石核5 件、刮削器 4 件、细石器 5 件，均以白色或红色石英岩打制而成，这些石器中最有特色的就是细石器。细石器的加工先用间接打制法剥下石叶，然后双面加工，修整刃部，制作技术远比打制石器先进，足以说明深沟桥遗址在发展阶段上要比垲坪沟进步。①

兰州地区旧石器时代的人类多以采摘果实、狩猎或捕捞获取食物，当时的人们应该群居在山洞里或部分群居在树上，以一些植物的果实、坚果和根茎为食物，同时集体捕猎野兽，捕捞河湖中的鱼蚌来维持生活。深沟桥遗址发现的细石器遗存等，更进一步说明，该地区的人们已经开始进行精细化的生产。②

（二）新石器时代

新石器时代的兰州地区社会发展经历了仰韶文化庙底沟类型和马家窑文化两个阶段，其中马家窑文化时期是兰州新石器时代文化发展的高峰期。

仰韶文化作为中国新石器时代最重要的考古学文化，主要分布于黄河中下游地区及其边缘地区，文化内涵丰富，分布地域辽阔，在不同时期、不同地区文化差异很大，形成不同的文化类型。庙底沟类型是分布在东至海岱，西至湟水，北至河套，南至淮汉的仰韶文化的一种类型，③是仰韶文化向龙山文化过渡的重要文化类型，存在的时间长达1000年，对周边地区文化的影响非常大，尤其是它富有特点的彩陶艺术，更是掀起了中国史前非常壮阔的一次艺术大潮。④庙底沟彩陶的传播，不仅是一些纹饰题材的传播，更重要的是对包含在这些纹饰中的象征意义的认同。兰州地区发现的庙底沟类型遗存主要分布在刘家峡水库附近，约有47处。这些遗址偶有房址发现，呈半地穴式，附近往往有袋状的窖穴，主要用来储存粮食等，尤其是在兰州地区东部的大地湾遗址，发现了面积达100平方米左右的"大

---

① 安家瑗：《华北地区旧石器时代晚期的文化交流》，《中国历史文物》2007年第3期。

② 兰州市地方志编纂委员会、兰州市文物志编纂委员会编纂：《兰州市志·文物志》，兰州大学出版社2006年版，第47页。

③ 严文明：《仰韶文化研究》（增订本），文物出版社2009年版，第126—172页。

④ 王仁湘：《史前中国的艺术浪潮：庙底沟文化彩陶研究》，文物出版社2011年版，第424—442页。

房子"，地面进行专门的火烤或铺设料礓石等。社会经济以农业为主，兼营家畜、狩猎、制陶业等。复合型石斧和骨质工具的广泛使用，提高了生产效率。粟是主要粮食。兰州地区发现的庙底沟彩陶以泥质红陶为主，器类有碗、钵、盆、豆等，彩陶纹样以庙底沟类型常见的三角纹、鸟纹、蛙纹为主，同样的纹样在半坡类型、马家窑类型中均有发现（图5-4）。兰州地区发现的庙底沟类型的遗存是中原仰韶文化庙底沟类型不断扩张的结果，[①]也是将兰州地区逐渐融入中华文化圈的早期表现。

期　别	蛙　纹	鸟　纹
半坡类型		
庙底沟类型		
马家窑类型		

图5-4　彩陶蛙纹和鸟纹的演变

（采自《文物》1978年第10期，第65页，图四）

马家窑文化是新石器时代兰州地区文化发展的第二个阶段，也是兰州史前文化发展的最高峰。马家窑文化早期遗存主要分布在渭河上游、武山一带；至马家窑类型时期，则以兰州、永靖内的黄河两岸为中心；半山类型分布较为广泛，兰州地区仍然是中心；至马厂时期，则扩展至河西走廊，兰州地区仍然较为多见马厂类型的遗物。兰州地区发现的马家窑文化遗存

---

① 严文明：《甘肃彩陶的源流》，《文物》1978年第10期。

先后经历了马家窑类型、半山类型和马厂类型三个发展阶段，[1] 这些遗址主要有曹家咀、王保保城、雁儿湾，永登蒋家坪、永靖范家村、东乡林家、临洮马家窑，甘谷灰地儿等。截至目前，兰州地区尚未发现马家窑文化早期阶段的石岭下类型遗存。[2] 这一时期的兰州先民们往往生活在黄河干流两岸的高坪地带和支流的两岸阶地上，聚落的面积大小不同，小者数千平方米，大者有 20 万平方米左右。房屋建筑多为半地穴式，如青岗岔遗址的第一号房址，应为长方形的两面坡式建筑，面积约 48 平方米，房内中心位置有一圆形灶坑，房屋屋顶使用木椽，然后铺以茅草，最顶抹一层草拌泥。粮食仍以粟为主，出现糜子，往往使用较大的陶罐作为盛具储存，如青岗岔一号房址内的彩陶罐内就有糜子和糜杆。农业生产和生活工具仍以石器为主，开始出现大量的骨器、陶器等，尤其骨器中出现一些凿、镰、镞等，说明当时的生业经济逐渐多元化，更加适应兰州地区的自然环境。马家窑文化最为引人注目的是彩陶，多采用堆塑和彩绘相结合的方法制作，形制精美，纹样绚烂，构思奇妙，是中国彩陶艺术的菁华。兰州永登地区出土的陶鼓，形似现代的脚鼓，中部呈筒状，两端开口，分别作罐状和喇叭形，鼓身粗细两端对应位置各有一个扁桥形器耳，用以悬挂，鼓身绘有精美的纹样，应该是先民的一种乐器，也是一种礼器，既是生产劳动之余的娱乐工具，也有助于召集部落人员，发号施命（图 5-5）。此外，马家窑文化时期的兰州地区开始出现铜器，尽管是早期的锻打工艺，至少可以说明经历了漫长的石器时代，兰州地区即将迎来文明的曙光，进入青铜时代。

---

[1]　谢端琚：《甘青地区史前考古》，文物出版社 2002 年版，第 67 页；段小强：《马家窑文化》，文物出版社 2011 年版，第 22 页。

[2]　谢端琚：《论石岭下类型的文化性质》，《文物》1981 年第 4 期。

图5-5　永登出土彩陶鼓

（采自王仁湘《史前中国的艺术浪潮》，第 444 页）

当时的居民以原始农业为主，种植的农作物主要是粟，次为糜子。考古发现的粟较多，而且有了相当多的粮食剩余可用作随葬品，这也进一步说明农业已有了一定的规模。在兰州青岗岔遗址的 1 号房址（F1）内的一件彩陶罐底部发现了糜子及糜秸，足见当时的先民们已种植糜来作为辅助的粮食。生产工具有石质的斧、锛、凿、刀、磨盘、杵和镰等农耕工具，生产工具的发展和改进是促使生产力进一步发展的标志。饲养的家畜种属有猪、狗、羊等，以猪为主。在各遗址的发掘中，还发现有石镞、骨镞、石弹丸等狩猎工具，说明当时居民还从事狩猎活动以扩大食物的来源。① 史前兰州地区的艺术和精神文化生活亦极为丰富。除了最为典型的彩陶之外，数量庞大的人体装饰品也是人们对美好生活向往的主要表现形式。

（三）青铜时代

在青铜器时代，世界上青铜铸造业形成几个重要的地区，这些地区成了人类古代文明形成的中心，如爱琴海地区、埃及、美索不达米亚、印度、中国等国家和地区。从一般意义上来说，掌握青铜冶铸技术成为某一社会步入文明的标志之一，如中国的夏代。青铜时代的中国，中原地区率先进入国家时代，形成了以中原地区为中心、逐渐向外辐射的东亚文化圈，其

---

① 何砚奇：《兰州新石器文化述论》，《兰州学刊》1986 年第 5 期。

中中原地区以成熟的冶铜业、文字、政治制度等，加上得天独厚的地理优势，引领着中华文明的进程，同时以固有的向心力，吸收了众多周围的文化，不断丰富着中华文化的内涵。兰州地区作为中华文化的边缘地带，在地望上，古史记载的古羌、戎等民族曾在此活动，商代甲骨文中就有关于商王用兵西北羌的记载。① 从社会经济发展上，这一地区的居民远较中原地区落后，但从体质人类学的研究来看，兰州地区先民的体质特征属东亚蒙古人种，与现代华北人相似。考古学发现表明，青铜时代的兰州地区先后经历了齐家文化、辛店文化、董家台类型、寺洼文化等阶段。

　　齐家文化是兰州地区进入青铜时代的第一个阶段，不仅延续了马家窑文化时期的辉煌，而且在此基础上有"跨越式"的大发展。齐家文化发源于甘肃东部地区，后借势扩张，逐渐占据了甘青大部分地区，势力波及新疆东部、川西、陕西西部以及内蒙古南部地区，绝对年代为公元前2100—前1600年，持续了近500年左右。② 兰州附近地区发现的齐家文化遗址多处于其发展的第二个阶段，也是齐家文化面貌的形成期和不断向周围扩张的时期。齐家文化的聚落遗址多选择在河流两岸的黄土台地上，区域内靠近水源，土壤肥沃，是农业生产的理想地。居住房屋多为半地穴式建筑，平面多为椭圆形和方形，大多房屋的居住面及其四壁靠近底部的地方涂抹白灰面，平整光洁，坚固美观，而且能起防潮的作用。房屋附近有一些专门制造的袋状坑，壁面平整，用来储藏。农业仍然是齐家文化先民的主要生业方式，其中粟是主要粮食，饲养业也非常发达，有猪、羊、牛、马等，大多墓葬开始出现"殉牲"习俗。部分聚落的人们也狩猎一些动物以补充农业的不足。相较之马家窑文化彩陶业的发达，齐家文化的制陶业稍逊一筹，制作的陶器除了满足日常生活之用外，部分做成人物、动物等形状的"像生形器"，形态小巧，姿态丰富。纺织业的进步和发达是兰州地区齐家先民较为独特的手工业，如发现大量的纺轮、骨针等。为了满足社会礼仪

---

① 董作宾：《殷代的羌与蜀》，《说文月刊》第三卷第七期，1942年；程俊英、蒋见元：《诗经注析》，中华书局1991年版，第759—760页。

② 韩建业：《齐家文化的发展演变：文化互动与欧亚背景》，《文物》2019年第7期。

和丧葬的需要，齐家文化时期盛行玉器的制作、使用和流通，如社会中的贵族阶层用玉璧、玉琮来祭祀、聘礼、贡献、赏赐等，并彰显其权力、地位和身份，这些贵重的玉器的原材料大多来自兰州及其邻近地区的矿源。[①]综上所述，足见齐家文化时期社会生产分工明确，社会存在明显的分化，有些墓葬随葬青铜器、玉器等贵重物品，并且出现专门的祭祀建筑。齐家文化冶铜业的成熟和成就也不仅是兰州地区，甚至是西北和中国文化发展史上辉煌的一页。

辛店文化主要分布在黄河上游及其支流渭河、洮河、大夏河、湟水，尤以大夏河最为集中，兰州地区发现的辛店文化遗址主要有张家咀、姬家川、莲花台等，初步推定其绝对年代在前1400—前700年，延续时间长达700年左右，大致相当于中原地区的商代晚期至西周末年。一般分为山家头、姬家川、张家咀三个类型，其中后两个地方类型主要分布在兰州地区，尤其是张家咀类型，遍布大夏河流域。这些聚落主要分布在河流两岸的平坦地带，靠近水源，固定的房屋建筑较少，如姬家川2号房址（F2）为一处半地穴式的房子，内有直径1米左右的灶坑。辛店文化的居民在经营农业的同时，也以畜牧、狩猎等方式补充农业的不足，与齐家文化中晚期的生业模式较为相似。辛店文化的冶铜业较之齐家文化有长足的进步，如铜器以青铜为主，器类除一些小件外，还有铜罐等大型实用器，且已完全可以进行自主冶铸，如在莲花台发现的一件铜罐，鉴定成分为锡青铜，并在周围发现大量的铜渣。辛店文化的墓葬习俗较为多样，有仰身直肢葬、二次葬、屈肢葬、俯身葬等，随葬的装饰品数量大，种类多。辛店文化遗存多延续了齐家文化晚期的特征，如陶器、石器、铜器、葬俗等，也受到了周边地区文化的影响，如卡约文化。

董家台类型、寺洼文化的遗存均有零星发现，但兰州地区尚未有经过科学发掘的遗址，不能准确揭示其文化面貌。根据采集到的陶器和部分遗

---

① 北京艺术博物馆、甘肃省博物馆、中国社会科学院考古研究所：《玉泽陇西：齐家文化玉器》，北京美术摄影出版社2015年版，第292页—294页。

存，可以看出其与周邻文化有着密切的互动和交融。

（四）早期铁器时代

"铁器时代"是汤姆森"三期说"的最后一个阶段，一般认为是以能够冶铁和制作铁器为标志的。目前世界上发现最早的冶炼铁器是土耳其北部的赫梯时期的铜柄铁刃匕首，时代大约距今4500年。中国的冶铁技术源自西亚地区，主要通过新疆、河西走廊和北方草原地带进入中原，① 中原地区发现最早的铁器是西周时期虢国墓地出土的玉柄铁剑和北京平谷的铁刃铜钺，一直以来被认为是中国最早的铁器。2009年，兰州邻近地区陈旗磨沟墓地发现的铁器打破了这一传统认识。磨沟墓地总计出土4件铁制品，其中444号墓（M444）出土的铁条的时代在公元前1430—前1260年，是目前中国发现最早的人工冶铁制品，属于寺洼文化，由此将中国"铁器时代"起始时间向前推至商代晚期至西周早期。②

寺洼文化的绝对年代与辛店文化基本相当，约在公元前1400—前700年，分布范围主要在渭河、泾水、西汉水、洮河流域，兰州地区是寺洼文化的西界，主要发现有临洮寺洼山遗址，典型的陶器是马鞍形的双耳罐。寺洼文化居民的生业方式与辛店文化基本相似，以农业为主，兼营畜牧，还有发达的手工业。除了高超的冶铜技术之外，冶铁开始萌芽。寺洼文化的墓葬多坐落在河谷较高的台地和缓坡上，与邻近的河面有明显的落差，墓葬形制较为多样，盛行火葬，与古文献中记载的氐羌民族葬俗较为一致。寺洼文化陶器上发现较多的刻划符号，与商代甲骨的部分符号相似，可能是最早文字的一种。③

春秋战国时期的兰州地区有羌、西戎、匈奴等在此活动，榆树沟发现的匈奴文化遗存展示了这一时期兰州地区与北方草原文化的交流。为了适

---

① 刘学堂：《中国冶铁技术起源的发现与研究综述》，《中国文物报》2017年9月22日第6版。

② 陈建立等：《甘肃临潭磨沟寺洼文化墓葬出土铁器与中国冶铁技术起源》，《文物》2012年第8期。

③ 唐兰：《在甲骨金文中所见的一种已经遗失的中国古代文字》，《考古学报》1957年第2期。

应气候和环境改变，生业形态出现了地域性差异，人们找到了一种新的经济生产方式，即畜牧业，锄耕农业随之衰落，代之而起的是半农半牧或畜牧的经济方式。①

三、灿烂的彩陶文化

陶器的制作和使用，成为人类文明进入新石器时代的标志之一。随着生产技术和社会文化的进步，把陶器通过刻画、涂抹、塑形、绘画等方法进行美化，以满足人们对"美"的追求。在这些手法中，绘画以其独特的方法和技巧赢得人们的喜爱。这种方法便是先在成型的陶器上使用颜料进行绘画，然后入窑烧制，既使颜料不易脱落，又具有极大的观赏性，这就是彩陶。兰州地区邻近彩陶的起源地，②依赖于得天独厚的自然条件和丰富深厚的文化养料，兰州地区发现的彩陶，出土数量多，造型独特，色彩艳丽，发展脉络清晰，特别是马家窑文化的彩陶，绚丽多彩，大气磅礴，代表着中国彩陶艺术灿烂辉煌的最高成就，堪称全国之冠、世界人类远古文化之最。兰州地区彩陶是先民的物质和精神文化的结晶，体现了史前先民对自然天地的敬畏。先民冲破了思维的桎梏，结合夸张的表现手法，让器物和精神达到了统一的境界。兰州彩陶文化是中华文明的重要组成部分，也是中国传统文化发展之根。根据该区彩陶发展的前后顺序，可以分为以下三个阶段。

仰韶文化时期彩陶以庙底沟类型为代表，也是仰韶文化彩陶工艺的繁盛期。庙底沟类型彩陶多为红地黑花，出现少量白衣彩陶，沿袭了史家类型的形态和风格，与半坡类型彩陶风格迥异，典型的发现有河南渑池仰韶村、洛阳王湾、郑州大河村遗址等。庙底沟类型的彩陶不仅文化中心东扩，而且迅速向四面八方发展。庙底沟类型以人口扩张为驱动力，大量向周边

---

① 水涛：《西北地区青铜时代考古论集》，科学出版社 2001 年版，第 147—153 页；韩建业：《中国西北地区先秦时期的自然环境与文化发展》，文物出版社 2008 年版，第 460—467 页。

② 甘肃省文物考古研究所：《秦安大地湾：新石器时代遗址发掘报告》，文物出版社 2006 年版，第 686—687 页。

地区，尤其是西、北地区移民，使得西到甘青、东至海岱、北到河套和辽宁、南至江汉的地域都被卷入考古学上的"庙底沟化"过程中。这与商代政治地理范围有惊人的相似，在地理和文化上为夏商乃至秦汉以后的中国奠定了基础。庙底沟类型的陶器以深腹曲壁的碗、盆为主，还有灶、釜、甑、罐、瓮、钵及小口尖底瓶等。彩陶数量较多，颜色黑多红少，全为外彩而无内彩，纹饰主要有花瓣纹、钩叶纹、涡纹、三角纹、平行线纹、网纹和圆点纹等，亦有动物纹饰。庙底沟类型的彩陶对兰州地区后来彩陶的发展有着极大的影响，特别是马家窑文化彩陶受其影响至深，甚至部分彩陶纹饰直接是庙底沟类型彩陶的延续和发展（图5-6）。

图5-6　庙底沟类型彩陶

1. 武山西坪出土　2. 甘肃博物馆藏　3. 天水李家坪出土
4. 定西众甫博物馆藏　5. 静宁博物馆藏

马家窑文化时期，兰州地区的彩陶文化已是独立发展，具有鲜明的地域特征。马家窑类型彩陶数量较少，种类单一，其中小坪子遗址是马家窑类型向半山类型过渡阶段，彩陶多作橙黄色，质地细腻，彩陶花纹繁缛，内彩发达，线条均匀，纹样以旋涡纹为主，还有一些动物纹样、人物纹、锯齿纹等，黑彩为主。半山类型彩陶文化因素多承袭了马家窑类型，但数量、种类等较之马家窑类型更加丰富，尤以青岗岔遗址的发现最为典型。半山类型的花纹以带齿黑边的旋涡纹、葫芦纹、圆圈纹、齿带纹等为主（图5-7），盛行在大口器内壁施彩，黑彩对比鲜明，画面绚丽，宛如一幅幅美妙的图画。

图 5-7 兰州地区马家窑文化彩陶

1、4. 雁儿湾出土 2. 曹家咀出土 3. 西坡圪出土 5-7. 小坪子出土

（采自《文物》1978 年第 10 期，第 62—76 页）

图 5-8 兰州地区马厂类型彩陶

1. 榆中上花乡出土 2. 土谷台出土 3. 白道沟出土 4. 华林坪出土

兰州地区所见的马厂类型彩陶分布范围较广泛，以花寨子和蒋家坪为代表。彩陶的质地较之半山类型粗糙，表面亮度不够，往往在器表施一层红色或紫红色的陶衣，用以掩盖器表的粗糙。彩陶以黑彩为主，纹样有四圈纹、蛙纹、连弧纹、回形纹、菱形纹、方格纹和一些彩绘符号，其中蛙纹又有全蛙、半蛙、蛙肢等（图5-8、9）。

进入青铜时代，兰州地区的彩陶呈明显衰落趋势，仅在齐家文化、辛店文化、董家台类型遗存中零星有所发现，且多为陶片，完整器物较少。20世纪50年代曾在兰州市区采集到一件陶罐，兰州邻近地区的大何庄和秦魏家所见亦很少。兰州西部的柳湾墓地发现大量齐家文化时期的彩陶，这些彩陶多以黑彩、红彩、紫红彩为主，其中红彩占有较高的比例，纹样以蝶形纹、蕉叶纹、倒三角纹、横人字形纹等为主。兰州地区发现的辛店文化彩陶数量较少，主要集中在张家咀、姬家川等遗址，彩绘花纹有回字纹、波折纹、平行线纹、垂线纹、双勾纹以及动物纹，其中最为特殊的是形似羊角的双勾纹最为常见，不仅是辛店文化彩陶典型的纹样，也是辛店文化的社会普遍养羊、牧羊习俗的表现。兰州地区青铜时代的彩陶应该是新石器时代彩陶的继续和发展。

半山类型　　　　　马厂类型　　　　　齐家文化

图5-9　"蛙纹"演变图

（据《文物》1978年第10期，第72页，图一三改绘）

四、成熟的冶金工艺

城市、文字、礼仪性建筑和冶金术是构成文明的主要因素，其中冶铜术、冶铁术是社会发展到一定阶段的产物，也是多种社会条件积累的结果。进入青铜时代，兰州地区已拥有成熟的冶铸技术。从永登蒋家坪的铜刀，到青铜时代的各类铜器，以及磨沟墓地发现目前最早的铁制品等，均能说明先秦时期的兰州先民在吸收来自中亚、西亚冶金技术的同时，逐渐开始寻找矿源，独立冶铸金属，并形成了自己独特、成熟的冶金工艺。

（一）冶铜术

兰州及其邻近地区①发现了数量较多的铜器，主要发现于马家窑文化、齐家文化、辛店文化、寺洼文化遗址中（表5-1），其中马家窑文化4件、齐家文化125件、辛店文化14件、寺洼文化1件，器类有铜刀、铜匕、铜锥、铜环、铜镯、铜饰、铜扣、铜镜、铜斧、铜镰、铜罐等，以小型工具和装饰品为主，实用的兵器和容器次之。这些铜器中有些与欧亚草原地区流行的形制较为相近，有些则在此基础上进行了改制，如铜斧、铜矛、骨柄铜刀等（图5-10）；有些则是本地的独创，如铜罐。铜渣的发现足以说明先秦时期的兰州地区已经有独立制作铜器的中心。邻近地区的陇南、河西走廊、青海东部有着丰富的铜矿资源，为独立制作铜器奠定了良好的基础。冶铜技术由锻打到铸造的进步，是独立制作铜器的关键。除此之外，稳定的社会环境、生产的进步、人口的增长、分工的明确和其他手工业的进步也为铜器的出现和制作提供了保障。

表5-1　兰州及邻近地区发现铜器情况一览表

考古学文化	出土地点	器类	数量	合计
马家窑文化	东乡林家	铜刀	1	4
		铜渣	3	
	永登蒋家坪	铜刀	1	1

---

①　由于考古资料公布有限，为更全面认识先秦时期兰州地区的冶金工艺，本书在讨论部分问题时，将兰州邻近地区的资料放在一起考察。

续表

考古学文化	出土地点	器类	数量	合计
齐家文化	永靖大何庄	铜匕	1	2
		铜片	1	
	永靖秦魏家	铜锥	1	6
		铜斧	1	
		铜环	2	
		铜饰	2	
	广河齐家坪	铜镜	1	2
		铜斧	1	
	陈旗（今王旗）磨沟	100余件*		
	积石山新庄坪	铜刀	1	12
		铜镯	5	
		铜泡	6	
	临夏魏家台子	铜刀	1	1
	广河西坪	铜镰	1	1
辛店文化	永靖张家咀	铜矛	1	4
		铜片	1	
		铜渣	2	
	永靖莲花台	铜刀	3	10
		铜锥	2	
		铜扣	3	
		铜匕	1	
		铜罐	1	
寺洼文化	临洮寺洼山	铜镯	1	1
总计				144余件

＊资料未完全公布，发掘简报统计有100余件。

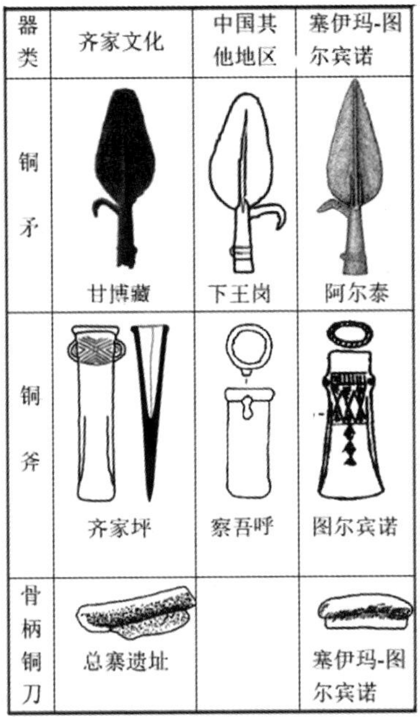

器类	齐家文化	中国其他地区	塞伊玛-图尔宾诺
铜矛	甘博藏	下王岗	阿尔泰
铜斧	齐家坪	察吾呼	图尔宾诺
骨柄铜刀	总寨遗址		塞伊玛-图尔宾诺

图 5-10　中国发现铜器与欧亚草原同类器物形制比较图

（采自《西北师大学报》2018 年第 4 期，第 77 页，图一）

2. 冶铁术

2009 年，邻近兰州地区的临潭磨沟遗址 444 号墓（M444）、633 号墓（M633）分别出土了铁条和铁锈块 2 件铁器，其中 633 号墓（M633）的碳14 测年为公元前 1510—1310 年，处于齐家文化向寺洼文化的过渡阶段，444 号墓（M444）的碳 14 测年为公元前 1430—1260 年，属寺洼文化早期阶段。444 号墓出土的残锈的铁条是由块炼渗碳钢锻打而成，系人工冶铁制品，[1] 是目前中国境内出土的最早人工冶铁，说明当时这一地区已经掌握了冶铁技术。

---

① 陈建立等：《甘肃临潭磨沟寺洼文化墓葬出土铁器与中国冶铁技术的起源》，《文物》2012 年第 8 期。

五、多样的生业形式

旧石器时代晚期的兰州地区先民的生业以狩猎、采集为主。至仰韶文化时期开始出现农业，并一直是兰州地区的主要生业来源。伴随着人口的增长，社会压力逐渐增加，以及自然环境的突变，尤其是冰期来临的时候，农耕经济逐渐解体，部分地区只能以简单畜牧或游牧生业为途径以维持生计。兰州地区地形复杂，环境多样，处于游牧、农耕文化的交错地带。从人类在此耕耘开始，便存在多样的生计方式。至青铜时代后期，在北方草原文化的频繁互动中，兰州的生业方式更加多元。

（一）农耕

农业是人类文明史的起点，诞生于一万多年前。世界农业是多中心起源的，农业的出现是人类社会发展到一定阶段的必然产物，是一个由点状到线状、条块状、片状持续发展的历程。我国为东亚农业的起源中心之一，黄河流域和长江流域是中国原始农业的两大起源中心，大部分属原始农业定居阶段的遗址中均发掘出代表原始农业定居阶段的陶器、房址和水稻、粟等作物。从历史来看，中国农业的基础是距今6000年前在仰韶文化中心的黄河流域建立起来的。黄河流域沿岸的土壤肥沃，土层深厚，蓄水性好，土质疏松，易开垦，气候温和，适应于黍、粟等作物的最初驯化和种植。农业的发展与人类文明的发展息息相关，兰州地区先秦时期文化能够不断地延续向前发展，基于稳定的农业。

（二）畜牧

畜牧主要是指在半农半牧地带的动物饲养，种类一般有马、牛、羊等，且规模较大，主要目的是补充农耕的不足，并能充分利用非农耕季节的草场。辛店文化时期，为了适应气候和环境的改变，生业形态出现了地域性差异。河谷地带居民从事以黍、粟种植为主的农业生产方式，以畜牧生产作为辅助方式，如永靖县张家咀遗址和姬家川遗址出土了大量动物遗骨，种属包括牛、羊、马、猪、狗与鹿等，数量最多的是羊，其次是猪。在莲花台遗址也发现了大量牛、羊、马、狗、鹿的动物遗骨，足以证明畜牧和家畜饲养在社会中占有一定的比重。

（三）狩猎

狩猎是古代人类生存最基本的生活方式之一。在农业诞生之前，狩猎、采集是人类的主要生计方式，其中大部分为专门狩猎，以满足生活需要。进入农业社会后，狩猎不再占据主要地位而影响人们的生存问题，或补给农业的不足，或用以强身健体，抵御野兽。兰州地区旧石器时代晚期的先民以狩猎、采集为主。进入仰韶文化庙底沟类型时期以后，农业成为社会的主要生计来源，狩猎成为辅助农业的门类，遗址中出土的大量的骨镞、骨矛、石镞、石矛、石弹丸和陶弹丸等便是有力的证据。

（四）游牧

游牧生计方式是游牧文化的基础，主要是指草原地带的牧民根据气候变化和草场的情况，季节性转换牧场而进行的放牧活动，畜养的种类有马、牛、羊、骆驼，最大的特点是"居无定所，逐水草而居"，且游牧是其主要谋生的手段。由于游牧文化的特殊性，伴随着产生的典章制度、宗教信仰、风俗习惯、道德规范、价值体系等也明显有别于农耕文化。我国的游牧业主要分布在北方草原地带，即长城沿线及其以北地区，产生于公元前2000—前1000年间，至春秋早期真正进入游牧阶段。[①] 兰州北部地区的地表以石质或土石山地为主，干旱的自然条件虽不适合农业生产，但丰富的草业资源非常适合游牧业的发展。景泰、吴家川等地的岩画上有骑马人、鹿、羊、犬等，这些岩画与宁夏阴山、河西走廊等地的岩画内容、技法等基本相似，显然是生活在这里的游牧民的杰作。

---

① 杨建华：《欧亚草原经济类型的发展阶段及其与中国长城地带的比较》，《考古》2004年第11期。

第二节　东西文化交流的通道

兰州地区东与甘肃东部、陕西关中地区相邻，西接河西走廊和青藏高原东部，北连欧亚草原的内蒙古高原，南与甘肃南部和横断山区"藏彝走廊"相通，是早期东西方文化交流、碰撞的舞台，各地不同文化因素也藉此通道传播至其他地方，成为我国内地与欧亚大陆、中亚文化交汇的缓冲地带，考古发现的彩陶、麦类植物、玉石、铜器等就是最好的见证。

一、东方文化西传的驿站

随着早期东西方文化交往日益密切，兰州地区的彩陶沿着"彩陶之路"① 渐次西传，随之传入西域地区，贝类也由沿海进入内陆，为丝绸之路的开通打下了良好的基础。

（一）彩陶

彩陶是史前时期"火"与"土"凝结的艺术品，自其产生以来，便在史前人类生活的方方面面都打上了深深的烙印。兰州地区的彩陶作为中国彩陶文化的重要区域之一，起源较早，延续时间长，分布范围广，造型独特，色彩艳丽，发展脉络清晰，尤其是马家窑文化的彩陶，彩陶的工艺和纹饰独具特色，在人类文化史上具有非凡的意义。甘肃地区是世界上较早产生彩陶的地区之一。从大地湾文化开始，彩陶文化便沿渭河流域向东逐渐发展，并形成黄河中游、黄河上游等多个重要的彩陶文化中心，随之波及中国西北地区、东北地区、西南地区、长江流域等地，形成一个具有世界影响力的彩陶文化圈。新石器时代彩陶向西传布的路径可以分为西线、南线。西线为主线，始于陕甘地区，向青海、新疆，甚至向中亚传播。② 南线是指陕

---

① 韩建业：《再论丝绸之路前的彩陶之路》，《文博学刊》2018 年第 1 期。
② ［俄］卢立·A·札德纳普罗伍斯基，刘文锁译：《费尔干纳的彩陶文化》，《新疆文物》1998 年第 1 期。

甘地区的彩陶向西南传布至白龙江、岷江、大渡河流域以及西藏东部等地。

兰州地区作为东西文化交流中的驿站之一，也是史前彩陶向西传布中的必经之地（图5-11）。在彩陶之路的缘起、形成和发展过程中，兰州地区不仅是通道，而且还以优势明显的文化扩张能力，以渐次的方式将彩陶文化向西、向南不断传布，在传布的过程中与其他地区文化交流、碰撞，为"丝绸之路"的开通奠定了基础。

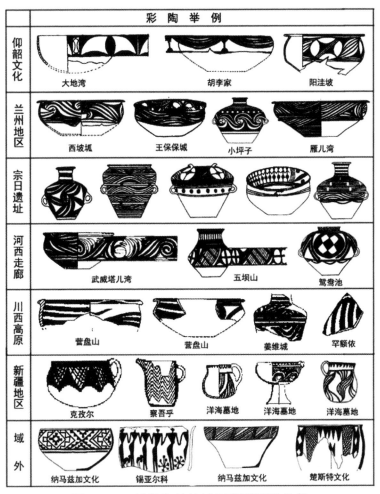

图5-11　兰州和其他地区发现彩陶比较

（"域外"部分采自《文博学刊》2018年第1期，第20—32页）

（二）海贝

自新石器时代以来，海贝作为一种特殊的物品被广泛使用，或用于装饰，或充当货币。海贝属于海洋暖水生物，但在内陆地区有大量的发现，如乐都柳湾、大同上孙家寨、西藏卡若、临潼姜寨、贵南尕马台、玉门火烧沟、偃师二里头、贵德山坪台、湟中潘家梁、湟源大华中庄、崇信于家湾、灵台白草坡等先秦时期遗址均出土有海贝以及形制类似海贝的物品，① 近年新疆洋海墓地中也出土了55枚海贝② （图5-12）。这些海贝有些是使用绳子系串起来的海贝，③ 有的海贝被置于死者口中或贮于陶器之内，有的用作服饰装饰或身体装饰，有的可能已经赋予了货币的功能，还有一些仿海贝的物品也被用作其他装饰。这说明人们对其非常珍视，也是早期远距离贸易的见证。毋庸置疑，这些较早使用的海贝均非内陆本土生产，而是来自沿海，如东灰山墓地的海贝产自辽宁、广东、台湾、海南，甚至还有产自遥远的西沙群岛。现有的考古发现说明，从沿海到内陆、从关中到甘肃东部，再到河西走廊、西域发现的海贝并不是孤立存在的，而是远距离的交流、互动的结果。④

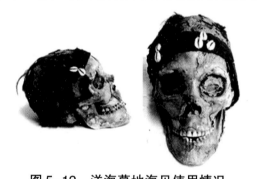

图5-12　洋海墓地海贝使用情况

（采自《吐鲁番学研究》2016年第1期，第11页，图六）

---

① 彭柯、朱岩石：《中国古代所用海贝来源新探》，《考古学集刊》（第12集），第119—147页。

② 吐鲁番文物局等：《新疆洋海墓地》，文物出版社2019年版，第606—638页。

③ 甘肃省博物馆：《甘肃文物考古三十年》，《文物考古三十年（1949—1979）》，文物出版社1979年版，第142页。

④ 李凯：《先秦时代的"海贝之路"》，《青海社会科学》2010年第1期。

兰州地区先秦时期遗址中也有大量的海贝和贝类物品的发现，如土谷台出土6枚海贝，下海石遗址出土了海贝项链，花寨子也出土了一些仿制的陶贝等。邻近兰州的玉门火烧沟的墓葬中出土上百枚海贝，瓜州鹰窝树遗址墓葬中出土蚌饰3件、海贝2枚，酒泉干骨崖墓地出土海贝10枚，民乐东灰山遗址出土贝饰4件，永昌西岗墓地出土海贝80枚，柴湾岗墓地出土海贝27枚①（图5-13）。孕马台三分之一的墓葬都有海贝出土，这些贝类与新疆地区天山北路、焉不拉克、五堡等墓地的形制相似，用途也基本相同。结合全部考古发现来看，② 兰州先秦时期出土的海贝当属来自遥远的沿海地带，仿制更加说明当时人们对这类特殊物品的重视，历史上更是存在一条从沿海到中原，再到兰州地区、青海东部以及青藏高原、新疆地区的"海贝之路"，而兰州地区恰是海贝深入内陆的必经之地。

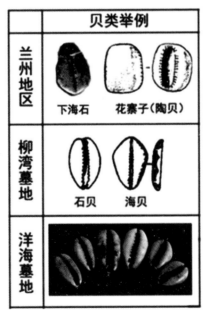

图5-13 兰州和其他地区发现海贝举例

（洋海资料采自《吐鲁番学研究》2016年第1期，第11页）

---

① 甘肃省钱币学会编：《甘肃历史货币》，兰州大学出版社1989年版，第4页。
② 彭柯、朱岩石：《中国古代所用海贝来源新探》，《考古学集刊》（第12集），第119—147页。

二、西方文化东渐的津梁

兰州地区作为外来文化东渐的桥头堡，这些要素有铜器、麦类作物、驯化家畜、权杖头、洞室墓等。兰州地区先秦考古中发现的外来文化遗存，力证了外来文化东渐过程中兰州的特殊历史地位。

（一）铜器

兰州地区马家窑文化时期的蒋家坪遗址出土了中国较早的铜器，兰州附近的林家遗址出土了形制与之相似的铜刀。经金相分析，两把铜刀均为含锡的青铜，其中林家铜刀是我国发现最早的锡青铜制品。此外，林家遗址第 54 号灰坑（H54）出土的铜渣，足以证明早在新石器时代晚期这里已经开始冶炼铜。青铜时代，兰州邻近地区更是有大量铜器发现，如永靖大何庄 2 件、磨沟遗址 100 余件，[①] 其中磨沟墓地的 64 件铜器经检测，红铜器 24 件、锡青铜 25 件、锡铅青铜 9 件、铅青铜 4 件（含砷 1 件）、砷青铜 1 件。这些造型规整、制作精良铜器的发现足以证明当时兰州及其邻近地区的冶铜技术已然十分高超。

世界上发现最早铜制品的地方在今西亚、中亚地区，如伊拉克的札威·彻米地（前 10000—前 9000 年）、伊朗西部的阿里·喀什（前 9000—前 7000 年）、土耳其恰约尼遗址（前 8000 年）等。这些地区铜器的出现时间均早于中国，由此，中国早期的铜器的来源与这些地区有着密切的关系。此外，兰州地区的早期铜器和冶铜技术，受到欧亚草原、新疆地区、中原地区的影响，尤其是邻近的新疆地区和中原地区，[②] 前者是兰州地区早期铜器的直接来源，而后者则受到兰州乃至甘青地区早期铜器的影响。

中原地区的早期青铜文明自仰韶文化起，至二里头文化时期达到第一

---

① 钱耀鹏等：《甘肃临潭磨沟齐家文化墓地发掘及主要收获》，《考古学研究》（九），第 638—656 页；钱耀鹏等：《甘肃临潭磨沟齐家文化墓地发掘的收获与意义》，《西北大学学报》（哲学社会科学版）2009 年第 39 卷第 5 期。

② 李水城：《西北与中原早期冶铜业的区域特征及交互作用》，《考古学报》2005 年第 3 期。

个巅峰，其中以二里头遗址出土铜器数量最为丰富且在器型上极具代表性。二里头遗址目前发现铜器 131 件，包括爵、鼎、戈、戚及各式各样的刀，以及铜铃、嵌绿松石铜牌饰、铜泡等，还有铜容器圈足的残片。① 中原地区早期铜器在发展中接受了大量来自甘青地区乃至西北地区的铜器，如二里头遗址出土的铜牌饰并不能在中原文化传统中找到其渊源，而这类器物却多见于甘青和新疆东部地区，并且所处时间要早于二里头和中国北方其他地区。二里头遗址还曾出土一把青铜环首刀，此类环首刀具有"北方特色"，②也与兰州地区出土的铜刀形制相似。值得注意的是，二里头遗址发现的镶嵌绿松石的兽面铜牌饰，与天水、齐家坪遗址出土的同类器物形制、纹样基本一致，足见二者之间存在的密切联系（图 5-14）。甘肃省博物馆藏有一件带钩铜矛，矛头圆钝，倒钩部有系耳，长 30 厘米。形制相近的在青海沈那遗址、陕西、淅川等地也有发现，与塞伊玛—图尔宾诺文化的铜器形制基本相似，其来源当与塞伊玛—图尔宾诺文化的东扩有关。进入中国后，这类铜器便以甘青地区为据点，逐渐向东部扩散。③ 早期铜器在逐渐向东传输和扩散的过程中，兰州地区是必经之地。

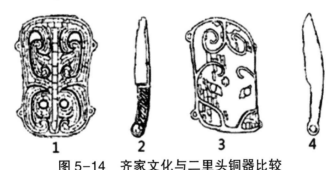

图 5-14　齐家文化与二里头铜器比较

1、2. 二里头遗址出土　3. 天水出土　4. 康乐出土

---

① 中国社会科学院考古研究所编：《中国早期青铜文化：二里头文化专题研究》，科学出版社2008 年版，第 124—274 页。

② 林沄：《商文化青铜器与北方地区青铜器关系之再研究》，《林沄文集·考古学卷》，上海古籍出版社 2019 年版，第 79—111 页。

③ 林梅村：《塞伊玛——图尔宾诺文化与史前丝绸之路》，《文物》2015 年第 10 期。

（二）小麦

小麦作为最重要的谷物之一，与水稻成为充满文化象征意义的粮食作物。距今大约 1.4 万年左右，野生小麦主要生长在今土耳其安纳托利亚高原。环境的变化和生产工具的不断进步使一部分人开始定居生活。距今 1.28 万年的"新仙女木事件"导致今天西亚地区变得干冷，野生植物资源减少。为了生存，人们便驯化了野生小麦，后逐渐向伊朗高原等地扩展，足见其是地道的"西方谷物"。自安徽亳县钓鱼台遗址发现龙山时代的小麦以来，在西起甘肃，东至山东，尤其是黄河下游地区，发现大量的古代小麦遗存。[①]

兰州附近地区最为重要的发现为民乐东灰山遗址，多次发现炭化普通小麦，经检测为人工栽培作物，碳 14 检测年代约为公元前 3000—公元前 2500 年。在距东灰山遗址不远的武威地区多次发现马家窑文化遗存，显然这批小麦为马家窑文化居民遗留。我国中原地区发现的小麦实物不早于公元前 2000 年，因此小麦很有可能是沿着"中亚—新疆—甘肃—黄河中下游"通道逐渐向东传播。

（三）权杖头

权杖是古代贵族尤其是掌权者权力的标志之一，最早出现于古埃及，后在近东、欧亚草原地区广泛传播，中国境内也有大量的发现，主要分布在新疆、甘肃、内蒙古、宁夏、陕西、河南、山西、河北、辽宁等地。[②] 目前，中国发现最早的权杖头是甘肃西和县宁家庄的彩陶质地权杖头，泥质红陶、中空、弧腹隆起、黑色和橙色彩，高 7.8 厘米、最大径 12 厘米，上部为不对称的花卉纹，下部为四只背向高飞的变体鸟纹，时代应在仰韶文化庙底沟时期。秦安大地湾遗址发现一件石权杖头，白色大理石岩，圆形，

---

① 李水城：《东风西渐：中国西北史前文化之进程》，文物出版社 2009 年版，第 216 页。
② 杨琳、井中伟：《中国古代权杖头的渊源与演变研究》，《考古与文物》2017 年第 3 期。

中间有孔，外径10厘米，内孔径3.6厘米、厚3.5厘米，重980克，表面光滑，一面较平，并沾有部分红色颜料，一面略凸起。圆环磨制精细（图5-15）。① 据悉，同类型的权杖头在秦安大地湾遗址也发现一件，系汉白玉制作而成。② 而后，在中国发现大量的权杖头，但以石质、玉质、铜质为主，如紧邻兰州地区的酒泉干骨崖③、火烧沟等青铜时代遗址中发现了铜质的权杖头。

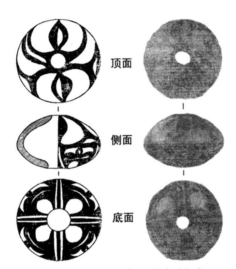

顶面

侧面

底面

图5-15　西和发现的权杖头

左：线图　右：照片

（采自《考古》1995年第2期，第184—185页）

中国发现的早期权杖头与域外文化，尤其是安那托利亚高原、黑海、高加索、俄罗斯南部等地有着密切的关联，应是通过欧亚草原进入中国，而与兰州邻近的河西走廊和陇东地区是最早出现的地区。除此之外，中国

①　王彦俊：《甘肃西和县宁家庄发现彩陶权杖头》，《考古》1995年第2期。
②　甘肃省文物考古研究所：《秦安大地湾：新石器时代遗址发掘报告》，文物出版社2006年版，第624—625页。
③　北京大学考古文博学院、甘肃省文物考古研究所：《甘肃酒泉干骨崖墓地的发掘与收获》，《考古学报》2012年第3期；王璞：《东西方文明的重要见证物——火烧沟四羊首青铜权杖头》，《甘肃日报》2018年8月23日第012版。

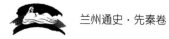

发现的权杖头在西方文化影响下，也开始独立制作一些权杖头，创造出一些具有本土文化风格的器物（图5-16）。

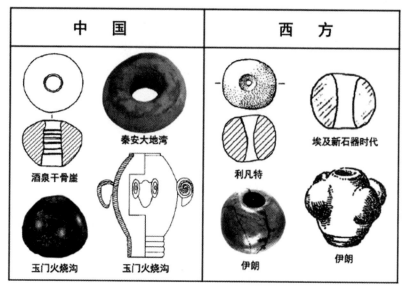

图5-16 中国与西方发现权杖头比较

（据《考古与文物》2017年第3期，第65—77页改绘）

（四）家养动物

一般认为，家养动物系野生动物驯化而来，不同的家养动物驯化过程有所差异。马的最早驯化是在中亚地区，兰州附近的秦魏家遗址就发现马的下颌骨，再从这里逐渐向东传布，如安阳等地。绵羊和山羊最早在伊朗西南部被驯化，兰州附近的天水师赵村遗址就发现有绵羊，可见至少在距今5000年左右家养绵羊便已经引进。黄牛最早是在距今1万年的非洲东部或西亚地区起源的，兰州附近的秦魏家、大何庄等遗址都发现了距今4000左右的牛骨。[1] 这些家养动物进入兰州地区，是史前文化交流、互动的结果。

自旧石器时代晚期以来，东西方的文化交流、互惠绵延不断，未曾停

---

① 付罗文等：《论中国甘青地区新石器时代家养动物的来源及特征》，《考古》2009年第5期。

止。新石器时期晚期开始，东西方文化的碰撞、融合更加直接，西方的青铜文化带着小麦、绵羊和冶金技术，不久又赶着马匹进入新疆，而且继续东进传入甘肃等地；东方甘肃等地的粟和彩陶技术也传入新疆，甚至远播中亚，这种交互传播的情况后来发展为著名的"丝绸之路"。① 从欧亚草原到河西走廊四坝、齐家乃至河南二里头，这些文化遗址就像一组自成体系的驿站，把东西方青铜文化联系起来，构成一条绵延不绝的文化之路。兰州及其邻近地区作为先秦时期东西方文化交流的必经之地，便是这些"驿站"之一。兰州地区位于黄河上游和中游地区的交界地带。在漫长的岁月中，兰州地区一直是各民族文化相互交流、传播的舞台和通道，东部地区与陕西关中地区相邻，是我国内地与欧亚大陆中亚相接的地带，自古以来就是中原地区和欧亚大陆之间相接的地带。

（五）洞室墓和屈肢葬

兰州土谷台发现半山类型墓葬 34 座，其中洞室墓有 31 座。这种特殊的墓葬形制异于传统的竖穴土坑墓。比较欧亚草原的考古发现，这种墓葬起源于南俄草原，后出现于半山和马厂类型的墓葬中，其后绵延于齐家、辛店文化等。②

屈肢葬的出现与洞室墓几乎同时，如土谷台墓地发现的 59 座洞室墓均为屈肢葬，后来的齐家文化、辛店文化等仍流行这种葬俗。③ 屈肢葬源于欧亚草原的颜那亚文化，与洞室墓差不多同时出现于兰州地区，应当是外来文化影响的产物。

三、西玉东输的原料产地

距今 8000 年左右起，中华大地上逐渐形成独特的玉文化，其分布大致

---

① 杨富学、陈亚欣：《河西史前畜牧业的发展与丝绸之路的孕育》，《新疆师范大学学报》（哲学社会科学版）2015 年第 3 期。
② 谢端琚：《试论我国早期的土洞墓》，《考古》1987 年第 12 期。
③ 陈洪海：《甘青地区史前墓葬中的葬式分析》，《古代文明》（第 2 卷），文物出版社 2003 年版，第 138—153 页。

可分为八个板块，即东夷玉文化板块、淮夷玉文化板块、古越玉文化板块三大板块，以及海岱玉文化东夷亚板块、陶寺玉文化中华亚板块、石峁玉文化鬼国板块、齐家玉文化氐羌亚板块、石家河玉文化荆蛮亚板块五支亚板块。各板块除拥有自己独特的玉石来源之外，彼此之间又相互交流、影响，其中东夷玉文化板块兴起早，分布范围广，是我国玉文化的源头。随着东夷玉文化的南移与百越玉文化的北进，这两支玉文化相互碰撞，充实了史前时期中国玉文化，为夏、商、周时期玉文化的发展奠定了基础。五个玉文化亚板块则是代表了夷、中华、鬼、羌、蛮五大族酋邦，这些是以玉圭、玉璋、玉刀和肖生像为代表的玉文化，形成了政治、军事、文化、宗教为一体的"王权"。[1] 进入文明时代，中国的玉文化更为成熟，《诗经》中就有大量关于玉的记载。统治者的祭祀活动中，玉器具有十分重要的作用，投玉入河以祭河川，埋玉入地以祭地。同时，玉也是社会身份地位的象征。

齐家玉文化氐羌亚板块在马家窑文化时期就开始出现零星的玉器加工。齐家文化发现的玉器种类繁多、数量庞大，是这一板块玉文化发展的鼎盛阶段，也是继红山文化、良渚文化之后又一具有独特用玉传统的文化。从目前的考古发现来看，武威海藏寺、皇娘娘台、喇家遗址等出土玉器三千余件（图5-17），其中海藏寺遗址出土161件，有玉璧、玉锛、玉凿、玉刀、玉镯等以及大量的边角料、半成品。皇娘娘台遗址仅第四次发掘就出土玉器433件，有玉璧、玉璜、玉琮、玉铲、玉锛等。此外，在庄浪、静宁、秦安、固原等地也发现大量玉器。齐家文化的先民赋予玉器特殊的含义，如圆璧、方琮主要用来祭祀和彰显社会地位，也是"天圆地方"观念的雏形。[2]

---

① 杨伯达：《中国史前玉文化板块论》，《故宫博物院院刊》2005年第4期。
② 李晓斌、张旺海：《甘肃齐家文化玉器研究》，《陇右文博》2009年第2期。

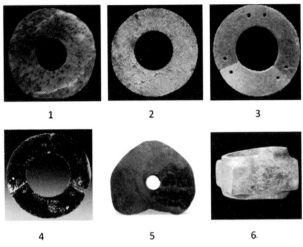

图 5-17 齐家文化玉璧、玉琮

1. 静宁深沟乡出土 2. 定西三十里铺出土 3. 喇家遗址出土

4. 师赵村出土 5. 武威海藏寺出土 6. 师赵村出土

齐家文化玉器在继承早期玉文化的同时，也充分利用了本地丰富的玉矿资源。齐家文化玉器的类型与形制就受到东方玉器文化的影响，如玉璧、玉琮、玉刀等礼仪用器中就有部分来自东方地区。齐家文化所在的甘青地区拥有着丰富的玉矿资源，成为其玉材的主要原料产地。马鬃山玉矿遗址是目前甘肃境内发掘的唯一一处早期玉矿遗址，位于甘肃省肃北县马鬃山镇西北约 20 千米的河盐湖径保尔草场。考古发现有房址、灰坑等遗迹，遗物有陶器、铜器、石器、骨器、玉器、玉料等，其中有些玉器为半成品。该遗址的玉矿开采于四坝文化时期，经历了青铜时代，下限至两汉时期。根据马鬃山遗址的考古工作显示，当时应该有一个专门的机构来负责玉矿的开采、加工以及输出。此外，齐家文化还吸收了邻近地区的优质玉料，如部分玉器便是使用和田玉制作而成。[1]

兰州附近的马衔山蕴藏有丰富的玉石资源。马衔山位于临洮县峡口镇，

---

[1] 甘肃省文物考古研究所等：《甘肃肃北马鬃山古玉矿遗址调查简报》，《文物》2010 年第 10 期。

其附近的主河流为大碧河，从马衔山有两支支流，分别为上王家沟和漆家沟，这两条支流汇集到大碧河，大碧河和两支支流是经常出现玉石的主要河流。玉料成分主要为透闪石，次为透辉石、绿帘石、磷灰石，① 颜色主要为黄绿或灰绿色，大部分呈不透明，质量最佳者为韭黄色、透明度较高的玉料② （图5-18）。据悉，清同治年间官方曾在此采玉矿，玉料为透闪石，黄绿色和灰绿色为主，与师赵村等遗址出土齐家文化玉器的玉料基本相似。石峁、龙山文化、陶寺文化以及稍晚的安阳、张家坡、曾侯乙、金胜村、九连墩、徐州狮子山等墓地出土的部分玉器的玉质均不同程度地使用了甘肃透闪石玉。

图 5-18　马衔山玉矿

（采自《玉成中国：玉石之路与玉兵文化探源》，2015 年，第 75 页，图三）

从全球范围来看，比“丝绸之路”要早得多的还有跨地区的玉石贸易，以及由玉石资源开发所派生的金属矿石，即“玉石之路”。齐家文化在东玉西传与西玉东输过程中提供了中转站或原料产地。这条玉石之路最早大规

---

① 农佩臻、周征宇、赖萌：《甘肃马衔山软玉的宝石矿物学特征》，《矿物学报》2019 年第 3 期，第 327—333 页。

② 古方：《甘肃临洮马衔山玉矿调查》，载叶舒宪、古方主编《玉成中国：玉石之路与玉兵文化探源》，中华书局 2015 年版，第 72—79 页。

模输送的透闪石玉料应该来自马鬃山、马衔山、青海格尔木等地，而新疆和田玉的大规模输入当在张骞通西域之后。兰州地区不仅是玉石之路上的原料产地之一，也是马鬃山、和田玉等西输东传的中转站。

四、丝绸之路开通的基础

1877 年，德国地质地理学家李希霍芬在其著作《中国》一书中，把"从公元前 114 年至公元 127 年间，中国与中亚、中国与印度间以丝绸贸易为媒介的这条西域交通道路"命名为"丝绸之路"，这一名词很快被学术界和大众所接受，并正式运用。

文献所载，亚欧之间的最早交往也许可以追溯到距今约三千年前的西周时代。当时，在文明国家中国和希腊中间存在辽阔的草原、半沙漠和山区地带，散居着许多独立的游牧部落，希腊人称他们为斯基泰人，中国则将他们中分布在河西走廊西端和天山南北的那部分称为塞人。正是这些生活在亚欧大陆腹地的游牧部落建立了东亚和西欧之间最古老的贸易联系。"塞人部落通过他们的游牧方式，在中国和遥远的希腊城邦之间充当了最古老的丝绸贸易商，他们驰骋的吉尔吉斯草原和罗斯草原成了丝绸之路最早通过的地方。"① 作为印欧语系波斯语族的一支，斯基泰人原为中亚细亚北部的游牧部落，后因萨尔马提亚人的压力，西迁至黑海以北。公元前 7 世纪，一部分继续西迁，至多瑙河下游今罗马尼亚和匈牙利地区；一部分南下，越过高加索山脉，抵达小亚细亚和伊朗高原西北部。斯基泰人曾以克里米亚为中心建立"斯基泰王国"，领有从顿河到多瑙河下游的广大地区，与希腊各殖民城市多有接触。《穆天子传》曾记载了周穆王会见西王母的动人故事，② 周穆王向西王母赠送了珍贵的玉璧等礼物，受到了西王母的隆重招待。西王母居处是当时中国人心目中的西方极远之处，西王母是塞人部落的首领。有学者认为，"西"字有地理上极西之义，兼有音译，译出了

---

① 余建华：《古代丝绸之路与亚欧文明交流》，《历史教学问题》2015 年第 1 期。
② 余建华：《古代丝绸之路与亚欧文明交流》，《历史教学问题》2015 年第 1 期。

"斯基泰"民族的首音。① 这一记载成为先秦中国人向西眺望的极限，周穆王也被称作中国古代第一位文化友好使者。

从考古发现来看，随着史前时期外来文化的东渐与中华文明的西传，于甘青地区逐渐形成一条贯穿东西方文化的道路。从文献来看，西周即是文献所载最早的东西方文化交流时期。在史前时期，从欧亚草原到河西走廊四坝、齐家乃至河南二里头，这些文化遗址就像一组自成体系的驿站，把东西方玉石文化联系起来，构成一条绵延不绝的文化之路。此外，经过河西走廊，还存在着一条由西向东延伸的玉石之路，这条道路由新疆和田而直达安阳。西方文化东输与东方文化西进，两条传播道路交汇于河西，孕育了丝绸之路的雏形。② 诚如严文明先生所言，"早先是西方的青铜文化带着小麦、绵羊和冶金技术，不久又赶着马匹进入新疆，而且继续东进传入甘肃等地；东方甘肃等地的粟和彩陶技术也传入新疆，甚至远播中亚。这种交互传播的情况后来发展为著名的丝绸之路。"③

综上，早在张骞"凿空"西域之前，兰州地区就已经有了东西方经济文化交流，作为东西方交通要道的作用早已存在，丝绸之路早在这一时期便已经开始有了雏形。正如张光直先生所言，"西北的地理位置在亚洲史前史上非常重要，这里不但是东西古文化之间的走廊，沟通中原与中亚的文化史，同时也是南北古文化之间的走廊，沟通着草原与西南的文化史。西北地区在东西文化交通史上的地位是学者熟悉的，但它在南北文化交通史上地位则常为人们所忽略。中原文化自东而西传入西北，时代愈远，地域愈西，则变化愈大。换言之，这个程序中不但有中原文化的输入，而且更重要的是中原文化的'西北化'。"④ 而这个中原文化西北化的前沿，正是与

---

① 余建华：《古代丝绸之路与亚欧文明交流》，《历史教学问题》2015 年第 1 期。
② 李水城：《齐家文化："前丝绸之路"的重要奠基者》，《2015·齐家文化与中华文明国际研讨会论文集》，科学出版社 2015 年版，第 130—135 页。
③ 杨富学，陈亚欣：《河西史前畜牧业的发展与丝绸之路的孕育》，《新疆师范大学学报》（哲学社会科学版）2015 年第 3 期。
④ 张光直：《考古所见的汉代以前的西北》，《"中央研究院"历史语言研究所集刊》第 42 本第一分册。

羌戎等诸西北地方族群交界的兰州。作为欧亚大通道上的重要节点，兰州既控扼着东西主动脉的河谷通道，又是南北连接的重要关津，成为天然的交通枢纽和"十字路口"，不仅是区域间的地理连接节点，还是文化沟通的通道。

考古学研究的这一认识，文献中亦有零星的记载。古时传说昆仑山是黄河的发源地，再西行到西王母之邦及其北方一带，行程有一万三千多里①。中国民间广泛流传的"穆天子会见西王母"的美丽传说，也从一个侧面反映了这段远古时代的中西交往史。《穆天子传》叙述周穆王西行，所经之邦国部落必有牛羊乳酪等物进献，穆天子出于礼仪之需也多有回报赏赐。穆天子一行西经各部所展示的祭祀礼仪、风俗习惯，以及穆天子演奏广乐、歌诗赠答等展示周人礼乐文化的场面，无不反映出西周时代中原文化与西北游牧文化的接触与交流，如《穆天子传》卷三记载：

> 吉日甲子，天子宾于西王母。乃执白圭玄璧以见西王母。好献锦组百纯，组三百纯。西王母再拜受之。
>
> 乙丑，天子觞西王母于瑶池之上。西王母为天子谣，曰："白云在天，山陵自出。道里悠远，山川间之。将子无死，尚能复来？"天子答之，曰："予归东土，和治诸夏。万民平均，吾顾见汝。比及三年，将复而野。"
>
> 西王母又为天子吟曰："徂彼西土，爰居其野。虎豹为群，於鹊与处。嘉命不迁，我惟帝女。彼何世民，又将去子。吹笙鼓簧，中心翔翔。世民之子，唯天之望。"
>
> 天子遂驱升于弇山，乃纪丌迹于弇山之石，而树之槐，眉曰西王母之山。西王母之山还归丌□。②

《周礼·春官》载"大宗伯以宾礼亲邦国""大行人掌大宾之礼以亲诸侯"。穆天子与西王母相会于其国，特用"宾"礼，"执白圭玄璧以

---

① 杨宽：《战国史》，上海人民出版社1998年版，第669页。

② 王贻梁：《穆天子传汇校集释》，华东师范大学出版社1994年版，第161页，其中所收歌谣校以《古今风谣》、《风雅逸篇》卷二、《古诗纪》卷三、《先秦汉魏晋南北朝诗·先秦诗》卷三收录。

见",又"献锦组百纯"于西王母,礼仪之隆重,与经过沿途其他邦国时的"赏赐"等居高临下的方式截然不同,说明当时礼乐制度在西周及其周边地区都已得到广泛的实施,即中原地方与兰州以西地区的沟通是通畅的。

第三节　中华文明的重要组成部分

2012 年,国务院正式批复,支持甘肃建设第一个国家级文化发展战略平台"华夏文明传承创新区"。兰州地区位于黄河上游和中游地区的交界地带,是各民族文化相互交流、传播的舞台和通道,自古以来就是中原地区和欧亚大陆之间相接的地带。同时,兰州地区是内陆与中原地区的连接点,地处民族走廊地带,东西方文化在此不断碰撞、交融,是多民族活动的舞台、多元文化的栖息地。兰州地区的先秦文化以其独有的特质,在不断为中华文明输送新鲜血液的同时,也推动着中华文明的进程。

一、"多元一体"的中华文明

兰州地区先秦文化是中华文明的重要组成部分,延伸了中华文明的范围,丰富了中华文明的内涵,同时又凭借独特的地理位置,源源不断地吸收外来文化,为中华文明输入新鲜血液,逐渐成为中华文化传承和创新区。

中华文明起源是中国考古学诞生以来经久不衰的课题,也是考古学学科特殊的使命。大致经历了"中国文化西来说""一元中心说""多元中心说"等。

20 世纪 20 年代初,西方学者将中国发现的彩陶与中亚地区比较后提出"中国文化西来说"。限于资料和认识的缺陷,大多学者接受了这一学说。1949 年以后,全国各地在以基建为中心的考古发掘中,发现日益剧增,梳理复杂多样的考古遗存成为中国史前考古学的主要任务。这一时期的学术背景让"黄河流域中心"成为构建中国古史的主导模式,即"中原中心论",主要表现是仰韶文化、龙山文化东西对立的二元论逐渐被仰韶文化发展到龙山文化再到历史时期商文化的一元论所代替。①

　　著名考古学家苏秉琦先生将中国古代文化划分为六个区域，并明确提出黄河流域在文明起源中的重要地位，但不能忽视的是各地区文化在发展中各自的独立特点。② 美籍华人考古学家张光直先生指出要能动地看待古代各个文化之间的关系，并从根本上否定了中原中心说。③ 严文明先生认为前3000—2500 年间，中原文化区开始出现，中国的新石器时代文化呈现出以中原为中心的三重结构，即"重瓣花朵"模式。④

　　费孝通先生提出中华民族"多元一体"格局的理论，⑤ 从根本上摆脱了黄河中心说的一元论。先秦时期中国每个文化区都有自己独特的文化特征，同时各文化区之间又有着不同程度的联系。中原的文化区系由于其地理位置，处于黄河中游地区，有着适合人们居住的广袤平原和适宜的气候条件，农业和文化的发展是略高于其他几个文化圈的。也正是因为其在中心地区，对于各个文化区的交流有着地理上的先天优势，所以以中原地区文化圈为主导，联系其他各个文化区系，使多元的文化向着统一的趋势发展。这就是在中华文明发展的进程中，无论哪个文化区系暂时占据了主导地位，但中华文明多元一体的特色始终不会被动摇。各地区文明进程的内容与方式各不相同，时间有先有后。黄河流域、长江流域的文明化较早，产生了夏商周文明。后来，周边少数民族地区陆续形成了自己的文明。这些文明并非彼此孤立，而是紧密联系在一起，共同组成多元一体结构，最终形成以汉族为主体的多民族统一国家。

　　中国的新石器时代文化地理可以分为三个大的文化区，即旱地农业经济文化区，稻作农业经济文化区，狩猎采集文化区，其中旱地农业经济文

---

　　① 陈星灿：《从一元到多元：中国文明起源研究的心路历程》，《中原文物》2002 年第 2 期。

　　② 苏秉琦、殷玮璋：《关于考古学文化区系类型问题》，《文物》1981 年第 3 期。

　　③ ［美］张光直著：《古代中国考古学》，印群译，生活·读书·新知三联书店 2013 年版，第5—14 页。

　　④ 严文明：《中国史前文化的统一性和多样性》，《文物》1987 年第 3 期。

　　⑤ 费孝通：《中华民族多元一体格局》（修订本），中央民族大学出版社 2018 年版，第 17—50 页。

化区可以分为甘青文化区、中原文化区、山东文化区、燕辽文化区，稻作农业经济文化区可以细分为江浙文化区、长江中游区、闽台区、粤桂区、云贵区，狩猎采集经济文化区可以细分为东北区、蒙新区、青藏区。①诸多的文化区本身就可以看作是多样性和统一性的结合体。出现一体化是因为人们大部分生活在长江黄河流域，这里的气候四季分明，适合农业的种植，而种植农作物的规律是夏季和秋季收获粮食，在寒冷的冬季，食物相对匮乏，生活在这一区域的人们生存所面临的问题大体相同，生存的经验便有了普遍的传播意义，各地方的交流带动了社会的向前发展，也是形成中华文化一体化的前提，各文化圈内的经济、文化和民族之间的互动交流逐步加强。以甘青地区出土的彩陶为例，甘青地区的彩陶风格对中原地区的影响，中原地区对其吸收后反过来又影响甘青地区。②

二、中华文明的重要分支

兰州地区的先秦文化先后历经石器时代、青铜时代、早期铁器时代三个阶段。自旧石器时代晚期以来，便有人类开始在这片热土上繁衍生息，沉睡多年的黄河两岸逐渐充满生机。尽管兰州地区的地貌多属高山河谷，但并未阻断这里的人们与外界的交流，而是受到周邻地区强大文化势力的影响，尤以中原地区文化影响最为明显。

先秦时期兰州及邻近地区的考古学文化主要分布在甘青地区的河湟至陇东一带，也是甘青文化区的中心。这一区域在大地湾一期时期仅限于渭河上游地区，是中原文化的边缘区；在石岭下时期，具有鲜明特征的区域文化才开始出现，分布地域也略向西部逐渐开始拓展；到了马家窑类型时期，向西已经拓展到了青海湟水流域，到了这一阶段，文化已经完全本土化，并迅速壮大，形成一个新的文化区。至该区青铜时代初期阶段，文化达到空前的繁荣，并不断向周围开始扩展。到了青铜时代后

---

① 严文明：《中国史前文化的统一性与多样性》，《文物》1987 年第 3 期。
② 严文明主编：《中华文明史》（第一卷），北京大学出版社 2006 年版，第 1—5、74—78 页。

期，黄河上游文化区更是受到了来自北方草原文化的强烈冲击。在漫长的历史岁月中，兰州地区、陇东地区、陕西关中地区，自古以来就是中原地区和欧亚大陆之间的缓冲地带，也是各民族交流、互动的走廊。[①]在这西来东往的文化互动中，兰州地区逐渐被中华文明所浸染，成为中华文明的重要组成部分。

兰州地区发现的彩陶最能彰显中华文明的特征。兰州地区邻近中国彩陶的发源地，中国彩陶在空间上遍布陇原大地，在时间上自成体系，自距今 8000 年的大地湾文化开始，延续至公元前 500 年左右的沙井文化，是东亚地区彩陶文化延续时间最长的地区。兰州地区彩陶文化的兴衰历程最能代表其史前文化的发展过程，从一定程度上展现了中华文化的魅力。兰州地区的彩陶在不断地吸取中原仰韶文化彩陶的优秀因素基础上，融合本土的文化土壤，形成了独具特色的马家窑文化彩陶。兰州地区的彩陶纹饰多取材于自然，山、水、花卉、动物甚至人本身都成为彩陶纹饰母题，体现了先民对自然的认知，也展示了我国史前社会最富有艺术性的创造，表现了史前先民对生命的讴歌和对生活的赞美。此外，彩陶纹饰对中国后来的玉器、瓷器、丝绸、建筑上的图案都产生了深远的影响。彩陶造型对后来青铜器的造型、金属铸造和瓷器、雕塑、紫砂壶的造型艺术产生了极大影响。文字往往被认为是一个社会进入文明的重要标志，兰州地区的彩陶中有极其丰富的刻画符号，这些符号被陇原大地的史前先民前后使用了 4000 年之久，并处于不断发展变化之中，极有可能就是我国文字的起源，是象形文字和数字的雏形。

兰州地区在不同历史时期都以独特的地理优势凸显了其历史地位，东西方不同文化因素也藉此通道传播至其他地区，成为我国内地与欧亚大陆文化交汇的缓冲地带。"穆天子会见西王母"的传说早已演绎着中华文明与西方文化之间的联系，考古学的发现更是肯定了兰州地区在东西文化交流中不可替代的地位。德国地理学家李希霍芬曾把东西方以丝绸为媒介的交

---

① 秦永章：《费孝通与西北民族走廊》，《青海民族研究》2011 年第 3 期。

通要道称之为"丝绸之路",传统意义上认为这条贸易通道东起中国古都长安,经今甘肃、新疆,到达中亚、西亚乃至欧洲,史书中张骞"凿空"的伟大创举,是丝绸之路真正开通的标志。其实,早在先秦时期,这条道路便已开通,如东方彩陶的西传,西方青铜、麦类作物的东传,以及玉石的采掘和东输等。

中国青铜时代是人类社会文明史上浓墨重彩的一页,而夏商周三代最为重要的青铜冶炼技术的最早来源则与兰州地区有着密切的关联。目前发现最早的铜制品出自永登蒋家坪遗址和东乡林家遗址,其中林家遗址发现的铜刀系由两块范浇铸而成,刃口有冷锻痕迹,柄端有明显的镶嵌木把的痕迹,是我国发现最早的锡青铜制品,而林家遗址 54 号灰坑(H54)出土的铜渣则足以证明早在新石器时代晚期兰州附近地区已经开始自主冶炼铜。至齐家文化时期,兰州地区先民已经熟练掌握冶金技术,大量地独立制作工具、装饰品,并与中原地区开始进行密切的互动,两地共有的镶嵌铜牌饰、塞伊玛—图尔宾诺类型铜器即是证据。

冶铁技术的成熟与推广是中国两千年封建社会发展的基础,而中国目前发现的最早的铁器则出土于兰州邻近地区的磨沟墓地,足见中原冶铁技术是由此经由新疆、甘肃传入,兰州地区是重要通道之一。冶铁技术的推广和普及,使铁器工具代替石器工具,大大提高了生产效率,推进了社会的发展,为中华文明的发展和传播奠定了基础。

玉文化的源远流长成为多元一体中华文明的重要特征之一。中国玉文化萌芽于旧石器时代晚期,起源于距今 8000 年左右的东北地区,逐渐形成北方、南方和华西等三大支系、八大板块。古玉的发展以爱玉、崇玉观念为核心,从玉作为装饰品发展到玉作为沟通和祭祀神灵、祖先的礼器,再到后来成为朝聘的瑞玉。随着儒家思想的影响,玉被赋予了美德,玉文化逐渐地与中国传统文化融合在一起,成为中华文化熠熠生辉的一页。齐家文化玉石的使用和功能根植于中华文化,发展出甘青地区的地方特色,成为中华玉文化的重要一支。兰州附近的马衔山玉矿不仅是齐家文化部分玉器的原材料,还远输至龙山文化、陶寺文化等,形成一条以贸易玉石料为主的"玉石之路",增进了中华边缘地带与中心的交流、互动。

秦始皇三十二年(前215年),蒙恬率30万精兵,北击匈奴,占领"河南地",即今内蒙古黄河以南至战国秦长城以北的广大区域,① 兰州地区正是长城防线上关联青藏高原、内蒙古高原与中原地区的核心枢纽。② 秦始皇三十三年(前214年),"西北斥逐匈奴,自榆中并河以东,属之阴山,以为四十四县,城河上为塞。"③ 榆中县为始皇三十三年所建,且位居由此而东傍河所建的四十四县之首,属陇西郡。至于"榆中"属何地,《史记集解》引徐广语"在金城",故榆中为金城郡之一县。秦灭汉兴,汉高祖二年(前205年),秦陇西郡县皆为汉代继承。汉武帝时,随着对匈奴战争的胜利,开疆拓土,析置郡县。元鼎三年(前114年),析陇西郡地置天水郡,郡治平襄(今通渭县城),榆中、勇士、金城三县同属天水郡。昭帝始元六年(前81年),从陇西郡取金城、榆中二县属金城郡时,勇士仍属天水郡。勇士县境即今榆中县东北部苑川河以东,而榆中作为四十四县之首,又在勇士县以西,则当在今兰州城区,且为秦长城"因河为塞"的河塞之端点,即长城起岷县,北上到榆中后,由陆上长城接河塞,之后至甘宁交界。蒙恬夺下"河南地"之前,由陆上经靖远,至祖厉河中游向东与固原长城相接,而秦并"河南地"之后,则直接沿黄河北上,黄河甘、宁段于是成为长城天堑的一部分。

秦汉时期,榆中县城作为秦长城西端的建置,并以之为中心,贯通了当时的南北大通道,同时这里又为西入丝绸之路的东部端点,南北—东西大道相汇均交汇于此,形成了中原地区沟通北方"河南地"、西南诸戎部族、河西走廊绿洲及至西域的"三岔口",也使之成为中华诸文化区之间的中心点,亦可谓中华大地的"地理中心"。

兰州地区先秦时期的文化与社会历经万年的变迁、变革,先民在充分

---

① 魏晋贤:《"河南地"地理范围试析》,《甘肃省沿革地理论稿》,兰州大学出版社1991年版,第54页。

② 张维华:《中国长城建置考》(上编),中华书局1979年版,第132页。

③ 《史记》卷六,中华书局1959年版,第253页。

利用自然资源的同时，不断挑战自然，适应自然，改变自然，从采集到狩猎，从农业到农牧交替，从原始崇拜到早期信仰，从游团到聚落，并逐渐开始迈向酋邦，社会逐渐稳定。兰州地区先秦文化是中华文明的重要组成部分，也为后来更高水平的发展奠定了坚实的基础。

参考文献

一、古籍

（汉）司马迁：《史记》，中华书局 1959 年版。

（汉）班固：《汉书》，中华书局 1975 年版。

（北齐）魏收：《魏书》，中华书局 1974 年版。

（元）脱脱等：《宋史》，中华书局 1977 年版。

（清）崔述撰著，顾颉刚编订：《崔东壁遗书》，上海古籍出版社 1983 年版。

慕寿祺：《甘宁青史略》，兰州古籍书店 2013 年版。

二、专著

[德] 恩格斯著：《家庭、私有制和国家的起源》，中共中央马克思恩格斯列宁斯大林著作编译局译，人民出版社 1999 年版。

段小强：《马家窑文化》，文物出版社 2011 年版。

国家文物局主编：《中国文物地图集·甘肃分册》，测绘出版社 2011 年版。

甘肃省地方志编纂委员会、《甘肃省志·文物志》编纂委员会编：《甘肃省志·文物志》，文物出版社 2018 年版。

甘肃省博物馆编：《甘肃彩陶》，文物出版社 1979 年版。

甘肃省文物考古研究所编著，赵建龙等主编：《兰州红古下海石——新石器时代遗址发掘报告》，科学出版社 2008 年版。

甘肃省文物考古研究所编著：《秦安大地湾——新石器时代遗址发掘报告》，文物出版社 2006 年版。

韩建业：《中国西北地区先秦时期的自然环境与文化发展》，文物出版社 2008 年版。

金钰铭主编：《兰州历史地理研究》，兰州大学出版社 1999 年版。

李怀顺、黄兆宏：《甘肃考古概论》，甘肃人民出版社 1998 年版。

李吉和：《中国西北少数民族通史·先秦卷》，民族出版社 2009 年版。

李水城：《半山与马厂彩陶研究》，北京大学出版社 1998 年版。

李水城：《东风西渐：中国西北史前文化之进程》，文物出版社 2009 年版。

李文杰：《中国古代制陶工艺研究》，科学出版社 1996 年版。

刘军社：《先周文化研究》，三秦出版社 2003 年版。

林耀华主编：《原始社会史》，中华书局 1984 年版。

郎树德、贾建威：《彩陶》，敦煌文艺出版社 2004 年版。

兰州市地方志编纂委员会、兰州市自然地理志编纂委员会编纂：《兰州市志·自然地理志》，兰州大学出版社 1998 年版。

兰州市地方志编纂委员会、兰州市文物志编纂委员会编纂：《兰州市志·文物志》，兰州大学出版社 2006 年版。

马长寿：《北狄与匈奴》，广西师范大学出版社 2006 年版。

马长寿：《氐与羌》，广西师范大学出版社 2006 年版。

苏秉琦：《中国文明起源新探》，生活·读书·新知三联书店 1999 年版。

裴文中：《裴文中史前考古学论文集》，文物出版社 1987 年版。

青海省文物考古研究所等编著：《民和核桃庄》，科学出版社 2004 年版。

谭其骧主编：《中国历史地图集》，中国地图出版社 1982 年版。

水涛：《中国西北地区青铜时代考古论集》，科学出版社 2001 年版。

宋镇豪：《夏商社会生活史》，中国社会科学出版社 1994 年版。

宋兆麟、黎家芳、杜耀西：《中国原始社会史》，文物出版社 1983 年版。

孙建中、赵景波等：《黄土高原第四纪》，科学出版社 1991 年版。

王仁湘：《史前中国的艺术浪潮：庙底沟文化彩陶研究》，文物出版社 2011 年版。

徐琳：《中国古代治玉工艺》，紫荆城出版社 2011 年版。

谢端琚：《甘青地区史前考古》，文物出版社 2002 年版。

严文明：《中华文明的始源》，文物出版社 2011 年版。

严文明：《仰韶文化研究》（增订本），文物出版社 2009 年版。

袁行霈等主编：《中华文明史》（第一卷），北京大学出版社 2006 年版。

袁珂：《中国神话传说》，人民文学出版社 1998 年版。

姚磊：《先秦戎族研究》，武汉大学出版社 2016 年版。

中国社会科学院考古研究所编著：《偃师二里头》，中国大百科全书出版社 1999 年版。

张朋川：《中国彩陶图谱》，文物出版社 2005 年版。

张津梁总主编：《兰州历史文化·历史沿革》，甘肃人民出版社 2007 年版。

祝中熹：《甘肃通史·先秦卷》，甘肃人民出版社 2009 年版。

后　记

　　《兰州通史·先秦卷》是集体协作编纂的成果。课题负责人为西北民族大学段小强教授，提纲由段小强、陈亚军、吴伟、吴通拟定，后经专家多次讨论、修订。

　　本卷初稿的撰写分工如下：

　　前言：段小强、陈亚军；

　　第一章：朱悦梅、吴通、王红娟；

　　第二章：吴伟、赵光国；

　　第三章：吴通、王东；

　　第四章：王东；

　　第五章、参考文献：陈亚军；

　　后记：段小强、陈亚军。

　　段小强、陈亚军、吴通对部分章节和内容进行了校正和修改。终稿由段小强、陈亚军统筹完成。

　　在编写过程中，西北师范大学田澍、何玉红、胡小鹏、刘再聪、尚季芳，甘肃省文物考古研究所郎树德，甘肃省博物馆李永平，兰州市地方志办公室邓明，兰州大学刘光华、杜斗城、张克非、武沐、魏文斌，中共甘肃省委党校吴晓军，西北民族大学尹伟先等先生审阅了全书，并提出了修改意见。在考察过程中，甘肃省博物馆、兰州市博物馆、榆中县博物馆、皋兰县博物馆、永登县博物馆、红古区博物馆等单位提供了诸多方便。甘

肃省文物局、甘肃省文物考古研究所无偿提供了部分彩版和插图。人民出版社的专家认真审阅了书稿，并提出了许多宝贵意见，使本卷更加规范、流畅。对于以上单位、个人的无私帮助和大力支持，在此一并表示衷心感谢。

兰州——这座黄河滋育的丝路名城，在国家政策的号召和社会各界的支持下，必能充分挖掘其深厚的文化资源，继往开来，更加辉煌。

本卷主编

2020 年 7 月 5 日

责任编辑：邵永忠　沈　伟
封面设计：马吉庆　胡欣欣
责任校对：徐林香

图书在版编目（CIP）数据

兰州通史．先秦卷 / 田澍　总主编，何玉红　副总主编；段小强　陈亚军　本卷主编
　．—北京：人民出版社，2021.6
　ISBN 978-7-01-023363-5

Ⅰ．①兰…　Ⅱ．①田…②何…③段…④陈…　Ⅲ．①兰州—地方史—先秦时代
　Ⅳ．① K294.21

中国版本图书馆 CIP 数据核字（2021）第 077235 号

兰州通史·先秦卷

LANZHOU TONGSHI XIANQINJUAN

总主编　田　澍

副总主编　何玉红

本卷主编　段小强　陈亚军

人民出版社出版发行

（北京市东城区隆福寺街 99 号）

北京久佳印刷有限责任公司印刷　　新华书店经销

2021 年 6 月第 1 版　　2021 年 6 月第 1 次印刷

开本：710 毫米 × 1000 毫米　1/16　印张：20　字数：340 千字

ISBN 978-7-01-023363-5　定价：70.00 元

邮购地址　100706　北京市东城区隆福寺街 99 号金隆基大厦

人民东方图书销售中心　电话（010）65250042　65289539